U0127857

心灵与认知文库·原典系列

丛书主编 高新民

# 实在的基本结构

## 论形而上学

〔英〕柯林·麦金 著

高新民 徐梦蓓 译

商务印书馆
The Commercial Press

Colin McGinn
**BASIC STRUCTURES OF REALITY**
**Essays in Meta-physics**

Copyright © 2011
Oxford University Press

根据牛津大学出版社 2011 年版译出

# "心灵与认知文库·原典系列"总序

心灵现象是人类共有的精神现象，也是东西方哲学一个长盛不衰的讨论主题。自 20 世纪 70 年代以来，在多种因素的共同推动下，英美哲学界发生了一场心灵转向，心灵哲学几近成为西方哲学特别是英美哲学中的"第一哲学"。这一转向不仅推进和深化了对心灵哲学传统问题的研究，而且也极大地拓展了心灵哲学的研究领域，挖掘出一些此前未曾触及的新问题。

反观东方哲学特别是中国哲学，一方面，与西方心灵哲学的求真性传统不同，中国传统哲学在体贴心灵之体的同时，重在探寻心灵对于"修身、齐家、治国、平天下"的无穷妙用，并一度形成了以"性""理"为研究对象，以提高生存质量和人生境界为价值追求，以超凡成圣为最高目标，融心学、圣学、道德学于一体的价值性心灵哲学。这种中国气派的心灵哲学曾在世界哲学之林中独树一帜、光彩夺目，但近代以来却与中国科学技术一样命运多舛，中国哲学在心灵哲学研究中的传统优势与领先地位逐渐丧失，并与西方的差距越拉越大。另一方面，近年来国内对心灵哲学的译介和研究持续升温，其进步也颇值得称道。不过，中国当代的心灵哲学研究毕竟处于起步阶段，大量工作有待于我们当代学人去完成。

冯友兰先生曾说，学术创新要分两步走：先"照着讲"，后"接着讲"。"照着讲"是"接着讲"的前提和基础，是获取新的灵感和洞见的源泉。有鉴于此，我们联合国内外心灵哲学研究专家，编辑出版《心灵与认知文库·原典系列》丛书，翻译国外心灵哲学经典原著，为有志于投身心灵哲学研究的学人提供原典文献，为国内心灵哲学的传播、研究和发展贡献绵薄之力。丛书意在与西方心灵哲学大家的思想碰撞、对话和交流中，把"照着讲"的功夫做足做好，为今后"接着讲"、构建全球视野下的广义心灵哲学做好铺垫和积累，为最终恢复中国原有的心灵哲学话语权打下坚实基础。

学问千古事，得失寸心知。愿这套丛书能够经受住时间的检验！

高新民　刘占峰

2013 年 1 月 29 日

# 译者序言：麦金及其激进的
# 心灵哲学概念革命

柯林·麦金（Colin McGinn，1950— ）是英国著名的、最有个性甚至略显怪异的哲学家，年轻时因不满英国学界的政治运作风气而移居美国。他兴趣广泛，不仅在心灵哲学、认知科学、人工智能、语言哲学和科学哲学等领域颇有建树、独领风骚，而且将自己的智慧倾注在小说创作、摇滚表演、大爆炸宇宙理论的重新解释和发挥之上。在他投入了主要精力的心灵哲学中，一方面创造性地提出了大量理论，如自然主义二元论、激进的概念革命构想、心灵建筑术、心灵的隐结构理论等，而且冒天下之大不韪，阐发了充满神秘主义和不可知论色彩的意识理论，认为我们人类只被进化出了认识外部世界的认知结构，而没有获得适合认识意识自身的认知结构。意识对于认知具有封闭性。心身问题之所以难解，症结在意识。可以说，没有意识，心身问题没有意义，而有了意识，心身问题的解决似乎又是无望的。

# 一、矿工家庭走出的哲学家

麦金为了展现自己的精神世界、成长的心路历程，也为了启迪和激励那些出身卑微的学子，用他长于小说的人物刻画的才华和笔墨，完成了充满哲理的自传性著作《从矿工少年到哲学家——我的 20 世纪哲学探险》。透过该书，我们能够看到，他 1950 年出生于英格兰北部一个偏僻的矿业小镇。祖辈大都是矿工。父亲 14 岁就辍学进入矿坑，后来认识到这样下去的结果是早死，于是改学建筑技术，退休后专攻绘画，成了小有名气的画家。小麦金在小学和中学阶段，由于成绩平平，就读的一直是二流的学校，因此从没有想到要考大学，更没有做一个哲学家的规划，家里也没有提这方面的要求，因为家里从没出过一个大学生。如果说他有理想的话，那就是成为一个鼓手或马戏团的空中飞人。但奇迹发生在中学的最后一年。在这一年，他碰到了教他神学课的马什先生。从马什那里，他不仅学到了神学和形而上学知识，而且学到了方法，受到了学术精神和学者风范的训练。他回忆说，马什说得最多的词就是学者风范。他从老师那里学到的方法论要点是：勤做笔记，经常重复、温习，努力用自己的话表述书中的内容，等等。当他把这些方法用于他成绩很差的几门课的学习时，奇迹发生了，他居然成了班上各门功课成绩都居前列的学生，进而使他顺利考上了曼彻斯特大学心理学系。大学毕业后的人生道路仍充满坎坷。首先是他的想进一步学习和研究哲学的计划被父母视作神经不正常，因而不予支持。尽管如此，由于他已建立了这样的信念：生命的辉煌应以理性为准则，拒绝服从理性将是人生最大的罪恶，因此毅然坚持走自己选择的道路。

他的哲学之路十分艰难。牛津大学哲学系在他求学的时候正处在鼎盛期，而他向往的也正是这个地方，但他两次申请在这里攻读为今后成为职业哲学家做准备的哲学学士学位都事与愿违。最后不得已，只能在牛津攻读文学学士学位。由于他的执着和坚持，他一直在哲学系跟随当时云集此地的一大批著名哲学家学习哲学，以至最后取得了非常了不起的学习成绩，其最高成绩是通过激烈的竞争拿到了这里的最高奖项——洛克奖。他的求职之路同样不顺利。作为一个有崇高哲学追求的才俊，当然想在牛津谋得教职，但屡战屡败。因此对英国学术界结党营私的政治运作深感失望，于是产生了迁往美国的想法，相信那里的竞争环境会公平些。经过后来的实践和比较，他认为事实也确实是这样。正是因为有此体认，他便于1990年移居美国，成了美国哲学家中的一员。在总结自己的成功经验时，他认为，这样几个人对他影响极大，一是罗素，他在年轻的时候甚至是罗素的模仿者，如罗素喜欢抽烟，他也模仿罗素的样子抽烟，当然他从他那里学到的主要是分析的精神和方法；二是哈里斯，他从后者身上，不仅学到了有关的科学和伦理学知识，而且受其影响成了一名动物福利主义者和素食主义者。

麦金的哲学研究尽管涉及广泛的方面，但其重点和中心却是心灵哲学。其特点是求新和多变，他所创立的实在观就是如此。在这本《实在的基本结构》之前，他坚持的是一种所谓的新二元论，明确承认存在着超越的实在，坚持认为要解释意识何以能产生出来，我们除了应承认已知的宏观和微观实在之外，还应承认物质中存在着别的东西或属性，如物理的隐结构、意识的隐结构、具有最终解释力的属性 p，等等，它们是我们以前没有认识到的，但又不是超自然的东西。而在《实在的基本结构》中则创造性地提出：世界只有一种实在，即他重新定义的物质，但它有无限多的表现形式，意识或心灵也是它的存在方式。他把自己的这一理论称作一元论基础上的多元主义。为便于读者理解该书，我们先介绍他的新二元论，在最后一部分再来探讨他在该书中所表达的新思想。

## 二、心灵哲学的尴尬处境与"激进的概念革命"

与大多数人的看法不同，麦金对近几十年心灵哲学发展的判释是极其悲观的，发了许多泼冷水的言论，如他认为，长时期内，我们一直想解决心身问题，但它却一直顽固地抵制我们的努力，神秘性一如既往，等等。围绕心灵哲学的问题尽管诞生了不计其数的理论，但认识并没有实质性进展。他的悲观主义不是无病呻吟，而是建立在对已有心灵哲学理论的具体考察之上的。

在他看来，五花八门的解决心灵哲学问题的方案不外两大类。一是所谓的"构造性"（constructive）方案。其特点是在自然的物理事物中去寻找足以说明心理现象的构成性因素，因此带有明显的自然主义倾向。有许多表现形式，如各种形式的物理主义或唯物主义、进化论、功能主义，等等。麦金认为，这一方案有其合理性，如看到了物理实在对于心理现象的作用，但问题是高估了它们所坚持的概念图式的作用。二是各种形式的超自然解释或神秘主义。其特点是诉诸物理实在以外的力量说明心理现象。问题是对心灵的本质以及与身体的关系做出了错误的推论，无法合理地说明：离体的意识既然不具有物质及能量，怎么可能引起事物的变化呢？它怎么可能进到某处、接触某物？

麦金并没有从对心灵哲学现状的悲观分析得出绝对的悲观主义结论，相反，他又有乐观主义的一面，强调只要正视问题，只要清醒而如实地看到问题的复杂性和困难性，并做出正确的把脉和诊断，那么是可以让心灵哲学摆脱困境、取得认识上的实质性进展的。在他看来，这里最重要的是要客观地认识到：心身问题尤其是其中的意识的"困难问题"（即通常所说的产生问题）真的充满着神秘性。他说："意识真的是一种莫大的神秘，一种我们没法随意从理论上去理解的自然现象。"[①] 不直面事实，不承认困难，是于事无补的。

心灵哲学有无出路，能否取得认识上的实质性进步，与上述神秘性能否被超越息息相关。问题是，它们能否被超越呢？

---

① C. 麦金（Colin McGinn）：《神秘的火焰：物质世界中的有意识心灵》（*The Mysterious Flame: Conscious Minds in a Material World*），纽约：珀尔修斯图书集团成员，1999年，第11页。

麦金认为，绝对的超越是不可能的。正是因为他有这种不可知论倾向，所以人们一般把他的心灵哲学称作"新神秘主义"。但又必须看到，他并没有由对神秘性的承认而走向绝对的悲观主义、神秘主义。因为在他看来，如果神秘性是自然界本身固有的，那么世界将是彻底不可知的，人类将永远受着神秘性的奴役。事实上，这些神秘性不是自然界本身的神秘性，而是相对于人的认识而言的神秘性，或是由于认识的失误或不到位而出现的难题。他说："神秘性并不是由于宇宙有超自然的方面，而是根源于我们既定的认知局限性。"[①] "问题在我们自己，与世界无关。"[②] 既然如此，要探寻神秘性的根源，要找到妨碍心灵哲学发展的原因，关键是返回我们的认知能力及结构自身。

麦金在为西方心灵哲学的发展把脉之后，做出了自己的诊断，开出了自己的处方，指出：要对心身问题，特别是意识的产生问题找到令人满意的解答，要对过去未能找到这类答案的原因做出诊断，首先要正视人类的认知能力，要对人的认知能力形成客观而合理的判断。根据他的看法，人的认知能力有封闭和开放两个特点。能被认识的，即是自然向我们的开放性的表现，反之，则可看作是它的封闭性。他说："自然的有些方面适合于理智的认识方式，因而有科学产生，而有些方面不适合于用理智去探讨，因而有神秘性发生。"[③] 由于这种

---

① C.麦金：《神秘的火焰：物质世界中的有意识心灵》，第70页。
② 同上书，第174页。
③ 同上书，第11页。

"不适合于"有绝对和相对两种情况，因此认知封闭性也有绝对和相对之分。绝对不能被认识的东西即属前者，而由人的主观努力、方法和概念图式等方面的原因而形成的封闭性则属后者。

心灵向人表现出的神秘性，并非都是绝对不可攻克的，其中至少有许多是根源于人的认知的相对的封闭性，因而是可以驱除或减轻的。果真在这方面有所突破，那么心灵哲学就可取得认识上的实质性进步。而要如此，关键是要对认知封闭性和问题神秘性的原因做出正确的诊断。在他看来，心灵的许多方面和本来面目之所以不向人的认知开放，一个重要的原因是我们人的概念框架或图式存在着根本的欠缺。所谓概念图式即说明特定对象所用的概念配置（equipments）或条件。没有足以理解和说明某对象或某问题的概念图式，此问题即为神秘的哲学问题，他说："我们称作哲学的东西实际上是我们现在没有条件予以解决的科学问题。"[1] 这就是说，没有条件或办法予以解决的问题即是哲学的充满神秘性的问题，反之，就成了科学的问题，随之就有祛魅的发生。心灵哲学也是这样，要探寻过去失误的原因，只能从这个角度去找。他说："问题不在于意识本身，而根源于我们的思维方式。大敌就在此入口处。"[2] 因此要想推进对心身的认识，必须从主观的方面做出调整、改进，如改变概念图式和思维方式。基于这

---

[1]　C.麦金：《神秘的火焰：物质世界中的有意识心灵》，第212页。
[2]　同上书，第65页。

一看法，他提出了"进行激进的概念革命"（radical conceptual innovation）的口号。

概念革命的主要任务是在抛弃和否定的基础上创立新的概念图式。这图式既不是传统二元论的改头换面，也不是物理主义的延续和发展，因为如前所述，意识不向这些解释开放，而必须另起炉灶。在他看来，首当其冲的是要在否定传统空间概念的基础上创立新的非空间概念以及关于它与空间概念之关系的概念图式。他认为，现在也有这样的可能性，因为相对论和量子力学等提供了大量可资借鉴的成果。

麦金在借鉴有关科学成果的基础上，对空间概念做了大刀阔斧的改造。这主要表现在：一是抛弃，即抛弃过去对空间的形象的、可视的理解，否定它有三维性、中心性、定域性等；二是拓展，即把新的内涵、新的属性及特点加进去，如强调空间性有非定域性，甚至有非空间性。这就是说，他倡导的概念革命既表现在对空间概念做出了改造，又表现在他基于对大爆炸宇宙学的创发性解读提出了"非空间性"的概念。所谓非空间性及状态是比空间状态更原始的东西，在派生出物质和空间之后还借助守恒原则继续存在于空间和物质之中。应特别注意的是，这里"存在"不是通常的包含、依赖之类的关系，不是通常所说的居住在里面，或揉面团式地结合在一起，而是潜藏于、充斥于其中，或转化成空间的本质。他说："守恒原则使宇宙的更早的状态不被丢失，因此这非空间状态得以和物质、空间叠加在一起，始终潜藏在里面。"① 正是有此关系，意识在具备了相应的条件时便能从空间性的物质中产生出来。由之而产生出来的意识，由于作为其本原的空间和非空间有这样一种不可分割的关系，因此也成了一种特殊的实在。其表现在于：它既以非空间为其本质，又外在地具有空间性，或披上了空间的外衣。如果说意识与空间是有关系的，那么这种关系又不是常见的关系，而是异常的、不透明的关系，因此意识从中产生出来似乎就没有什么困难。②

概念革命当然是一复杂而庞大的系统工程，需要寻找的新条件和新配置还很多，例如就心身关系而言，由于它们是一种特殊的关系，已有的关系概念都不适用于它们，因此这里的概念革命的任务就极其艰巨。为了满足理解和说明的需要，他设想了这样一些新的关系概念的样式，如它们不是过去所说的包含、依赖、决定、平行、还原、实现等关系，而应该用"毗邻"、"涉身或具身"（embodiment）、空间和非空间等去说明，甚至还要用时间上的"原始"、同时等说明心身的时间关系。③

## 三、意识的具身性、隐结构与隐本质

如前所述，解决心身问题的关键是对意识如何从物质中产生出来（即"产生问题"）做出适当的阐释。麦金说："如果不

① C.麦金：《神秘的火焰：物质世界中的有意识心灵》，第121页。
② 同上书，第105页。
③ 同上书，第62—63页。

对意识做出更恰当的阐释，那么我们就没法建立能够把意识与空间中的物质关联起来的统一理论。"[①]而要如此，首先又必须弄清意识的相状、结构及特征。

从广泛的意义说，对心理现象的纯主观的觉知、现象学直观、内省、自我意识、反思等都属于意识的形式，但麦金要研究的意识不是这类意识，而是查默斯所说的作为困难问题的意识。这种意识与觉知之类的意识之间存在着重大差别。因为从解释的角度来说，觉知、内省等是可诉诸功能属性予以说明的，因此属"容易问题"。麦金在这里感兴趣的意识完全不同，指的是"在意识"或"意识事实本身"，即不管诉诸什么物理机制都无法解释清楚的意识。"在意识"不能独立存在，总是通过疼痛感、情感、思想等表现出来。这就是说，在这里出现了两种心理现象，一是情感等，二是贯穿在它们之中的"在意识"。[②]

这种作为意识事实的意识尽管听起来很神秘，高深莫测，但在麦金看来，它不过是一种特殊的、可进一步解释的自然现象，因为意识像物质一样，是以完全自然主义的方式出现在客观实在之中的。说意识是自然现象，并不等于否定它的特殊性。其特殊性的表现是，它有不同于其他自然现象的认识和描述方式，特别是有主观性。所谓主观性，既指意识所具有的只能为意识主体观察和体验的性质，只能从主观观点出发才能接

---

① C.麦金：《神秘的火焰：物质世界中的有意识心灵》，第107页。
② 同上书，第5页。

近的性质，又指当下真实体验的东西。

意识的最重要而独特的个性是具身性（embodiment）。一般而言，所谓具身性，即指意识离不开且具体化于相应的物质过程之中的性质，或者说是意识关联于大脑、身体的性质。应注意的是，麦金所理解的具身性由于以他关于空间和非空间关系的概念为基础，因此有不同于通常理解的特殊内涵，指的不是心灵表现于身体、掌控身体的关系，而是像非空间与空间那样的密不可分的、二即一、一即二的关系。意识由于来源于大爆炸之前的非空间的性质和状态，因此在本质上是非空间的，但由于它具体发生于大脑之中，因此又不可避免地披上了空间的外衣。具身性之所以是意识的根本性质，是因为它"是以意识的隐匿的方面为中介的"。[1] 这就是说，意识要具体化于身体之中，必须有中介或桥梁，这桥梁即意识的"隐匿的方面"。

这"隐匿的方面"是麦金在向意识之底层深掘过程中所获得的一个新的"发现"，当然它不是通过直接解剖及观察而得到的，而是推论或想象的产物。例如要说明对红色的感觉怎样出现在神经元中，最好是设想它们具有超出它们的直接现象学属性的属性，即必须承认有把神经元与现象学属性沟通起来的属性。这种把两种在质上有区别的属性关联起来的中介就是意识的隐匿的方面。这"隐匿的方面"又叫"隐本质"或"隐结构"。

---

① C. 麦金：《神秘的火焰：物质世界中的有意识心灵》，第 155 页。

　　隐结构是麦金移植科学方法在意识王国中"新发现"的一片"新大陆"。它不仅在当下觉知、意识之下，而且在前意识、潜意识之下，因此是真正的"底下"（underside）。从意识隐结构自身的相状、特点说，它是空间与非空间的统一体，是表面异质的心理现象与物理现象所组成的层次之下的层次，里面充斥的是有解释高层次现象作用的属性集合。他说："当系统的表面属性不足以解释它的种种结果时，我们就能合理地假设：一定有别的一些属性，例示于那系统的某个地方，而又隐藏于表层之下。"① 从来源上说，意识的隐结构与物质、空间没有关系，而来自于大爆炸前的非空间状态。从作用上说，它是决定意识之为意识的东西，乃至是让意识从物质中产生出来的东西，因此是意识的真正本质，可称作"隐本质"。有了它，意识便可与物质发生因果作用，因此又可把它看作隐变量。至此，他便找到了他的自然主义得以将心理现象自然化的最后、最可靠的根据或基础。他说："隐结构的属性就是让有意识的意向性建立在一种完全的自然主义根基之上必须述及的东西。"② 从本质上说，它不是笛卡尔所说的精神实体，不是超自然的力量，不是经院哲学所说的隐秘的质，而是一种有真实存在地位的、最根本的自然属性。

---

　　① C. 麦金：《意识问题》（*The Problem of Consciousness*），牛津：布莱克威尔出版社，1991 年，第 119 页。

　　② C. 麦金：《意识问题》，第 86 页。

## 四、宇宙大爆炸学说新解与意识困难问题"揭秘"

麦金把意识的困难问题称作"产生问题"或"空间问题"。可这样表述：非物质的、不占有空间的意识如何可能从异质性人脑中产生出来。如果意识真的有这样的性质，那么这无疑是古今中外心灵哲学最难回答的问题。围绕这一问题，尽管诞生了不计其数的理论，但困难、神秘依旧。在麦金看来，要想祛魅和化解，最好是深入到大爆炸宇宙学之中，并根据允许和需要做出创发性解读，进行激进的概念革命。

麦金认识到，用来解释意识的东西尽管必须且必然是自然的实在，但同时又必须与意识具有同质性，如必须是非空间性的实在。他在对量子力学、大爆炸宇宙学和相对论等成果做出独特解读的基础上推测：大脑不可能只具有一些能为物理学研究的空间性质，因为仅凭这些性质不足以解释物质为什么会做它所做的那些事情，大脑一定还有这样的方面，它们不能为流行的物理世界观说明，由此可以推断，以前关于实在的观点是不完善的，遗漏了存在着的某些实在。为了解释意识何以能产生出来，我们还应承认物质中存在着别的东西或属性，它们是我们以前没有认识到的，例如它们是物质中的非物质性的属性，是与空间性结合在一起的非空间性。

麦金不仅最大限度地挖掘和利用大爆炸宇宙理论等科学成果，而且还发挥他长于想象的优势，对之作了新的"发展"，如他自认为他大胆思考了宇宙学家们讨厌人们问的这样一些问题：

物质和空间在从大爆炸中产生出来之前是什么样子？大爆炸由以发生的那个奇点之前还有无更本原的状态，如果有，它们是什么样子？他回答说：在此之前，"宇宙是以某种极其不同的状态存在的"，可称作"前物质宇宙状态"或"相"（phase），"它的内容不同于我们在我们的周围世界所看到的一切"，例如它完全没有空间性，即是非空间的。[①] 后来，它慢慢依次演变成了一般宇宙学家所说的奇点和大爆炸，就此而言，它是"最根本性的存在"。非空间在派生出了空间之后并没有消失，而是基于守恒原则继续存在于空间和物质之中，当然它们结合的方式极为特别，即表现为叠加或一而三、三而一的关系。麦金说："物理的量一般是守恒的，而守恒原则又让宇宙的早期状态没有完全消失。宇宙尽管为物质和空间所充塞，但宇宙早期状态同时又潜伏在现象之后，并保持时间上的延续。"[②]

根据大爆炸宇宙理论的成果，麦金对意识从物质中产生出来的过程做了这样的设想：在大爆炸发生时，实际上诞生了两个宇宙，一是我们所熟悉的物质性、空间性宇宙，二是时间上平行的宇宙，它完全由意识所构成，它里面没有物质，没有通常意义上的空间，是一个由有意识经验组成的自由自在的大海。这个心性之海是无序的，没有自我或心灵，就像没有吸引力之前的物理宇宙一样，是混沌的。其中包含着许多基本的意识粒子，而它们后来又成了组成心灵的材料。这些材料

---

① C.麦金：《神秘的火焰：物质世界中的有意识心灵》，第119页。

② 同上书，第121页。

遵循某些规律，有组合成心理结构的倾向。总之，这是一个非物质的宇宙。麦金认为，他的这一看法与量子力学的多宇宙解释是一致的，或能得到后者的支持。尽管这从宏观上说明了大千世界之中为什么有心灵及意识，但仍没有回答前面的"产生问题"。

麦金承认：平行宇宙中的心性之海毕竟不是现实的心灵及意识。因为在现实世界，心灵及意识都发生和表现于大脑。为什么是这样呢？空间性大脑为什么能够、又是怎样产生出异质的意识的呢？麦金认为，只要按他所说的概念革命理解了空间与非空间的关系，即认识到大脑中的空间特性本身叠加着非空间的性质，那么就会明白这里的产生不会有理论上的障碍。他说：在生命进化出了大脑的某个时候，"大脑便来到了一个划时代的转折点，利用大脑里面的前—空间的维度，进而将这个维度转变成为意识"。这就是说，物质性大脑产生后，当它要产生意识时，便又恢复或复活了这个非空间的维度，进而，那非空间的维度便以我们所说的意识的形式表现出来。当然，大脑在产生意识时，肯定发挥了自己不可替代的作用。他说："意识由于大脑的某种自然属性而根源于大脑"，[①]因为只有当大脑的材料组成为功能性大脑时，意识才能从中产生出来，因此大脑是意识的一个前提或基础。

麦金自认为，他的设想为意识的困难问题找到了一个逻辑上完满的答案。当然，他也承认：这个理论是大胆和冒险思维

---

① C.麦金：《神秘的火焰：物质世界中的有意识心灵》，第29页。

的产物，但这又不意味着它一定是假的。他断言：它"是在正确的方向上迈出的一个步子"。[①] 笔者认为，麦金的关于意识起源及本质的思想的确是心灵哲学中的一个最富新意的思想，而且具有逻辑上的完整性和审美上的美感及魅力。现在要对它的对错得失做出判断无疑为时尚早。因为它的对错取决于宇宙大爆炸理论以及他关于"前空间宇宙"的构想能否得到实验和观察上的证实。而有关的探讨还仅仅是万里长征中所迈出的第一步。

基于上述理论，意识与大脑的因果关系这一同样令人困惑的问题似乎也有解答的希望。在他看来，意识尽管在本质上是非空间的，但由于非空间与空间不可分地结合在一起，不存在不可逾越的鸿沟。这样一来，就不难说明具有非空间性的意识和具有空间性的大脑如何可能发生相互联系和作用。

## 五、思想的巨变：从二元论到一元论基础上的多元论

以上概述的是麦金《实在的基本结构》之前的心灵哲学和形而上学思想。就其实质而言，可称作自然主义二元论，即是以自然主义为前提的并交织着自然主义的二元论。他的二元论表现在：他像一般二元论一样承诺了心灵的独立的存在地位。心灵不同于物质的特征主要有：（1）不占有任何空间；（2）不会像物质事物那样争夺空间。由这些特性所决定，意识还具有不

---

① C. 麦金：《神秘的火焰：物质世界中的有意识心灵》，第 123 页。

可感知性（即不能用外部感官去感知）、可内省性、不可错性等特点。[①] 其自然主义的表现是，他承认意识及其特性尽管很神秘，但并没有超越自然现象的范围，仍可用自然的力量来解释。当然应看到，麦金的自然主义是特殊形式的自然主义。他把它称作"适中的或有节制的"（modest）的自然主义。[②]

在《实在的基本结构》中，麦金坚决反对二元论，旗帜鲜明地倡导和论证一元论基础上的多元主义。

麦金的一元论强调的是，世界上只存在一种实在，不存在二元论所说的两种实在。由于他认为找不到更合适的概念表述这种实在，不得已，他改造已有的物质概念，将它的外延放大到极致，以至能包含宇宙中的一切有本体论地位的存在，甚至能包含意识。从质料上说，物质就是构成一切的材料，因为它像七巧板一样，材料就是那个样子，但只要增加或减少其中一个要素，只要稍微改变要素的组合方式，它就可变成另外的存在形态。从作用上说，物质就是能量，因此他常说：物质／能量是宇宙的基本实在，它可能最终是统一的，但它可以广泛地采取不同的形式。这是抽象的形而上学图景，它说的是，一个基础性的统一性（可能已经从我们目前的概念中消失了）与这个统一性的惊人的不同形式结合在一起。可用 X 表示世界的基本材料，并假设 X 是一致的（可知或不可知）：这样一来，像其他的自然现象一样，一切事物都是 X 的一种模式。用这种方

---

① C. 麦金:《神秘的火焰：物质世界中的有意识心灵》，第 113—115 页。

② C. 麦金:《意识问题》，第 47 页。

式表述，我们就可以避免"物质"一词的沉重的历史内涵及其所有的偏见和包袱，因为"X"只是构成一切自然的名称。

麦金的多元论强调的是，物质的各种存在样式具有异质性，不能相互还原和归并。例如质子、电子、场等各自自成一类。以光为例，它的速度的恒定性是它区别于其他物理事物的标志，光的速度不能被超越这一事实使它区别于其他事物，例如既有那些能够（并且必须）以光速运行的事物，也有那些不能够这样运行的东西——这在本质上是一个基本的区分。再如，粒子和波在本体论上截然不同，是构成自然界的不同形式：人们可以理解这一倾向，即否认在空间中传播的波应该被称为物质（不过这可能是令人反感的）。现在我们常听说暗物质，它具有神秘的排斥性，而且明显与乳类物质相差甚远。以太曾经被认为是一种非常薄而轻的物质形式，与厚重的化学元素完全不同——但仍是某种形式的物质。如果有这样的东西，那将是物质的一个完全不同的形式。总之，我们看到的是多样性、分裂性以及关于普通物质实体的根深蒂固的观念中存在的紧张感。我们面临的是不可还原的多样性。

麦金的多元论的最新奇的观点是，意识及别的心理现象也是物质的一种形式。他创造性地利用物理学的成果论证说：就像我们所拥有的物理学所见证的那样，其中一种表现形式就是意识。这就是说，意识不是非物质的，就像过去被称作"物质"的其他自然形式不是"非物质"的一样。意识是物质表现自己所用的众多样式中的一种样式——它的存在的一种方式。可用 X 表示世界的基本材料，这样一来，像其他的自然现象一样，意识是 X 的一种模式。这里既对意识的本质同时又对心脑关系发表了全新的看法。根据他的新心灵哲学，意识不是非物质的存在，而是像山河大地一样，是物质的一种存在形态。从与身体或大脑的关系说，它们的关系不是过去所说的等同、实现、二元并列、随附、基础与派生等关系，而是作为物质的大脑的一种表现形式。

多数唯物主义形态都承认意识有作用或反作用，但它们面临的一个普遍难题是没法说明意识为何有作用以及怎样发挥作用。麦金提出的解决办法是，赋予意识以能量作用，或承认世界上除了存在着各种物质能量之外，还承认存在着心理能量。他的逻辑是，能量就是物质，意识是物质的一种形式，因此意识同时也是能量的一种形式，至少不乏能量。他说：能量似乎是一种根本的保守的物质，所以意识必须是一种能量形式，一种与电力和质量形式完全相同的形式。而且，能量能以各种形式转化为心理能量，就像食物中的化学能（源于太阳能）转化为有效的意志行为和其他心理作用一样。给予心灵以力量的能量不过是以各种物理形式存在的能量；所以可以合理地假设，心灵本身就是这种能量的一种表现形式。

麦金也重视心灵哲学成果向人工智能的转化。为解决现有人工智能系统只是句法机而非语义机的问题，他别出心裁地提出，人类要造出类似或超越人类智能的人工智能，不能闭门造车，而应寻找学习的榜样。这榜样就是大自然这位心灵的设计师和建筑师。人工智能的当务之急，一是研究人类心智及其意向性是如何被进化出来的，研究大自然的心灵建筑术；二是对它作静态、活体解剖；三是将所得的启示、教训灵活应用到机器之上。

麦金还基于他对惯性定律的新的泛化理解，对事物的不朽性特别是意识是否可朽的问题发表了独到的见解，如说：不朽性就其本身而言，隐藏在每一存在状态之中。事物之所以不再存在，不是因为它们本身所是的东西，而是因为它们之外还有力存在。除非有某种活跃的东西产生出来加以阻止，否则物体会继续例示它的属性。这就是例示的本质。他开诚布公地说：如此泛化的惯性定律说的是，如果没有外在的影响力，那么一切事物都可以不朽。意识也是这样。假设大脑在 t 时处在 C 构型下，再假设 C 在 t 时实现了有意识状态 S，这样一来，如果 C 因为没有外力干扰而继续无限期地存在着，那么 S 就同样会无限期地继续存在下去。如果大脑由于没有外力干扰而在不同时间处在稳态之中，那么意识也会这样，假设某些大脑状态对意识是充分的。如果我们在特定时间终止意识，那么那个时候的意识状态就会在没有外部干预的情况下继续下去——即使意识本身结束了。这个结论也可推广到生命之上。

# 目　录

# 第二部分 形而上学原理

# 前　言

　　本书由十多年来所写的一系列论文所组成，且都是第一次发表在这里。最初没想到把它们作为一本书的章节，而只是作为独立的作品加以构思的。这里，我把它们合在一起成了一本书，进而成了一个自然的整体，但每一部分可独立加以阅读。这样做必然会有一定的重复，对此，我希望读者能予谅解。这些论文探讨的是物理学、本体论、认识论和心灵哲学之间的交叉问题。对于本书是否该被称作物理学哲学（philosophy of physics），我有点犹豫，最好把它看作是在物理学领域起作用的哲学。我甚至可根据与"哲学心理学"（philosophical psychology，不同于心理学哲学，philosophy of psychology）的类比把它称作哲学物理学（philosophical physics）。这种哲学物理学的目的就是要阐发关于基本物理学概念的哲学理解。它无意于通过研究物理学来研究形而上学，也无意于对物理学做出形而上学的批评。确切地说，它试图阐释物理学的哲学意蕴，例如试图揭示，物理学所预设的东西，它的独特的理论化形式和它所产生的知识的类型，以及它的更广泛的意义。

我对此课题的兴趣主要来源于两个方面。第一，我对科学本身一直保有持续的兴趣，当然主要是一种业余爱好。我认为，这与物理学同时表现出的思辨的、严谨的特点有一定的关系。无论在历史上还是在当下，物理学既能让人思路开阔，又充满着争论，当然它既是实验的又是数学的，例如它既十分严密，又充满着理智的跳跃。物理学因数学而富于想象。我在这里看到了它与哲学的亲缘关系，因为哲学同时也是思辨的和严谨的，例如它用细密的分析和论证来处理让人思路大开的问题。哲学因逻辑而充满惊诧。因此哲学和物理学结成了天然的盟友。第二，物理学试图对世界做刨根究底的探索，如它追问终极性问题，尝试做出终极的解答，进而将人类探讨世界的雄心壮志表现得淋漓尽致。因此它是了解人类知识范围和限度的理想场所。物理学是认识论中的个案研究。我之所以对之有特殊兴趣，是因为我对自然神秘性即困惑着我们理论工作的世界现象充满着兴趣。物理世界到底有多神秘？它的神秘性怎样关联于别的神秘性，如意识的神秘性？物理学的神秘性的根源，如果有的话，究竟在哪里？在物理学中，我们能看到人类心智的外在界限，不管物理学是后退还是前进，是失败还是成功。

viii 物理学给自然界带来了光明，但它由此也凸显了笼罩光明的黑暗（至少我会这样论证）。

本书第二部分可大胆地称作形而上学原理。它继续探讨的问题是知识及其限度，同时也混杂着这样的理智冲动，即努力形成关于实在及其伴随的困惑感、封闭感的终极理解。它论述的主要是自然规律。就表现形式而言，文本是模仿维特根斯坦的《逻辑哲学论》以格言警句的形式组织起来的。在我的理智生涯中，这是第一次也是唯一一次以哲学警句的形式表达我的一系列想法，我好像是从一个性急的、纠缠不休的外星人那里接受口述。我不想对抗这样的冲动，尽管我作了修改和补充，作了扩充和阐释。我乐意把它看作是哲学诗，因为它充满着隐喻、隐晦和傲慢，甚至也许还会让人恼怒。尽你所能去构想它吧。

　　我几乎是在孤独中完成这些论文的，既没有想到要引起什么反响，也没有打算将它们公之于世（尽管我在迈阿密围绕这个主题举办了一些小型的、很少人参与的研讨会）。不过，我从与我的同僚彼得·刘易斯（Peter Lewis）的连续的讨论中获益良多，他既批评了我的观点，又让我消除了许多疑义，因为他的开放的思想和沉静的怀疑态度是极其宝贵的。我还要感谢奥塔维奥·布埃诺（Otavio Bueno）的认可和对问题的探讨。盖伦·斯特劳森（Galen Strawson）对我提交给出版商的稿子提出了许多深刻的、极富洞见的评论。这三人是名副其实的同仁。

柯林·麦金

2010 年 12 月，迈阿密

# 第一部分

# 实在的基本结构

# 导言　哲学与物理学

　　几年前，我做了一个决定，即把我的注意力转向基本的形而上学。我想对实在的最基本范畴做一些思考。空间中的对象似乎是这一思考的最好的出发点。而这又让我走进了物理学这门关于空间中物质运动的科学。物质究竟是什么？它怎样与空间发生关系？怎样理解运动？哲学家也像物理学家一样在探讨这类问题。就这些问题所关心的东西而言，这两类探索者之间几乎是没有什么差别的。这些问题都是自然哲学的问题。我在开始研究物理学及其哲学时发现，它是极有魅力的。但它又十分困难，因为我对作为科学的物理学并没有什么真正的背景知识，此前几乎没有认真研究过物理学哲学。因此我不得不从头学起。我不是作为一个专门的专家，而是作为一个对最一般问题感兴趣的哲学家而接近这个课题的。我组织了一些研讨班，也写过一些探索性论文，最后我积累了相当多的材料，并把它们按某些核心主题整合在一起。本书就是以这些材料为基础而完成的。在这篇导言中，我想说明这些论题有哪些基本的方面，并介绍我的总的思路。

最近我在达米特的《哲学的本质和未来》一书中读到了下述表述：

> 哲学家最欠缺的是探讨来自于现代物理学［或更古老的物理学！］的许多问题的能力。几乎没有人有足够的物理学知识来解决这些问题。这是一个严重的缺陷，因为现代物理学理论深刻地冲击着深奥的形而上学问题。很显然，回答这些问题是哲学的职责。我们可以期待，某些哲学家会充分地认清这种缺陷，进而去获得关于物理学的足够的知识，最后既能把这种知识与他们对形而上学问题的探讨结合起来，又能影响对他们所谈论的物理学知之甚少的哲学同僚。（第 150 页）[1]

这段话完好地表达了我的态度，不管我实际所做的多么不完善。我一直想获得关于物理学的这样的知识，它对概念上靠近物理学的领域极有用处，这些领域包括认识论、形而上学、心灵哲学甚至意义理论。我也在认真地执行这样的命令，即让我的那些不懂物理学具体理论的同僚有清醒的认知。在本书中，我所说的不会让没有技术知识的读者陷入困惑，因为这里没有公式，没有莫名其妙的术语，没有神秘性。本书的内容就

---

[1]　迈克尔·达米特（M. Dummett）:《哲学的本质和未来》（*The Nature and Future of Philosophy*），（纽约：哥伦比亚大学出版社，2010）。在这里，达米特讨论了哲学的现状，并指出了一些缺陷和问题。

是对基本物理学做哲学的思考，因此读者即使没有关于技术和数学的专门知识，也能予以理解（这大概会让真正的物理学哲学家失望）。我想做的不是把物理学哲学作为晦涩难懂的专门领域看待，而是把它与作为整体的哲学统一在一起。我所做的是交叉性的工作。

具言之，这里几乎没有涉及当代物理学哲学、量子理论和相对论的专门部门，即肯定没有触及特别严格或深奥的问题。我所讨论的问题是独立于物理学的那些部门而提出的；这不是说，物理学随着 20 世纪物理学的发展而转变成了认识论问题。回到牛顿并不意味着铲除了我们的所有困惑。因此为了弄清我们想讨论的哲学基本问题，我们用不着钻进当代物理学的细节之中，尽管它们令人不安。量子理论无疑为我们增添了困惑，但它不是困惑的唯一根源。我想关注的只是物理学的最一般的范畴。我对研究物理学哲学是没有太大兴趣的，因为它现在只是作为一门发达的科学而存在的，我感兴趣的是，回答被称作"自然形而上学"的那个部门中的问题，即几个世纪前就形成的、被称作"物理学"的那门科学中存在的问题。在 17—18 世纪伟大的物理学家如伽利略、笛卡尔、牛顿等的时代，由于洛克、莱布尼茨、贝克莱和休谟充分认识到了什么会发生，因此物理学与一般哲学紧密结合在一起了。我试图在精神和风格上回到那个较早的时代。因此本书不只是为专家而写的。

本书接下来关注的是下述两个主题，即物理学能提供关于实在的什么样的知识，物理学的基本本体论的本质是什么。认识论问题或早或迟会被讨论。我不会自诩说，我原创性地提出

5　了关于物理知识的所谓的"结构主义"概念。谁最先提出这个观点，这是一个有趣的历史问题，但在赫兹[②]和彭加勒那里可看到其苗头，明确的表述则大量出现在了罗素和埃丁顿的论著之中。粗略地说，它是这样一种观点，即主张我们关于物理学的知识并未交待被假定实在的内在本质，而只是说明了它们的从数学上表述的特定的相互关系。这种知识是"抽象的"，因而便使物理实在本身究竟是什么成了一个悬而未决的问题。换言之，尽管物理学的形式丰富多彩，但深层次的无知就存在于物理学的核心。我在后面的论文的几个地方解释了这一观点，因此这里无需多说；无论如何，这一观点的一般轮廓是众所周知的。我主要要探讨的是它的意义及理解问题；我认为该观点是由别的人令人信服地建立起来的。[③]

---

②　在《力学原理》(*The Principles of Mechanics*)（纽约：多弗尔出版社，1956）中，赫兹写道："我们为我们自己形成了关于外部对象的图像或符号。我们表述它们的形式是这样的，思想中的图像的必然的结果总是被描述的自然事物中的必然结果的图像。为了满足这一要求，自然和思想之间一定存在着某种齐一性，经验告诉我们的是，由于这个必要条件得到了满足，因此这样的齐一性事实上存在着……我们这里所说的图像就是关于事物的概念，这些概念在下述重要方面与事物本身是一致的，这就是它们满足了上述要求。就我们的目的而言，它们没有必要在别的方面也具有齐一性。事实上，我们不知道，也没法知道，我们关于事物的概念与事物之间是否在这个根本方面以外的方面也有齐一性。"（第1—2页）这是关于结构主义观点的一个比较早的、清楚的表述。在本书的论述过程中，我将讨论文献中提到过的其他作者。（请注意，《逻辑哲学论》中的维特根斯坦这样理解赫兹，即认为赫兹的表述中突出地隐含有意义图像论的思想。）

③　要了解过去几年对结构主义思想的考察，可参阅兰格（M. Lange）的文章："结构实在论"(Structural Realism)，见在线版《斯坦福哲学百科全书》(*Stanford Encyclopedia of Philosophy*, 2009)。

各种物理理论之所以都对工具主义和约定论情有独钟，部分是因为结构主义观点有其吸引力。如果我们真的不知道物理实在本身究竟是什么，那么我们的理论难道不就成了为预言我们能知道的东西，即各种观察，而在习惯上采用的工具吗？因此结构主义很容易陷入实证主义。自从物理学的认识论上的限制凸现出来之后（我可以追溯到牛顿时代），④ 实证主义就与物理学形影不离。我要问的一个问题是，在接受结构主义时，怎样才能避免实证主义（简单的回答是由极端的、原则上的不可知论的实在论给出的）。除了物理知识的范围和限度这个问题之 6 外，还有关于物理学基本命题的地位问题，例如牛顿的运动定律的地位问题，这些定律是经验的概括还是先天的原则，抑或是某种别的东西？怎样看待能量守恒？先天和后天的传统划分还能根据这些形式的命题加以坚持吗？先天的形而上学在哪里终结，经验的物理学在哪里开始？

就本体论问题而言，这些问题是直接且重要的，如时、空、

---

④ 在《自然哲学的数学原理》（*Principia*, 1726）结尾有趣的一段中，牛顿说："就像盲人没有色彩观念一样，我们对全知上帝知觉和理解一切事物所用的方式也一无所知。他完全没有身体和身体形象，因此他既不可能被看到，也不可能被听到和被触知。他也不应被当作物质存在的表象来崇拜。我们有关于他的属性的观念，但我们不知道任何事物的真实实体是什么。在物体中，我们只能看到它们的形象和颜色，只能听到声音，只能触知它们的外表，只能闻到它们的气味，尝到它们的味道。事物的内在实体既不能靠我们的感官，也不能靠我们心灵的反思来认知，同样，我们也不能有关于上帝实体的观念。"（第441—442页）他直接承认我们没有关于引力的原因的知识，因为引力不同于它的规律。他最著名的表述是，他"不构造假说"。这一对认识论局限性的坦率承认对随后的物理学的理解有不可估量的影响。

物质、运动、力和能的本质究竟是什么？尽管这些东西在实际的物理学理论中起着根本性作用，但它们在这个论题的历史上一直存在着激烈争论。甚至经典力学也为这些本体论问题所困扰。在下面的论文中，我将深入探讨这些问题；我的任务主要是避免证实主义和操作主义对这些真正问题的摒弃。概括而言，我会为这些基本范畴的实在论理解做出辩护，即使当我们的概念最终不足以把握真的发生于那里的事情的本质时，也是如此。尤其是，我们关于运动的概念是很难说明的，我们所设想的运动的可能性可能会受到严重的质疑（芝诺在这里复活了！）。空间和物质的关系极有争议。物质本身是令人难以捉摸的，电极完全是神秘莫测的，引力令人困惑难解。数学像钟的运转一样有规则可循，但它所适用的实在又不让我们在理解上做出最大的付出。这不是说，我们要在黑夜通过玻璃去看实在；我们完全看不到它，我们所拥有的仅仅只是能取代它的精巧的海市蜃楼。物理学给予我们的并不是关于实在的或模糊或扭曲的观点，而是经过数学描述的关于实在的完全清晰的观点，但仅此而已。物理学的"本体论承诺"是模糊的，因为我们对于我们所假定的真实本质只有那么一点把握，甚至当我们认为我们知道我们所谈论的东西（例如对于空间、物质和运动）时，我们也会面对深层次的概念问题。存在着且一直存在着一种在奋力前行的物理学哲学，其理由是，物理学一如既往地向我们提出困难的哲学问题，它们注定让我们不得安宁。从根本上说，物理学真正关心的究竟是什么呢？

我是从心灵哲学的背景接近物理学的。这背景离我关于物理学的思考一点也不遥远。我认为，心灵，特别是意识，充满着自然的神秘性。我们没有理解，大概也不能理解有意识心灵怎样融入整个自然界，特别是怎样融入我们称作大脑的那个部分。⑤ 只要回忆一下我关于此论题的较早的阐述，那么就能看到我对于物理学的某种天真的态度，如我以前似乎认为，物理学没有深奥的神秘性，物理学理论完全是可理解的（当然，我觉得量子理论是个例外）。我假定，牛顿力学并没有陷入意识所缠绕的那种神秘性；化学的表现比神经科学更出色。噢，事实大概是，物理世界不像意识那样充满神秘性，但这样说并不意味着，它一点神秘的包袱也没有。物理学中并不都是甜蜜和光明，同样，意识研究中也不都是阴郁与沮丧。总之，物理学和心理学一样存在着自然的神秘性。⑥

7

---

⑤　我在大量著作中讨论过这个问题，例如《意识问题》(*The Problem of Consciousness*)（牛津：布莱克维尔出版公司，1991）、《意识及其对象》(*Consciousness and its Objects*)（牛津：牛津大学出版社，2014）。

⑥　这一表述是休谟提出的，但为乔姆斯基在他的"自然的神秘性：隐藏有多深？"一文中所发现。参阅他的"自然的神秘性：隐藏有多深？"，载于《哲学杂志》，106 期，第 4 卷，2009（"Mysteries of Nature: How Deeply Hidden?", *Journal of Philosophy*, 106, no. 4, April 2009）。乔姆斯基的这篇文章和别的论著论述了自然神秘性和认知局限性，这对我影响很大。休谟的《英国史》中的一段话是十分精彩的，值得全文照录："在牛顿时代，这个岛屿吹嘘说，已产生了最伟大最难得的天才，他的出现既装点着物种，又为物种提供指导。除了谨慎地承认以实验为根据的原则之外，不再承认别的原则；但又由于谨慎，由于不知道自己优于人类的其他人，因此固执地采用每一个这样的原则，无论是新的还是异常的，进而不太注意他的推论与常识理解的一致：更渴望功绩而不是功名。由于这些原因，他又长期不为世界所知。但最后（转下页）

事实上，根据我现在的看法，整个世界都充满着神秘性，也许是在不同的程度上，且出于不同的理由，但没有安全的绿洲（也许数学，也许伦理学是例外）。这种认知改变了人们对心灵神秘性的看法。就心灵的神秘性而言，它现在似乎没有什么特别之处，例如它不像是别的充满光明的地平线上的孤独的、黑暗的岛屿。我们不再认为，心灵是唯一抵制人类理解的东西，因此不应再认为心灵是关于自然的一般认识论任务的异常的例外。它的神秘性特征似乎是合规则的，而非特例，因为无知是普遍存在的，显然也是不可救药的，甚至在根基最坚实的科学中也是这样。物理学也有它的"困难"问题，就像有"容易"问题一样。如果自然作为整体，包括物质的简单的运动，都充满着神秘性，那么在我们发现心灵也充满神秘性时就不会大惊小怪。正如物理学向我们表明的，神秘性与健全的科学是可以相容的，例如物理学即使在没有令人满意地消解它的本体论的神秘性时（甚至在没有一个关于运动的可靠的没有争论的概念时），也能作为科学很好地运转。

类似地，即使没有解决心身问题，我们也能有一种完全得体的意识科学。结构主义的观点足以让我们明白这样的道理，即以数学方式表述的精确的预言性知识为什么可以与对那知识的题材的内在特征的完全无知并行不悖。因此即使我认

───────────

（接上页）他的声望突然爆发，如日中天，这几乎是他的时代的其他作者所不曾有的。当牛顿掀开了自然的神秘面纱时，他同时也就表明了数学哲学的不完善性；由此他又让自然的终极秘密回归于它们原先在、将来还会在的朦胧之中。"（第328—329页）

为深层次的本体论问题依然未予解决，但我能期盼关于心灵的兴旺发达的科学，正像我们在物理学的发展过程中所看到的那样。物理学的例子告诫我们的是，神秘性不妨碍科学；事实上，可以宽恕人们做这样的假设，即神秘性是成功科学的必要条件。[7]无论如何，我现在的看法是，意识就在神秘性的链条之上，不是"一枝独秀"的谜（也许，它仍然有资格被称作最大的神秘），这神秘性链条甚至可以说始于简单的力学。在所有地方，人类知识都有它的空白和盲点（同样，它也有它的辉煌和最佳状态）。[8]

　　对物理学有兴趣的心灵哲学家也许会问：物理主义或唯物主义是否是值得辩护的学说？事实上，被如此命名的学说一直在受到辩护。请牢牢记住，我反对这样的学说，即使我常被称作"物理主义的神秘主义者"。在本书的不同地方，我会继续关注上述问题。我的总的看法是，这种所谓的物理主义学说是

---

　　[7]　科学必须选择它能说明的方面，而忽略其他方面。物理学选择了该领域的形式方面，并让这些方面接受数学的处理，而让其余的方面成为神秘的东西。值得注意的是，科学取得的成功与它存疑的东西是成正比的。正是因为它遗漏了那么多，因此它才有如此好的表现。如果关于物质的科学真的能进入它的领域的内在本质，那么它就不会有以选择为代价而得到的形式上的严谨。

　　[8]　有启发意义的工作是对神秘性做出分类，建构其等级结构，如从最根本的神秘性到最复杂的神秘性。物质本身的神秘性可能位于最低的层次，而意识的神秘性则位于其顶部。意识的专门技术特征似乎使它自成一类（也许紧邻的是自由意志和创造性）。我们有根据区分开"通常的（regular）神秘性"和"超级的（super-）神秘性"。如果认为即使成功的物理学也有其神秘性，但意识不可能有那么大的神秘性，那么这肯定是一个糟糕的看法，因为神秘性在深度和形式上差异很大，且神秘性仍不过是神秘性。

不明确的，因为它没有关于所依据的"物理"的可行的概念。在这一点上，我直接依据的是乔姆斯基的这样的观点，即既然机械论随着牛顿所说的超距作用的出现而消亡了，因此就没有关于"物理"的清楚明白的概念。[9] 我坚信物理学的非统一性，因为物理学探讨的各种的本体论范畴没有统一的概念框架。这些范畴是，空间的域和点，时间的刹那性和连续性，力场，穿过虚空的因果关系，加速的物体，电子，质子以及别的粒子（有些有质量，有些没有，有些有电极，有些没有），光线，能量单元，波，时空弯曲，弦，多宇宙，奇点，暗物质，等等。它完全有别于笛卡尔的严谨的力学，后者认为，有广延的实体是借接触式因果关系而相互作用的。我这里不会重复常见的论证，但我有这样的总的看法，即根据我们从"物理的"这一有歧义的词中挑选出的意义断言说心理可还原为物理，这要么是错误的，要么是空洞的。[10]

更有趣和更根本的问题是，应怎样阐释物理学本身？它应规范地假定的是什么属性、过程和实在？这是关于物理学的特有的来源的问题，关于排除什么、肯定什么的问题，关于什么

---

[9]　我在前面注释⑤引用的我的《意识及其对象》（第16页及以下诸页）中论证过，不存在关于物理主义的得体的定义。这是乔姆斯基长期关注的一个论题。

[10]　这里涉及的其实是"亨佩尔难题"："物理的"一词要么指的是流行物理学已认识到的东西，但它太窄，要么指的是未来理想的物理学所说的东西，如果是这样，它就是没有意义的（因为它大概仅仅是对那个世界的真的描述）。其根本性问题是，人们先挑出几个范例以确定"物理的"一词所意指的东西，接着说：任何事物（最终）都像这些事物一样，但是尚未提供关于相似性的可行的标准。因此所说的不过是虚假的概念。

可被还原于别的东西的问题。在历史上，这些争论中表现出的 9
是不同程度的苛刻性。笛卡尔的机械论是相当苛刻的，如只承
认有广延的物体和接触式的因果作用。牛顿力学只承认超距作
用。对于笛卡尔主义者来说，超距作用似乎是神秘主义。为了
减轻神秘感而将以太请进来，只是在字面上恢复了苛刻性，精
神实质并没有什么变化。赫兹构建了一种没有牛顿式的力的力
学，认为牛顿力学对他来说太形而上学了。麦克斯韦的电磁场
理论进一步放松了限制，不管是否用了介质性的以太。今日，
我们已得到了一种相当自由的物理学，它承认几种力在空间中
以任意距离起作用，加上许多基本粒子，如电极、场、暗物
质、多宇宙、非定域性，等等。你可以想象过去的物理学家的
这样的抗议，这种材料即空间中碰撞的固体物体恰恰不是物理
的。这样一种保守的物理学家坚持的是，现代物理学已经超出
了"物理"的界限。他们试图证明的是，某些当代的构造可还
原为原来所说的物理属性（这显然就是以太对于力学据说会做
的事情）。但关键在于，这些关于"物理主义"的争辩都是毫无
意义且令人不安的。因此你在本书中将看不到我对于"物理主
义"（或唯物主义）的肯定或否定性论证，至少像近来哲学家在
理解这些术语时所想到的物理主义，因为我认为这种学说没有
得到令人满意的定义，甚或不是那么令人感兴趣的。[11]

　　在接下来的部分，某些论题会重复被讨论，现在可以对它
们做一些强调说明，这样做有助于读者避繁就简。物理学的令

---

[11]　我在本书第 10 章中充分地讨论了这一点，可参阅。

人困惑的概念史会大量涉及，因为我们不能假定说，物理学是逐渐地、平稳地从初级向高级发展的，对于基本原理都有一致的意见，事实上，里面总有深刻的形而上学和认识论问题在捉弄人们（今日仍然如此）。这就是物理学为什么总与哲学密不可分的原因，而植物学就不是这样。我认为，物理学的历史从哲学上说是令人困惑的，因为它一直在向人的概念图式施加压力，制造麻烦；说里面充满歪曲一点也不过分。让人难以忘怀的是，这里的概念的不适当性或不充分性是司空见惯的、根深蒂固的。基础似乎总不牢靠，甚至在科学蒸蒸日上的情况下依然如此。因为有这样的哲学的不确定性，因此便有这样的固定的倾向，即设法将物理学还原为它的争论最小的组成部分，即还原为观察。马赫的实证主义（positivism）是这一倾向的最极端的版本，据此，物理学理论的唯一的内容就是感觉，而其余的一切都不过是诡计而已。[12]20 世纪的物理学发展与逻辑实证主义的流行是结伴而行的；实证主义的印记在爱因斯坦和海森堡的著作中也清晰可见。这里只说这两人。因为我相信实证主义长久以来一直受到驳难，因此我担心物理学没有留下实证主义的印记；我一直关注的一点是实证主义特别是证实主义（verificationism）的残留物。没有哪个论证被认为是令人信服的，因为它只以证实主义为前提条件（如否定绝对运动的论证常常公然依据证实主义）。我们有必要让物理学适当摆脱这样一种

---

　　[12]　常被引证的就是马赫的《感觉的分析》（*The Analysis of Sensations*）（拉萨尔：敞院出版公司，1984）。

哲学的理论化。

令人困惑和惊诧的东西不可能不引起人的注意。容易做的事情是，默认物理学的成果，把它当作是加之于另一事实之上的一个事实（教科书给人的就是这样的印象）。哲学家则不同，一定会对概念上有问题的、令人吃惊的事情保持敏锐的嗅觉。引力尽管大家极为熟悉，但却是非常令人吃惊的现象，这不只是因为它包含着遥远的因果作用，而且还以一定的方式把质量与吸引力关联起来。电更加令人不可思议，这是因为它具有推斥力和吸引力。光速的恒定性绝对是令人诧异的。能量的可转换性显然是怪异的，几乎就是炼金术。我将讨论这些令人困惑的现象，展示它们的奇异性。数学不会妨碍我们认识物理世界的纯粹的独特性（在这之后，我们会关注相对论和量子理论）。这样一来，便有这样的元问题，即我们为什么会看到世界的奇异性？自然的回答是，因为它与常识背道而驰。但是常识为什么不一致于客观的真实性呢？常识为什么有关于非常大的东西或非常小的东西或真空中的光速的观点？自然如此奇异的理由可能是这样的吗，即我们真的没有接近自然的本质？上帝会认为它奇怪吗？世界在什么范围内是可理解的？不管事实是什么样子，我们都必须对令人吃惊的反直觉现象保持敏锐的洞察力。

物理学经历了太多的危机，当然也经常伴随着相应的革命，今天依旧处在混乱之中，令人难以置信的是，物理学在未来不需要进行激进的变革。必需的事情可能是哲学上的变革，当然也有经验上的。物理学作为一种知识体系据说是要把握超越人类思维的实在。我认为，清楚认识到它的限度对于理解它的弱点在哪里是十分必要的。数学方法尽管帮助人们产生了了不起的真知灼见，但也没能帮我们认识物理实在本身，这是结构主义的核心观点。我们在物理学中看到了人类理智的伟大，但也看到了它的深刻的局限性。我们关于物理世界的图景显然是我们用来理解它的方法的结晶，这方法就是用数学语言对规律做出阐释。没有把握说，这种方法能产生关于世界如何客观构成的完善的知识。我们的知识总是粗略的，在一定意义上是肤浅的，因为它是关于我们模糊把握到的事物之间的相互作用的图像，即使真的有这样的事物也是如此。就物理学抽掉了特定的主观观点这一点来说，物理学提供的是关于世界的"绝对的（absolute）概念"。⑬ 这听起来不错，但不能由此说，它是关于世界的"内在的概念"，即说明了世界本身真的是什么的

11　概念。物理学的数学本质使它成了绝对的，因为数学远离了人的主观性，但是它的数学特点又让它成了抽象的，即成了纯粹"结构性的东西"。⑭ 如果物理学没有为我们提供一种内在概念，

---

⑬　这个短语出自 B. 威廉姆斯（B. Williams）的《笛卡尔：纯粹的探讨计划》（*Descartes: The Project of Pure Enquiry*）（伦敦：哈维斯特出版公司，1978）。我在《主观的观点》（*The Subjective View*）（牛津：牛津大学出版社，1982）讨论过这个题目。还可参阅 T. 内格尔的《无出处的观点》（*The View from Nowhere*）（纽约：牛津大学出版社，1986）。

⑭　可这样表述，正如我们所知道的，物理学的数学特征反映的是人对它的内容所做的奉献，因为数学是我们理解世界时所宠爱的方法，但外部世界就其内在本质而言是数学的吗？上帝也从数学上看世界吗？我们似乎把作为人类理解状态的数学框架加之于世界了。火星的物理学家也许把同样的图式加之于世界，但它毕竟是一种图式。事实上，我们所用的测量尺度反映的是（转下页）

那么它大概也不可能为我们提供一种严格合理的概念——因为世界大概只能从它自己的观点出发才是可理解的，即是说，当它从内在方面去观察时才是可理解的。不管怎么说，这就是后面的论文将阐发的观点。

撇开这一有争议的目的不说，本书另外的目的就是做某种特定的哲学家的这样的尝试，即把物理学和某些更广泛的哲学问题整合在一起。物理学能为认识论、形而上学和心灵哲学提供什么借鉴呢？这些学科能为思辨物理学家提供什么指导呢？在回答这些问题时，我将给予物理学以应有的重视，但不会受它的裹胁。"嫉妒物理学"（首先）对于哲学家来说无疑是一种可理解的弊病，但与此同时，对物理学的限度做出恰到好处的评估又是哲学的自然的任务。可以肯定，皇帝不乏好看的新衣，但他后面是否有一个像样的身体则是一个更严峻的问题（他只是一种结构吗？）。尽管有各种工具、测量、评估和方程式，且不说人类才智的奉献，但仍不清楚的是，物理学是否真的说明了：自然从根本上说由什么构成，它在本质上是怎样运转的。物理学给予我们的是自然的影像，也许是一个轮廓，穿着华丽的数学长袍，但大自然的身体从根本上说仍是隐匿的，也许必然如此。我们自己在本质上是物理世界的产物，事实上是大爆炸的成果，但我们是否能得

---

（接上页）我们的选择，真的能有意义地说，物理世界客观上是数学的吗？这世界不依赖于理智探索者加之于世界的任何表征系统吗？比如说，数学内在于运动吗？数学似乎外在于物理学的主题。（所有这一切都不是要质疑物理学的客观性和真实性。）

到关于产生了我们的实在之客观准确而又完全的把握，这则是一个悬而未决的问题。[15]

---

⑮　像经常所述的那样，基于我们的起源和塑造了人类智力的各种力量，我们能知道那么多东西。这的确是令人惊诧的。我们是由进化而成的有机体，只有特殊的、有限的大脑，而不像上帝那样无所不知。为什么总有人假定，人类的智力与我们的动物家族中的成员（包括最邻近我们的那些物种）的智力是根本不同的？为什么别的动物总被认为是天生无知，而我们被认为是天生无所不知的？人类的科学知识对于严格的自然主义观点来说，是由经验的、形式的东西拼凑起来的、不可靠的、杂乱无章的大杂烩，里面也许还有推论的、局域性的、编造的、极易出错的、对立于我们自然倾向的东西。形成科学的能力（如乔姆斯基所称谓的）就像我们的登山能力一样，没有哪个部分是天生的，只有通过巨大努力和技巧才能发挥作用的——且还没法保证能达到所有的最高点。科学知识中不存在自动的东西，也没有确定的或约定的或不可避免的或天赋的东西（它们大概不同于语言知识和民间心理学）。我们对宇宙之外的东西所知的完全是某种沉默的生物运气的结果，没有把握建构这种知识。要获得关于人类思维的更多了解，请参阅我的《哲学问题：探讨的限制》（*Problems in Philosophy: The Limits of Enquiry*）（牛津：布莱克威尔出版公司，1993）。

# 第1章 物质的概念

## 笛卡尔和洛克论广延性、不可入性

在较早的时代，人们就一直在很严肃地对待物质的定义问题。没有人想当然地看待这个概念，因为如果没有关于物质的适当的概念，那么物理学就会被认为失去了统一性，即没有一个明晰的主题（20世纪，心灵的概念同样充满着争论）。笛卡尔在《谈谈方法》①一书中说："物质或物体的一般所说的本质并不在于它有硬度或重量或颜色，或有以别的方式引起我们感觉的性质，而只是在于它是从长、宽、高上延展的实体。"（第198页）在《哲学原理》②中，笛卡尔又说："长、宽、高上的广延性构成了物理实体的本质，而思维则是能思想的实体的本质。因为能归属于物体的别的一切都以广延为前提条件，都不

———————

① 我这里用的是巴诺书店的版本（Barnes and Noble Books，2004）。

② 这里的引文出自"企鹅经典"中的《沉思与其他形而上学论著》（*Meditations and Other Metaphysical Writings*）（伦敦：企鹅经典，1998）。

过是有广延事物的某种样式。同样，我们在心灵中所发现的一切都仅仅是思维的不同样式。因此例如，除了在有广延的事物中，我们是不能理解形状的，除了在有广延的空间中，我们是不能理解运动的；同样，除了在能思想的事物中，我们是不能理解想象或感觉或意志的。"（第132页）在《沉思》③中，他的态度有点不同："所谓物体，我理解是这样的事物，即具有某种形状、被限制在一个地方、能填充一个空间的事物，以致每一别的事物都为它排斥在外。"（第25页）根据他在回答亨利·莫尔（Henry More）时所做的说明，④这最后的从句要小心对待。在这里，他坚持的是，不可入性不是物质定义的一部分。他说："根据逻辑的通行规则，物体中的可触性和不可入性就像是人类身上能笑的能力，只是第四种属性，不是基本的、真正的特性，而我要论证的是，广延是这样的基本属性。正像人不能被定义为能笑的动物，而只能被定义为有理性的动物一样，物体不能根据不可入性来定义，而只能根据广延性来定义。"（第168页）不管怎么说，他对物质的正式定义依据的是广延性，而不是排斥性或不可入性。

笛卡尔清楚地认识到，空间也可以以类似的方式来定义，因为甚至（所谓的）空洞的空间也是在三个维度上延展的。不过，他不认为这是一种否定，因为在他看来，物质和空间从根本上说没有什么不同，其表现是，空间就是物理实体的一种形

---

③　这里的引文出自"企鹅经典"中的《沉思与其他形而上学论著》。
④　同上书。

式。在《谈谈方法》中，他说："空间、内在的位置以及在其中得以形成的有形实体，实际上没有不同，只在为我们习惯上设想的方式上有所不同。因为事实上，长、宽、高上的相同的广延既构成了空间，又构成了物体。"（第 201 页）他还说："在这样的考察之后我们会发现，在关于物体的观念中，除了它是长、宽、高上有广延的某物之外，不再是别的东西，这个某物包含在我们的空间观念之中，它不只为物体所充满，而且被称作空洞的空间。"（第 202 页）这一学说是他对立于虚空学说的一个表现。在他看来，空间不是空无所有，而是"充实的"（plenum），就其本身而言，空间是一种实体（即使不可触、不可见）。事实上，这一关于充实的学说使不可入性的观念成了靠不住的观念，因为物体和空间似乎是相互渗透的，根据他的看法，两者都是物理实体的形式。物质显然不排斥空间，而空间（事实上）是物质的一种形式，因为它是由广延定义的。因此某种物质（空间类型）不是不可渗透的。无论如何，笛卡尔乐意承认，物质和空间共有相同的定义属性，即广延性。这里重要的是要认识到，对于他来说，物质不能被定义为占有延展空间的东西，它只能根据广延本身来定义。很显然，不可渗透的物体占有空间，并在空间中延展，但应注意，笛卡尔说的还有更进一步的意思，即成为一种物质性物体不过就是具有广延这一属性（这就是空间为什么也有资格成为物质的原因）。他承认，空间是可透入的，但它有广延，因此它符合成为物质的条件。纯粹有广延对于物质性来说是充分的，因为它说的是三维中的可测量性（他大概不会认为，二维的广延性是充分的）。这就是 14

物质这个概念的内在本质，而不可入性充其量是外在的，不是物质的构成性本质的组成部分。

洛克对笛卡尔的物质定义表达了强烈的反对意见。在他的《人类理解论》的"论凝固性"一节中，[5]他明确反对笛卡尔把广延性置于物质概念的核心地位，而代之以不可入性。他说："当两个物体的一个向另一个靠拢时，就有阻止它们靠近的性质，我把这种性质称作'凝固性'。我不会参与下述争论，即这样理解凝固性这个词是否比数学家运用这个词所赋予的意义更接近于它原来的意义。……但如果有人觉得把凝固性称作不可入性更合适，那么我也表示赞同。我只是坚持认为，凝固性一词之所以更准确地表达了这个想法，不只因为它在日常使用中有这样的意义，而且还因为它具有比不可入性更肯定的意义。而不可入性有否定的意义，而且与其说它是凝固性本身，不如说它是凝固性的一个结果。在所有观念中，这似乎是与物体联系最密切的观念，且对物体必不可少，因此，只有在物质中才能被看到或被想象。"（第 125 页）因此洛克自然把物质与空间明确区分开来了，因为空间的本质是可渗透的。他说："（物质的）这种阻力，即它借以把别的物体挡在它所具有的空间之外的力，如此之大，以至任何力不管多大，都不可能胜过它。世界上的一切物体尽管能从各个方面去挤压一滴水，尽管这滴水很柔软，但这些物体绝不能克服这滴水所产生的阻止这

---

⑤　参见《人类理解论》（*An Essay Concerning Human Understanding*）（伦敦：企鹅经典，1997）。

些物体相互靠拢的阻力，除非把这滴水从这些物体中移走；由此说来，我们的凝固性观念既不同于关于纯粹空间——这空间既不能抵抗也不能运动——的观念，又不同于关于硬度的普通观念。"（第 125 页）纯粹的广延是物质和空间共有的，而让它们区别开来的东西，一个是不可渗透的，一个是可渗透的。因此洛克拒绝笛卡尔关于充实的观念，而坚持认为，空间本身是纯粹的虚空。洛克认为，若没有虚空，运动的确不可能，因为物质在本质上抵制运动。他还小心地把它所说的凝固性与硬度区分开来了，因为坚硬的对象就是其内在部分都紧密地相互结合在一起的东西，不像一个柔软的对象，但所有的对象都同样是凝固的。洛克写道："改变物体中的可感部分之间的位置或改变整体的形象尽管很困难，但这不会让世界上最坚硬的物体比最柔软的物体更坚固；水在坚固性上一点也不比磐石差。"（第 126 页）因此每块物质像任何别的东西一样都具有排斥性，甚至液体和气体也是如此。阻力上的差异完全是这样的力的问题，正是它们将作为构成部分的粒子结合在一起。洛克以足球中的气体为例论证说，如果那团气的组成部分阻止向一旁移动，那么足球就会有像最坚硬的钢一样的阻力。凝固性是物质事物的绝对的性质，它没有程度的差别。因此物质可定义为凝固性。对象占据一个空间区域就是它的凝固性排斥别的对象进入那个区域。

　　这里，我基本同意洛克对笛卡尔把物质与空间区分开来的看法的否定，但在这点上，我又不会做追溯历史和解释的工作。我现在想做的是，对洛克表达的观点做出我自己的概括，

15　以为后面阐发超出他的观点的关于物质和空间的理论做出铺垫。物理宇宙是由空间中的物质构成的，而物质的特点是不可入性，这不可入性在每个物质事物中是平等的、恒常的。空间是空洞的，可定义为可透入性，而可透入性也是平等的、恒常的（因为空间的任何部分都不比别的部分更容易被占据）。广延性对物质和空间是共同的，因此不能用广延性来定义物质和空间中的任何一个。物质性物体是由能运动的部分构成的。空间是由不能运动的部分构成的。运动是不可入的物体穿过可入的空间所经历的过程。不可能存在能穿越任何形式的物质的运动，不管它多么"稀薄"。运动离不开虚空，因为所有物质都有排斥性；不过，空间中的粒子可为运动着的物质推向另一边。物质可受压缩小，但这仅仅是因为粒子在物体的内在空间中被迫相互靠拢。连续的物质都同样是坚硬的，因为坚硬和柔软都依赖于物体内的粒子运动。粒子本身没有坚硬程度的差别。因此物体表现出的阻力有两类，一类来自于诸部分的内聚力，它本身就是力；另一类来自于物质本身，它没有程度上的差别。这第二类阻力由于找不到别的术语因此大概可称作逻辑—形而上学的阻力；而第一类则是自然规律问题。物质和空间从逻辑或形而上学上说是对立的，一个可用排斥力来定义；另一个可用接受力来定义。若这样设想空间，以为它仿佛是异常柔软的物质，那则是错误的。空间是否应被恰当地称作"实体"，这是难以给出清晰定义的问题，因为对于实体究竟是什么，有待形成明确的观念。关键在于，空间和物质在本质上大相径庭。毫无疑问，这样说是简单和粗略的，且是教条式地加以表述的，但对我下面实现我的目的是有帮助的。

## 洛克观点中的问题

否定不可入性是很自然的事情，因为不可入性是一种倾向或关系概念，而非表述本质的概念，例如它说的是抵制另一物体运动的能力。洛克本人承认，不可入性与其说是由凝固性构成的东西，不如说是凝固性的结果（即空间占据）。人们也许会问，物质由于什么而有不可入性？我们不能说，那是由于物质成了物质，因为若这样说既陷入了循环论证，又等于承认那两个属性不是同一属性。直觉的观点是，那是由于占据或占用空间，洛克把这称作"充满"（repletion）。正是因为物质占用空间，具有空间，因此物质成了不可入的。但占有空间是什么意思呢？它说的不可能只是排斥别的东西，不然，它就不能成为不可入这种倾向的基础。物质所做的事情就是填充空间，在这样做时，它排斥别的物质来占据已被填充的那个空间。这似乎是洛克说"凝固性"一词时想表达的意思，因为他认为这是不可入性关系的基础。笛卡尔或许也关注过这个直觉观念，并根据在空间中（in）的延展这一观念来加以表述，以为它不同于广延性本身。一旦这里所说的占用意味着的是排斥性，那么断言占用特定的空间区域似乎肯定抓住了上述观念的要害。因此这里最基本的思想似乎是占据空间，正是它导致了广延性和排斥性。但我们应怎样说明占据这个概念呢？如果这个概念不能由广延性或不可入性来说明，那么占有空间究竟是什么意思？我在这一部分试图回答的就是这样的问题，即说物体持有空间是什么意思？当物质持有空间时，物质对空间实际做了什么？

16

我们知道，物质所做的就是让空间不可入，但问题是，物质凭什么做了这样的事情？排斥性是如何起作用的？很明显不是借助排斥力起作用，因为如我们所知道的，洛克的不可入性概念不同于坚硬性，它根源于物质本身的本质，而非根源于控制它的各种力。排斥力是逻辑上或形而上学上的东西，不是因果性的东西，不像在钢铁上留个凹痕那么困难。[6] 应怎样解释物质的内在的不可入性呢？

这一把占有性作为物质的定义和作为不可入性的基础的观点也有其明显的问题，它源于力的概念。但力场难道不会渗透或弥漫于空间区域进而占据它们吗？试考察地球的磁场，它似乎占有特定的空间区域，即在某个区域内起作用，它具有笛卡尔式的广延性。但力场肯定不同于物体，因为它不是一种物质（这就是电磁力概念开始引进时为什么没有引起争论的原因）。引力场也是这样，它似乎渗透在空间中，但它并不是物质对象，因此不能用占有空间来定义物质对象的概念。如果这一

---

[6] 洛克的这个不可入性概念似乎没有为物理学家普遍认可，因为他们往往说，只有借助力的抵制似乎才会产生排斥。但对这个本质上是形而上学的观点尚没有有力的论证，因为物理学的经验事实并未迫使我们承认，这就是不可入性所强调的东西。我个人的看法是，关于排斥的理论是一种纯模态形而上学，类似于下述主张，不可能同时有既红又绿的事物，即是说，这是形而上学必然性的一个事例。排斥别的物质正是物质本质的组成部分（就像占据空间是物质本质的组成部分一样）。物质的每一真理并不全由经验物理学所发现，或者说并不全都反映了形而上学上可能的规律。（这一部分后面的附言将进一步讨论不可入性的形而上学基础，并质疑这样的还原论，即把物质的排斥性还原为斥力场的存在。在本书的主体部分，我在很大程度上认为排斥力是理所当然的，并强调了什么可对之做出解释。）

点是可疑的，那么就能说，这些场不是不可入的，因为不同的场能渗透在相同的空间区域，就像引力场和磁场都围绕着地球一样。它们不像物质的体积那样是相互排斥的。如果占有空间对物质至关重要，正是在这里出现了不可入性，那么我们就必须解释，力场与物质在与空间发生关系时怎样相互区别开来。这对我来说是个困难的问题，我认为我们对场和空间怎样关联没有明确的观念，但我们可指出其直觉上的区别。说场"占用"空间甚或"占据"空间肯定是不对的；更准确地说，它们是"渗透于"或"弥漫于"空间之中的。大致而言，这样说的意思似乎是，它们在某种空间区域内起作用，即是说，那个区域内的对象以某种方式受到这里所说的力场的影响。有这样的一种倾向，即试图根据关于对象的条件句来解释场，如说空间的某个点有某种强度的磁场就等于说对象以某种方式被吸引或排斥，好像场的存在可还原于对象的行为。如果这个对象被放在某个点，那么将有如此这般的行为。毫无疑问，这样说太简略了，但它又表明，我们没有把场看作独立于对象而存在的东西，不管怎么说，它们的本质就在于它们对对象所施加的作用。

　　就其自身而言，场本身不是对象，但能对对象产生影响。人们想说的是，它们是在某种空间区域中起作用的，而不是存在于这些区域中的。说它们存在于空间中，其意思显然不清楚。在排他的意义上，它们不会占用空间，因为它们完全没法成为空间的占有者。我们大概可以把弱空间区域和强空间区域区别开来，如说一个是渗透式的，一个是占有式的。力场有广延性，肯定能在空间中延展，但它不能像物质那样要求占有空间。

17

它情愿共享它所"占据"的那个空间。场不像气体，它们不是物质的稀疏形式，就像空间不是一样，它们似乎介于物质和空间的中间，既不是一方，又不是另一方。空间是延展的，场是弥散性的，物质则是排斥性的。场对于空间的关系显然不同于物质对于空间的关系，因为物质能让一个位置不被另一物质进入。这种差别的标志是，场的强度会随着距离的增加而减弱，例如它们在遥远的空间区域会变弱。但物质性物体不能这样起作用；物质所占据的每个空间部分都同样是不可入的。场在某些区域的渗透性或呈现比在其他区域要弱一些，但一块物质在空间内的任何一点都不会少占有一点空间，当然在靠近它的外在边界时也是这样。在两种情况下，"占据"的方式是大不相同的，如物质以全有或全无的方式占有空间，但是场以一定程度渗透在空间中，允许别的场与自己共在。因此我们不应把场的空间性与物质性物体的空间性等同看待。还有一点，不管其价值如何，场不像物质那样可见可触。当笛卡尔说我们不能指望根据可知觉性定义物质时，他肯定是对的。但一点也不意外的是，物质以可知觉的方式占有空间，而场以不可知觉的方式"占有"空间。这表明，它们相关于空间的方式存在着重大差别。因此我将引出的关于空间和物质的结论不能推广到场和空间之上。⑦

---

⑦　关于场的本体论的讨论，可看兰格的《物理学哲学导论：定域性、场、能和质量》（*An Introduction to the Philosophy of Physics: Locality, Fields, Energe, and Mass*）（牛津：布莱克威尔出版社，2002）。当然，这本书对初学者来说比较难。

## 对不可入性的解释

关于排斥的一种自然的想法是，许多物质对别的一些物质施加了某种阻力，如当一对象要进到另一对象所在的位置时，那对象就会把它推开，阻止它的入侵。是这个对象在靠近、碰触，进而成了有阻力的主体，这主体就是物质本身。正在靠近的对象的运动受到了来自于特定对象的力的抵抗，以不让它占据同一个空间区域。根据这种设想，排斥力来自于实施排斥的那个物质的内在属性，这其实是物质本身实施的一种阻力。它不来自于被占据的空间区域的属性。物质本身能把别的物质推开，而空间在排斥过程中并没有什么作用。但尚未得到解释的是，这种绝对的力究竟是什么，它是如何起作用的。它不可能是物理学中所说的那种推斥力，因为正如洛克所说，任何可想象的力都不能克服它，例如排斥是必然的、逻辑的，而非因果的。它被认为是物质作为物质的阻力（比如说，不能被看作是属于排斥性电荷的阻力）。这样一来，物体不同于场，因为场并不能行使这样的绝对的阻力，而物体则有这样的力，场从空间上说并不具有排斥性。物质有一种不可还原的、原始的、能干涉别的物质的力，如借助它的这一作为物质的本质而拼命不让别的物质靠近。

但还有另一种设想排斥的可能方式，它关注的是被占据的空间，而不是能占据空间的对象本身。正是那被占据的空间起着排斥的作用。例如我们可以这样设想，能占据空间的对象以某种方式改变了那个空间，这种占据就是对空间的一种作用。

18

**33**

因此让物质有不可入性的恰恰是空间，而不是物质本身。（我这里说的是这样的空间，它存在于构成物质的粒子的内部，而不是这样的空间，它存在于构成宏观物体的粒子之间，即是说，是被填充的空间，而非空洞的空间。）对不可入性的解释不应是，物质执行了一种独特的推斥力，而应是这样的，即被占据的空间在物质占据它的时候以某种方式改变了自己的本质。大概可以这样说，正是空间执行了推斥力，当然在此之前它没有这样做，因为空间就其本身而言有接纳的作用，而没有排斥的作用。空间在现在才被转化成了能阻止运动的东西。这是一种逻辑上可能的观点，尽管它确实是一种奇怪的观点，因为有阻力的地方是被占据的空间而不是有占据作用的对象。很显然，这种情况要出现，空间一定受到了物质的改变。在第一种构想之下，没有必要是这个样子。根据第二种构想，对象（包括基本粒子）内的空间一定有不同于对象间的空间的本质。我想倡导的正是这第二种观点，与其说它是一种被证明了的真理，不如说它是一种假说，但我这里想到的对空间的作用是一种相当强烈的删除（deletion）作用。即是说，物质能湮没（annihilates）它所占据的物理空间区域，如让它不存在，让它失效，让它不能继续。不太强烈的作用也是可设想的，比如说，物质从空间中移除一个或两个维度，或者说，使空间成为非连续的、颗粒状的，或使之成弯曲的空间，或者说……但我打算考虑的假说是最激进也最简单的假说，它说的是，当一块物质进入一个空间区域时，它便完全毁灭了那个空间。根据这一假说，我们有关于不可入性的简捷的解释，它说的是，在

被占据的地方，不再存在空间区域。占据此空间区域的对象让 19
它消失了，因此别的对象便不能占据这个位置！这个区域在占
据前是存在的，后来也会存在，但在占据的那个时间过程中，
它从那个空间流形（manifold）中被删除了。那个空间区域不
会继续存在，也不会与它在量上不同的那个对象重叠；确切地
说，没有这样的重叠，因为那个空间区域不再存在。如果你把
一块大理石放进一碗水中，在大理石之内不会有水存在；我的
意思是说，在（固体的）物质对象之内，同样不会有这样的空
间。但这不是说，物质会像大理石把水推到一边一样把空间推
到一边。因为那样说是不可理解的。如果是那样，被推走的空
间区域会去往哪里呢？正如洛克（按牛顿）所说的那样，空间
区域不会移动，因此它们不会被物质推向一边——空间不会穿
过空间！相反，那个空间在那个期间湮灭了。而不存在的空间是
不能被占据的空间。因此根据这一假说，这里说的不是一物质
会对另一物质行使推斥力，而是说，那空间在那里不再会被占
用。这便使排斥成了合乎逻辑和必然的事情，而不是成了有阻
力的问题。当一个对象运动并最终停下来时，它就逐渐消耗了
它静止时最终所占据的那个空间，并使那个空间成了不能再为
别的事物占领的空间。那个对象消耗了空间，让它完全歇业了。
当我们说一对象占据一特定空间部分时，我们所说的其实是，
那曾经存在的空间现在为一块物质占据了。这里再完全没有别
的物质存在的空间（即使这里明显有广延）。一个里面没有空间
的可能世界就是物质不能再进入其中的世界。噢，在现实世界，
有一些空间上的虚无，这里是任何物质都不能进入的。占据了

空间就等于清除了空间。在物质团块之间存在着空间的意义上可以说，空间中自然存在着物质，但不存在内在的空间。[⑧]

无论如何，这是一个假说，尽管它听起来有点奇怪。我们必须试着根据它的优点对它做出评价。

空间为什么有接纳性？因为那里没有物质，而物质在本质上具有排斥性。物质为什么有排斥性？因为那里没有空间，而空间使包容性成为可能。正是这使洛克所说的"凝固性"成了完全不同于坚硬性的东西，因为坚硬性根源于这样的力，它让构成性粒子在空间中结合在一起，而凝固性就在于空间消灭了。凝固性不是一种不能克服的力，而恰恰融进了空间的结构之中。有什么理由赞成这一理论，有什么理由否定这一理论？我认为，没法为这种删除（deletion）论（我将这样称呼它）提供有力的根据，即使我承认赞成它有直觉理由。但我也认为，该理论不是那么容易被驳倒的。因此我们应关注整个理论，倾听它说了什么，看看它会把我们引向哪里。在理论物理学中，奇异性并不是通向真理的障碍，只要它有解释力和内在一致的规则。首先，它所肯定的不过是，我们谈论的好像是删除论是真实的，因为我们说的是，在充满物质材料的区域之内不存在空间。（"在汽车后盖箱内有空间吗？""没有，它完全被塞满了。"）我对日常观点的非正式理解是这样的，即人们认为在固体对象内部没有空间（他们都知道，在粒子之间有空间，但他

———————

⑧ 通常的对象，如家具和动物，都包含有内在的空间，因为构成性粒子是广泛分散开的，但我说的是固体的连续的物质，比如说由基本粒子构成的物质。当我在行文中谈论对象时，读者应当这样理解我的意思。

们不认为，在物质连续的地方有空间）。人们倾向于认为，物质好像会将空间推到一边，就像空气一样，但他们对这样的观点，即如此被取代的空间跑到别的地方去了，会感到吃惊。一旦认识到，充满空间这一说法意味着存在的空间区域与物质对象的重叠，充满空间这一说法就会让人觉得日常观点是一种矛盾修辞法。不过，这些观点都是不成熟的，很容易任人摆布，因此不值得予以重视。⑨

第二个更重要的考量是，如果我们承认重叠（overlap）理论，那么我们就等于赞成说，两个根本不同的事物，即一个是空间区域，一个是一团物质，能在时空上重合。在有对象存在的任何地方，也存在着一片空间区域，里面现在为那作为量上不同事物的对象占据着。那空间在刚才是空的，但现在被充实了，它在那个区域，就像它在空虚时所是的那样。我们有两个重叠的实在，即一片空间和一块物质。但这不是违背了这样的原则吗，即在相同时空中不可能有两个事物？大概可以说，这

---

⑨　上述对话的含义可用来消解这样的证据，即说汽车后盖箱中没有剩余空间，其言外之意是，那里没有空间。这样说是错误的，因为在汽车后盖箱中仍可能有被填充的空间。什么是对此问题的解答，我承认这是难以弄明白的。让我感到好奇的是，常识对这样一个看似直接的问题竟然如此举棋不定，即在固体物质之内究竟有无空间（物质的空间，而非数学的空间）？常识清楚的是，有物质的地方就有广延，但不明白，这广延是否同时属于物质和为物质所占据的物理空间。答案依赖于我们怎样从直觉上看待空间，特别是依赖于我们对它成为怎样的基础主义者。奇怪的是，我们似乎并不受此问题的约束。常识并未建立关于与物质有关的具体空间的本体论，它似乎只有一些初步的直觉。相比而言，十分清楚的是，不可能有物质存在于别的物质之内，或存在于重叠空间两个区域。

个原则无论如何也有其限制，因为有这样的事例，如那尊雕像和构成它的铜块。但它是这样的情形，在这里，雕像是由铜块构成的，而这恰好表明它们重合在一起的。相比而言，空间区域并不是由占据它的物质构成的（反之则不行），因为毁掉那物质并不会毁掉那空间。因此我们有两种实在，它们不能相互构成，但可以说它们合在一起了。其中的一个自然不是一块物质（根据笛卡尔），但它们从数量和构成两方面说仍是不同的实在，然而也可说它们重叠了。这似乎触犯了常识和一般原则，且似乎特别地为那类空间事例本身制造了一个例外。如果我们赞成删除论，那么我们就能避免这样的麻烦。

　　第三点考量是，如果我们认可重叠论，那么在排斥性问题上就会陷入困境。如果先前有接纳力的空间区域在现在仍像过去一样顽强地存在于进驻的对象内部，那么它为什么不再有容纳性？很显然，它没有接纳性，否则排斥性就不会出现。它的容纳力已完全用尽，但仍可说，它作为一个具有它的所有本质属性的空间区域存在着。因此它为什么不允许另一对象与已进驻的对象一同存在呢？大概可这样回答，正是那个已进驻的对象凭借它的内在抵抗力实施着它的排除作用，因此内在空间的接纳性就被摧毁了。但这似乎是不可思议的，因为空间在本质上有容纳性，因此可以这样说，它们为什么不能邀请另一对象进入呢？就空间本身而言，它总是照常开放营业的，但进驻的物质总是想垄断这空间。这里的困惑是，那个物质为什么能取得这样的胜利？相比较而言，根据删除论，一切一目了然：那里根本就不存在允许另一对象进来的空间。一旦第一个对象被允许进来，空间就湮灭了。那里不再适合别物进驻。而根据重叠论，那个空间在那里招摇过市，像往常一样真实，且像往常一样有内在的接纳力；然而令人困惑的是，它只限于接受首先到达那里的那个对象。就空间本身而言，它能容纳多个对象，因为它的本质就是接纳；但是那个进驻的物质以它受欢迎的方式进到了里面。然而，根据删除论，排斥作用直接来自于物质对空间所起的转化作用，即对空间的湮灭作用。

与之有关的一点是，空间和力场确实可以重合，但两者中没有一个有排斥作用。比如说，磁场就可与一个空间区域共在，且这个区域像空间中的任何区域一样是可渗透的。为什么是这样？一个明显的答案是，空间的存在绝不受场的出现的影响，因此它的通常的接纳力就得到了保护，这样一来，物质对象就能进入这个空间中。但是如果存在着的不同实在的相似的重叠体现的是物质和空间的特点，那么我们为什么不希望看到这样相似的结果呢，即对于别的物质对象的接纳性？然而我们看不到这样的结果。引进删除论就是为了解释，场是对空间的保护，而物质则不是这样。这不是说，物质有场没有的某种最大的推斥力（力场难道不是表现这种阻力的更有可能的事物吗？），而是说，物质的凝固性即它占据空间的能力让它通过占据空间而将空间消灭掉了。无论如何，这是一个值得重视和探讨的有趣的理论。形象地说，物质吃掉了一块空间，别的物质的牙就别想再插进来（但是当该物质移到别的地方时，它还是允许那空间再接受别的东西的，这样一来，新来的物质就能享用这个空间）。

有什么根据赞成重叠论和否定删除论呢？这里十分明显的一个观点是，一对象所占据的空间在那对象离开时无疑重新获得了它的存在。重叠论对此的解释是，那个区域在它被占领期间一直持续存在着，不管它是否与对象重合，它都是在场的。因此空间随着时间的推移而持续存在着。但根据删除论，它不是这个样子，因为它随着物质的进出而存在或不存在。尤其是，那为一块物质湮灭的空间会随着物质的移走而重新获得自己的

22 存在。因此空间会随着运动的进程而继续存在和不存在。出于好奇，你做出你的思考是可以理解的。但这难道不是对删除论的批驳吗？我认为，只有当我们心照不宣地根据关于物质的本体论来建模关于空间的本体论时，才会是这样。赞成这样的理论的确是非常奇怪的，它说的是，物质对象会突然出现和消失，即是说，这些对象恰恰是相同的对象。之所以奇怪，是因为没法弄清，是什么使它们被看作是量上相同的对象，而不是质上相似的对象（这是心灵传输中的一个难题）。但是空间不是物质，空间的复活不能与物质的复活相提并论。因为一方面，同一性的标准显而易见，例如空间中的位置的同一性（不管怎样予以理解），而这允许我们说，一旦对象离开了，同一个位置又回归为它原来的存在。另一方面，没有理由把让物质对象不存在的过程比作让空间区域不存在的过程。因为事实上，后一过程完全不同于对象的物质部分的解体与消失。因此有根据说，这里的奇怪感觉的根源在于，根据物质的存在去可疑地建模空间的存在。我真的不明白有什么可靠的理由去回避删除论的这样的结论，空间不过是具有这里所说的断断续续存在的事物。

还有根据说，自我也是间断性的存在，因为存在着无梦睡眠的事实，因此好像不是没有删除论所预期的空间的间断存在的先例。⑩

在完全的静态宇宙中，被占据的区域绝对是不可能摆脱它的所有者的约束的。在这里，我认为我们更应倾向于赞成删除论，因为我们从未经验过一个空间区域回归自己的存在——我们从未看到被消除的区域在对象离开它之后又魔法般地维持自己的存在。但是新增加的运动事实上不会改变这一图景，只要我们放弃空间的存在状况反映的是物质对象的存在状况这一观点就行了。因此首先应问自己的是，你是否赞成说删除论适用于静态宇宙，接着问，当面对动态宇宙时，你是否需要修改你的观点？

现在可能有这样的反对意见，即空间的本质是广延性（extension），而物质对象则是延展的（extended），因此关于内在空间的观念难道不是不可避免的吗？这就是说，纯空间延伸至对象的边界，接着便有对象本身的广延性，进而空间继续向外延伸，因此难道没有这样的无所不包的空间吗，它既包含所有三种延展的部分，同时又包含连续穿越延展的物质对象的空间？如果空间的本质是广延性，对象的本质是延展，那么在延展的对象之内怎么会没有空间呢？对此，有这样的回答，如果

---

⑩　在两种情况下，我们都与持续的事物有个性化的联系，这些事物能让间断的实在有连续的存在，如人的身体和大脑，以及空间中的对象。还有这样的事物，如间断性的战争，新生的国家，被复兴的俱乐部。同一个实在能在消失一段时间之后再度存在。接续的（continued）存在在逻辑上并不要求有连续的（continuous）存在。

23　　这意味着，物质能延展，但不是（即不同一于）空间，因此每个延展的事物就是一个空间区域，那么广延就不是空间的本质。在被占据的区域中的有广延的东西就是一块物质；这并不意味着，那里存在着在延展的空间。物质有广延，且空间也有，但物质的广延并不自动就是空间的广延。也就是说，穿越物质的连续的广延恰恰就是分散的、首尾相连的事物的广延。从下述事实我们不难明白这一点，即不可能把进驻的对象等同于它所占据的空间，因为这些实在有不同的属性（例如空间在对象毁灭之后仍能持续存在，空间区域不可能运动，而对象则能运动）。[11]首先存在的是延展的空间，然后才有延展的物质，进而有更具延展性的空间，在这些事实中，没有什么会迫使我们假定存在着与物质重叠在一起的空间。可以肯定，空间中的一切地方都有广延，但那广延有两种形式，即要么是空间的形式，要么是物质的形式。例如在宇宙的一个区域存在的广延量可能相同于另一区域存在的广延量，当然它们可能有不同量的空间，这是由两个区域包含有一个更大或一个更小的物质量所决定的。延展物质的存在事实上并不是内在空间的存在。因此这里没有否定删除理论的有力的根据。

---

[11]　这是莱布尼茨的定律论证，它旨在否定这样的主张，一团物质同一于与之重合的空间区域。对象和空间都有不同的属性，因此不符合完全相同事物的不可区分性原则，例如空间能为另一对象所占据，即使那对象不能为另一对象所占据（不管这意味着什么）；空间与物质有不同的毁灭条件，同时还有别的属性差异。量上不同实在的重合这一观点比下述主张更有生命力，即空间同一于对象。因此不可能仅仅因为空间是那个（延展的）对象就说，那空间一定在那对象存在的地方存在。我们不能让空间存在于对象没有起作用的地方。

　　因此我不知道有什么确凿论据可以否定这样的观点，即不存在内在于物质的空间（如我先前曾强调的，普通的宏观物质都充满着空间。我这样说指的是物质有连续的单元）。这便引出了下述问题，即力场是否内在于物质，引力场会延展到物质的基本单元内部（不管它们会是什么）吗？引力会像渗透到可入的空间一样渗透到不可入的物质中吗？我不知道物理学中有什么内容能用来解决这个问题，我也不明白现在有什么理由让我们坚持说，场以这样的方式渗透在物质和空间之中。但我要强调的是，场在原则上能够渗透在物质和空间之中，因为也许在物质之内像在物质之外一样存在着如此之大的引力和磁性。我这里不明白的是，现在有什么理由根据场需要空间作为媒介而假设空间一定存在于物质之内，因为我们可以假设说，场要么渗透在空间中，要么渗透在物质之中，因此没有必要假设有重叠的空间供它们渗透，或者，我们干脆否定场存在于物质之内。物理学中的力场通常被定义为这样的空间区域，力正是在其中起作用的。如果完善的说明还要求这些场必须包含着（即渗透于）物质，那就这样吧——但是这里没有什么理由迫使我们把空间加到物质之内。在这点上，我自己倾向于说，物质（从形而上学方面）是排斥场的，就像它排斥别的物质和空间本身一样（根据删除论），但我也不想在这一点上太武断。如果我们确实有这样的倾向，那么我们就能断言有一种不同于弱排斥原则的强排斥原则。弱排斥原则说的是，物质只排斥别的物质。强排斥原则说的是，物质在它的位置排斥别的物质、力场和空间；除了物质本身，再没有别的什么东西存在于该物质之 24

内。就我所知，物理学或哲学中没有什么内容会否定这种强排斥原则。⑫

下面，我们不妨以这样的方式重新表述删除论。假设上帝有能力从空间中取出块状物。接着，他用他的有魔力的手指触摸这些团块，并让空间中出现空洞，其大小变化不定。空间中的这些空隙（其本身不再是空间性的！）遍布在上帝已创造的物质团块之中，也可为这些团块碰到。这样一来，我们对这些空隙可说两件事情：(a)任何物质的东西都不能进到里面，因为物质离不开空间，只有在空间中它才能运动，因此这些空隙完全是不可入的；(b)无论从什么角度看，它们都是一种物质，因为物质就是这样。空间中的这些空隙是不可入的、有排斥性的，但根据洛克的观点，这就是关于物质的定义。这对我们似乎很奇怪，因为我通过主张上帝借助从空洞空间中的减去行为而创造它们，进而引入了这些空隙。因此我们可以说，物质是附加于空洞空间的东西。但是如果洛克的定义是对的，那么这些空隙就有资格被看作是物质，不管它们是怎样被创造的（这样一来，在我关于创造的假定中就包含着一种不同的、本身具有不可能性的因素）。在下一节，我将进一步探讨关于物质最终

---

⑫　还有广义相对论的观点，它认为，空间弯曲是引力的媒介，但难以说明的是，弯曲的空间怎样存在于连续的物质之内。弯曲的空间有因果力，但它在物质之内怎么可能有这些因果力？当它封闭在固体物质之内时，它不会以吸引的方式引起物体运动。如果整个宇宙都是由固体物质构成的，因此根本就没有地方（没有空洞的空间）能让引力影响物体的运动，那么又会怎样呢？我们还能假设空间在这种没有边界的物质之内发生了弯曲？如果是这样，那就太可笑了。正确的观点只能是，在物质之内没有空间，不管它是否弯曲。

是什么的构想，大致说，它是空间中的洞。[13]

我们现在可以说，广延和排斥如何相互关联，空间的结构怎样与之融合在一起。对象的广延纯粹是对象没法穿过的空间区域。这不是说，对象既是有广延的，又是不可入的，好像它们是不相关的属性。对象的广延完全是它的不可入性的范围。　25它的广延没有这样的部分，在它之内，它不是不可入的（再者，我为探讨的方便大大简化了关于宏观对象的经验事实。因为正如我们所知，它们的大部分范围都是由空洞的空间如粒子之间的距离构成的）。而且它的广延的所有部分都同样是不可入的，且最大限度上是这样。根据删除理论，广延和排斥之间之所以有这样的关联，其理由在于，对象的广延决定了它让其消失的空间的量和位置。如果取对象的广延之内的任意的点，那个点

---

⑬　更微妙的观点是，存在着两类值得考虑的物质，一种类型是负（negative）物质，它是由空间中的纯粹的洞构成的，另一类物质是正（positive）物质，在它里面，某种充实的东西被加于纯粹的洞之上，如质量或电荷。我在这里提倡的观点是，即使是第一类物质（即"瘦物质"）也有物质实体的基本特征，因此纯粹的洞对它也是充分的。断言物质是空间中的小孔这样的观点不是物理学家和形而上学哲学家会考虑的标准的观点。事实上，我只知道有两个地方包含有这样的观点。罗素在《物的分析》（*The Analysis of Matter*）（纽约：多弗尔出版社，1954）中简单地说过抛弃它的可能性。他说："似乎可以说，如果电子在时空中有确定的位置，那么它要么是一个点，要么是一个洞。然而，前者在物理学上是不令人满意的，后者几乎不可能有合理的解释。"（第 326 页）保罗·狄拉克（Paul Dirac）也提过，正电子可看作是空间中的洞，在这里，空间被认为是电子的海洋。要了解流行的阐释，可参阅伽莫夫（G. Gamov）:《物理世界奇遇记》（*Mr. Tompkins in Paperback*）（剑桥：剑桥大学出版社，1965），第 14 章，"无中之洞"。但这里的观点其实不同于我所倡导的理论，因为迪拉克认为，洞发生在物理歧管之中，如空间的电子海洋之中。他也不想用关于空间中的洞（更确切地说是，中断或非连续性）的观点来解释物质的不可入性。

就会使对应于该对象的物理空间的那个区域成为非存在，因此这样的点的全部集合便决定了那个空间区域会这样消失（自然仍有这样的数学坐标，它能分辨出这些点，因此仍有一种"数学的空间"）。由对象所造成的（真实的非数学的）空间中的洞显然有那个对象本身的形态。这意味着，广延的区域同一于不可入性的区域，后一区域最终又等于空间清除（space erasure）的区域。这些区域的最后一个引起了它们中的第二个，又正是这第二个决定了第一个，即从空间的空隙到排斥，再到广延。对象的广延一致于对象在空间中所形成的切割（the cut）的大小和形式。

## 空间和物质

根据删除论，物质与空间之间的关系存在着令人欣喜的对称性。我们可以说，（空洞的）空间是由物质对象间的空隙构成的，是没有对象的空白区域，而对象仿佛成了无结构空间的沉闷大海中的有趣岛屿。但是我们也能同样把对象看作是空间中的空隙，即是没有空隙的区域，于是空间区域仿佛成了物质之海中的岛屿。空间是物质的中断，而物质也是空间的中断。空间标志着物质的界限，即它的边界，而物质也是空间界限的标志，即是它的边界。可以设想，如果宇宙中有更多的物质，宏观的对象在质料上是连续的（不是由空间中的粒子构成的），而不像我们的宇宙那样主要是空间性的，那么这个想象的宇宙就是密度极高的物质，只具有空洞空间的偶然区域。既然物质和空间不会重叠，因此这便意味着，这个宇宙的大部分广延是由物质而非空间构成的（这就是宇宙学家对微小早期宇宙的设想）。空间是个例外，"别具一格"，只具有物质的常规条件。在这样的宇宙中，空间似乎很特别，是比我们主要是空间性宇宙中呈现出来的东西更肯定的存在；但我们不认为这是理所当然的。物质给我们的印象是，它更像是空间的缺失，而不是千篇一律的空间的有趣的例外。如果删除论是正确的，那么空间从本体论上说就真的是例外的，是罕见的。我认为，我们因此应把物质看作是空间中的空隙，是空间的存在的否定。空间似乎像肯定的事物，不像现在显现给我们的那样是纯粹的否定。或者，可这样设想，宇宙由无限数量的连续物质所构成，完全没有空洞的空间（我们最好别问这是否真有其逻辑上的可能性）。根据删除理论，这个宇宙中根本就没有（真正的、物理的）空 26 间（但有大量的广延，因此有数学的空间）。现在不妨假设，这个宇宙遭遇了巨大的挤压，物质由此便向内收缩，进而暴露了大片的空洞的空间区域。结果，空间便存在于以前不曾存在的地方。这难道不像创造了某物，即产生了肯定的实在吗？我们不能把物质加入空间，而应将空间加到物质之上。这样一来，空间似乎成了例外的、显而易见的东西，而物质则成了展开的宇宙学戏剧中的阴暗的背景。

　　为了摧毁把空间看作纯粹的空无和无用物、把物质看作是创造的光芒四射的中心之类的偏见，我想说一些有点遥远的事情。我们可以这样设想，物质是空间的缺失，正如我们现在倾向于认为空间是物质的缺失一样。正如我们现在说"空洞的空间"，意思是空间里面没有物质，我们同样可以说"空洞的物质"，它说的是物质里面没有空间（不管是致密的还是连续的物质）。当

然，现实的物质对象在其界限之内有大量的空间，因此它们并
不真的会充满它们所占据的那个空间；这些对象并不是空洞的
物质，因为大量的空间充塞于它们的界限之内。在严格意义
上，只有基本粒子才是空洞的物质。我们显然能以这样的方式
描述物质，以扭转我们常见的本体论的不公平性，进而恰到好
处地反映这些事实（假设删除论是真的）。正如我们把空间看
作是物质岛屿之间的空隙一样，我们也可把物质看作是空间岛
屿之间的空隙，因为它们的每一个都可被看作是另一个的间隙
或中断。物质的连续性会为对象间游荡的空间所打断，但空间
的连续性也会为占据空间的物质的那些讨厌的团块所打断。在
物质消失的地方，空间就会出现，但同样在空间离开的地方，
物质也会出现。因此不应把物质看作某种加之于空间中的东
西，而应设法把它看作是从空间中减去的东西。空间中的空隙
等于一块物质的存在，因为它们都由不可入性构成。可入性是
基本的事物；在不可入性存在的地方，我们就只会看到可入性
的否定。这个否定正好是物质的本质。不妨这样来设想，即上
帝不是先创造空间，接着用进一步的创造行为为世界提供物质
形式，进而让他的最初的创造保持不变；而是这样做的，即他
先创造出空间，接着决定收回他创造好的某些东西，并在空间
这种面料上剌出小孔，其结果就是物质的出现，即洛克所说的
凝固性的出现。（当然，上帝必须做更多的事情，才能在我们宇
宙中形成物质的专门属性，如质量和电荷，但为了让物质以其
最原始的形式开始发挥作用，仅有那个针对空间的神圣而卑鄙
的减去行为也就足够了。）要想产生不可入性，你就必须否定可

入性。空间中的空隙就否定了可入性。但不应认为，这些"空隙"像空间的空隙，即物质中的空洞；它们可被抽象地定义为空间的非连续性，亦即它们的分布上的断裂。事实上，它们纯粹是由物质构成的空洞。毁灭（物理的）空间就等于充实空间，因为其结果就是不可入性；物质可被定义为填充空间的东西。我这里想说的是，填充空间可看作是一种否定作用，正如我们 27 现在说物质为空间替代是一种否定作用一样（正像对象的整体性破碎时它的构成部分就散开一样）。从根本上说，物质的产生就是空间的毁灭。⑭

再来考察运动。根据删除论，运动是连续性的中断和空间区域的再创造（这些相当于抛射物的延展）。被设想为固体的运动物体是不可入性的一个节点；运动的媒介是具有接纳性的歧管（找不到更好的术语）。物质既是能运动的东西，又是阻碍运动的东西。空间是不能运动的东西，但容许运动发生。空间之所以容许运动，是因为它有这样的力量，如不费力气地让它停下来，进而又让其动起来。空间的接纳性就是它允许畅通无阻的运动发生的力量，而这又根源于它的存在的灵活性，如当物体侵入进来时，它有停下来的能力，当物体通过时，它有重新存在的能力。空间能解释物质排斥性的属性就是让物质运动起

⑭ 也许这里是明确交待可能很明显的东西的合适的地方，那就是，我在本书中的主要的方法论原则是，不回避异的、充满矛盾的事情，只要它们有解释力和内在一致性可利用。这也是让物理学取得如此大的成功的原则，它不受已被认可观念的限制，而努力设想新的思维方式。激进的观点也许会被证明是对的，它至少能引发对新的可能性的考虑。物理世界绝不尊重人的先入之见，它喜欢的似乎是稀奇古怪的东西。

来的那个属性，即它的允许在时间中存在的能力。运动就像衣服上贯穿的一条裂缝，只是该裂缝在它的边缘被奇迹般地缝合起来了，因此可以说，空间中延伸的裂缝就是运动着的物质对象。运动同时离不开空间的存在和不存在，之所以离不开空间的存在，是因为只有存在着的空间（空洞的空间）才有运动穿过，之所以离不开空间的不存在，是因为运动的对象本身只有借助对象里面的空间的不存在才能成为不可入的、进而成为物质的东西（根据删除论）。

我们为什么倾向于认为物质优于空间而把空间看作是纯粹的空缺？因为只有这样看，我们才能让空间有非常容易满足的存在条件，这就是说，我们把空间看作是物质的纯粹的媒介，因此只要有地方有物质存在，那么那里一定有空间，包括内在和外在的空间。这样一来，我们便站到了重合论一边，承认了最终由物质存在所保证的连续的空间。如果空间在本质上就是空无，那么要让它存在就不太费劲。这就像上帝在创造空间时几乎不需做太多事情一样，也像作家在让空白的页面出现在他面前时不需做什么创造性工作一样。但是，空间并不是非存在的一种形式，毋宁说，它是事物的纯粹的空缺；就其本身而言，它是实在的一种稳定的形式。上帝一定会竭尽全力让空间产生出来，既从质上，又从量上。[15]一旦我们准确理解了这一

---

⑮　关于空间是否是欧几里得空间的争论已证明了它的基本特点，因为上帝对于他怎样建造空间是有自己的选择的（而且事实证明，他是一个非欧几里得主义者）。空间有严格的几何特征，因此不可能是纯粹的白板。它不是无特征的虚无（关于"赤裸裸的个别"的神话徘徊在这样的背景之中）。

点，那么我们就会明白，空间的存在不是由物质保证的，因为
在物质内部没有保证空间存在的自动的东西。这是一个基本的
主张。（至此，我这里说的是真实的物理空间，而非数学或坐标 28
空间，因为后者的存在不会为物质所毁灭。）空间的缺失不仅
仅是一种缺失，即是说，因为这种缺失是相当……基本的东西
的空缺。我认为，对空间的习惯的本体论的淡化有两个原因，
进而错误地把空间的存在视为理所当然的也有两个原因。第
一，极具讽刺意味的是，空间在我们的思想和想象中具有中心
地位。因为我们发现，要形成关于非空间实在的概念极其困难
（正如康德早就意识到的那样），这也是抽象存在的观念为什么
也困扰着我们的一个原因；我们真的不能想象世界没有空间。[16]
因此可以说，我们倾向于认为，空间与领地（territory）是连
在一起的；这个领地是我们能够想象或设想的任何实在的组成
部分。它不会让我们把它看作是实在的基本的可供选择的构成
因素，而会让我们把它看作是不可或缺的背景条件。因而我们
倾向于假定，物质对象内部一定包含有真实的空间。我们之所
以将空间从对象之外推广到对象之内，是因为这样的极端本体
论是廉价的（像我们所设想的那样）。因为空间是我们思想的基
础，因此我们便认为它是实在的基础，以至于认为任何真实的东
西都包含着空间；例如我们假定，哪里有物质，哪里就有空间，
完全是这个样子。如果删除论是对的，那么物质就排除了空间，

---

[16]　可参阅 P. F. 斯特劳森在《个体》（Individuals）（伦敦：梅休因出版社，
1959）一书中关于非空间世界的著名讨论。

尽管这很难为我们的痴迷于空间的康德式的心智所理解。（当然，物质允许，也许需要，为空间所环绕；现在的问题是，它是否允许有内在的空间。[17]）

我们错误地相对于固体物质而把空间当作一种微妙的缺失的第二个原因不过是，两者有完全不同的经验显现。我们不能看到或触摸到（或嗅到或尝到）空间，但我们能看到、触摸到（嗅到、尝到）物质。空间总会以刺耳的声音（有时以相当歇斯底里的形式）让我们中的经验论者极不舒服。因此我们假定，空间具有最小的存在条件，就像自然地凋谢一样，这是因为它给予我们感官的印象极其稀疏，且是不充实的。我们往往认为，如果我们的感官碰到了真正的虚无，那么这虚无与空间刺激我们的方式似乎没有什么不同（不管这意味的是什么）。例如在空间的存在和空间的不存在之间我们并不能感觉到有什么太大的差异，这样一来，重叠论似乎就被肯定为理所当然的选择：既然空间从知觉上看反正什么也不是，因此空间必定存在于物质存在的地方。事实上，如果空间一开始就是非存在的一种形式，那么可怕的是，重叠论和删除论就几乎是形而上学上等价的东西。你怎么能把不存在的东西还原为并非完全是虚无的东

29

---

[17] 更有争论的是，是什么类型的空间？例如，有多少维度？是欧几里得的还是非欧几里得的空间？是连续还是非连续的空间？是相对还是绝对的空间？也许有一个宇宙，它只有固体物质，而完全没有空虚的空间，因为真空的存在从形而上学上说似乎是偶然的。有理由说，广延对物质具有根本性，但周围的空虚的空间似乎是偶然的。但很难肯定这一点，因为我们对物质所知的是如此之少（参阅本书后面的论述）。物质不占有每个空间区域，这真的是个运气问题吗？（如果是这样，质量就可能极其大，进而吸引力也是如此。）

西？你怎么能让一个已经不存在的东西从存在中消失？我认为，这样说完全是混淆黑白，因为说空间存在并不等于说存在着一种渗透在宇宙中的虚无，就好像说空间存在与说空间不存在之间没有什么差别一样。其实，差别极其巨大，就像存在和非存在之间的差别那样大。如果空间不存在，那么宇宙就极不同于它现在所是的样子。空间是不是这样一种存在，即我们的感官会像对物质做出自然反应那样对它做出反应，这是无关紧要的；从形而上学上说，空间是一种十足地存在着的实在，是真实事物的确定的构成方面（我想大声疾呼，空间即存在）。因此这种实在的存在条件是否能在对象内部得到满足，这是一个基本的问题。我一直尝试论证的是，现在还不清楚这条件能被满足。我认为，我们应把物质和空间看作是本体论上同等重要的东西，因为两者都有基本的存在条件，都有确定的本质，一个绝不能被当作另一个的纯粹缺失。这样一来，我们就可以接受下述观点，即物质和空间之间存在着重要的对称性，空间是物质的中断，而物质也是空间的中断。每一个都是另一个的连续性中的断裂。从对方的观点看，每一个都是一种空隙。我们可以用任何一种方式描述宇宙，并公平地对待一切需要认识的事实。[18]

---

[18]　这是高阶经验等值的一个例子。在这里，数据不会在两种描述形式中做出取舍。我们能以任何方式描述事物，且又不与观察发生冲突。然而一种理论可能在解释上优于另一理论，例如删除论能解释不可入性，而重叠论则不能解释。我们关于物理实在的知识极为可怜，其标志是，理论在证据上的不确定性仍有其可能。

## 心灵、物质与空间

　　笛卡尔在定义物质和心灵时服从的是这样三个目的，即试图获得关于物质的准确定义，获得关于心灵的准确定义，进而证明这些定义之间有重大差异。他把物质与空间合并，这尽管受到了洛克等人的嘲笑（我认为这是正确的），但应根据第三个目的来理解。因为从把心灵与自然界的其他东西区别开来的观点看，他把物质定义为广延的做法是很精彩的；如果物质与空间真的被合并了，那么这里也没有太大的问题，只要让心灵作为范畴上不同的东西出现就行了。事实上，把心灵与空间对比就像把心灵与物质对比一样，对笛卡尔都是至关重要的，因为心灵被设想为本质上没有广延性的东西，而且空间和物质都不被认为有思维的特点。另一方面，洛克在定义物质时并没有想到这个目的，因此他更感兴趣的是纠正笛卡尔把物质与空间合并的看法。真正的问题是，在对心灵进行定义时，洛克的不可入性标准怎样发挥作用？在本节中，我打算对此做一些简要的

30　说明。

　　笛卡尔在答复莫尔（Henry More）[19]时，对这个问题说了很有趣的话。他说："我们不难理解，人类的心灵、上帝和许多天使可能同时出现在同一个位置上。"（第168—169页）他以此证明，这些实在没有广延。它是否证明了这一点是有争论的，但它如果正确的话，显然能表明，这些实在不是排他的或不可入

---

　　[19]　见本章注 ②。

的。很可能令洛克满意的是，这能证明这些实在是非物质的。现在，我不想让这些历史人物卷入关于上帝和天使的争论，但值得注意的是，笛卡尔并没有说许多人的心灵能在时空上重合。他似乎回避了这个问题，也许是因为这个问题令他尴尬，对洛克事实上也是如此。绝对没有这样的明摆着的事实，即多个人的心灵或自我能够如此重合在一起。当然可有意义地肯定，如果我们承认关于心灵的一般的唯物主义，即是说，如果假定心灵在其不可入的意义上是物质的，那么显然就不是这个样子。但更有趣的是，甚至在二元论的形而上学中，也没有明确说心灵能占有自己的位置。因此不清楚的是，它们真的是不可入性的一个例外。问题不在于，唯物主义真的会从它们相互排斥的事实中轻易地产生出来；问题恰恰在于，物质的定义陷入了危机，太过宽泛，以致没有抓住物质独特的东西。既然我们不愿让唯物主义从这样的物质定义以及心灵的排斥性本质中没有意义地推论出来，因此我们在这里就得小心翼翼，不要不经意地让物质涵盖了心灵。我们肯定不愿看到自己说这样的话，即仅仅因为你的和我的心灵不能同时占据同一个空间区域，因此心灵就是物质性事物。我们也不想这样定义物质，让它轻而易举地涵盖心灵。

我认为，这里正确的反应是质疑这样的观点，它认为心灵确实占有空间，或者说有真正的空间位置，因此重合的问题便会是没有意义的。这意思是说，心灵没有广延，至少从定义上说是这样，不管心灵是否表现出了与物质不可入性的类似性。所以，我们不能说，心灵因为不像物质进而没有广延性，因而在它们的延展的范围内是有排斥性的。也许真的可以说，不会有两个或多个心灵同时在一个特定的地方发挥作用，但这又不是说，在特定的空间性广延上面存在着不可入性。这是物质的恰当定义所断定的东西。因此我们必须将定义从简单的排斥性精确化为特定的广延性上的排斥性。这样一来，我们就能基于明显的定义理由而避免把心灵放进物质的范畴。我们认为有这样的可能性，即既成为一个二元论者，但又承认心灵不能相互渗透。当然，这种渗透性究竟是何意，仍是极不清楚的，因此当我们宣称心灵有排斥性时我们就不明白我们说的是什么；然而这个说法似乎有某种直觉的内容。不管怎么说，心灵对于别的心灵的排斥性本身并不允许我们承诺唯物主义的一种形式，

31　或者说威胁到洛克式物质定义的有效性。

　　进一步的问题是，假如心灵或自我对别的自我或心灵有排斥性，那么它们对物质性身体是否也有排斥性？这似乎比他心（other minds）的情况更令人困惑，理由有二。第一，说我在我的身体所在的地方，因此自我（它不同一于身体）与身体有共同的位置，这似乎没有明显的错误。其实，说自我与身体相毗连、共有它的广延，这听起来很滑稽。但我们不害怕这样的想法，即自我与身体恰恰占有相同的体积，因此自我似乎至少能容纳构成人的身体的物质对象。第二，似乎在某种意义上可以说，对象通过意向性的作用进入了心灵，心灵把外部对象整合为它的内容，因此在心灵和物质事物之间似乎存在着某种重叠。再者，尽管这一点很模糊，且有争议，但主张心灵能为对象所渗透这一观点似乎确有其道理。这不是说，这样的对象由

于某种不可入性的障碍，因此被隔在心灵的界限之外。如果这是对的，那么心灵就没有作为物质之特点的绝对的不可入性，进而心灵便超出了我一直讨论的物质定义的范围。总之，这似乎是正确的结论。

心灵和力场之间存在着一种抽象的类似性，因为它们都不排斥物质对象，同时都具有与空间的模糊的关系。心灵和场都与空间有关系，这种关系不同于普通物质与空间的关系，因为心灵和场都不占有空间，只能粗略地定位于空间区域之内。绝对不能说它们泯灭了空间，因为它们都不妨碍对象出现在它们的界限之内。但是这样粗略的类比说的不过是，把这个类比推广得太远便错了，若断言心灵真的是像电场一样的场便是荒谬的。然而，可合理地说，某些人在场的概念中发现了意识的物理的对应物，因为意识与场的共同性在形式上超过了意识与物质团块的共同性。[20]

我认为，我们应当坚持四分法的本体论分类体系，即空间、物质、场和心灵。在这里，前三类范畴有重要的本体论差异，特别是物质和空间的差异更大。把世界二分为"心理的"和"物理的"，好像心理现象以外的一切都属于一个范畴，这是粗暴和错误的。物质从根本上不同于空间，而把它们都归属

---

[20]　有许多带有新时代特点的胡诌，如意识是环绕身体的场，而场能对外面的事物直接发挥作用。毫无疑问，这从科学上说是荒诞不经的，但它自然能由那些概念联想到。在《真实的唯物主义与其他论文》（*Real Materialism and Other Essays*）（牛津：牛津大学出版社，2008，第 43—44 页）一书中，G. 斯特劳森有趣地提出，意识就是力或场。

于"物理的"则完全混淆了它们的界限，也没有什么大的作用。"物理的"这个概念开始似乎是人为的，有其倾向性，并未反映深层次的本体论区分。在这里，基本的区分是围绕着包容性和排斥性这两概念而展开的。物质、空间、场和心灵应根据这种基本的对立来加以划分。关于物理的大全概念是笛卡尔主义的一种残留物，反映的是笛卡尔把物质与空间合并在一起的错误的企图。[21] 洛克对此的批评朝正确方向迈出了一步，他建议，我们需要超越二分法。只要理解了物质和空间的重大的差别，就会发现把世界分为"物理的"和"心理的"这一尝试显然存在着深层次的错误。

最后，这里阐发的概念构架与泛心论、中立一元论和唯心主义之类的学说有一定的关系。这些学说试图按照心理主义的思路来构想物质的本质，如认为对象都有一种心理的本质。这一观点的一个合适的例子是罗素的下述思想，即物质的内在属性是心理的，而它的结构属性则可根据物理学来描述。[22] 从现在的观点看，这些理论的麻烦在于，没法说明它们能与贯穿在广延中的不可入性完全相容，而这种不可入性对物质的本质至

---

㉑　乔姆斯基论证过这个观点，可参看他为 S. 格滕普兰（S. Guttenplan）编的《心灵哲学指南》（*A Companion to the Philosophy of Mind*）（牛津：布莱克威尔出版社，1994）一书所写的对应词条。令人奇怪的是，自称为物理主义者的那些人怎么会假定空间是物理的，而不赞成笛卡尔关于空间是可填充物质的虚空的观点。

㉒　参看罗素《物的分析》，见本章注⑬，特别是第37章："物理学和中立一元论"。他说："至于构成物质世界的事件是什么，它们首先是知觉，然后就可用第二部分考察过的方法从知觉中把一切都推论出来。"（第386页）

关重要。就心理现象不符合确定的广延之内的排斥模式而言，它们无法体现物质的真实本质。物质是极不同于心灵的本体论范畴，因为它与空间有特定的关系，这样一来，按心灵的方向设想物质的各种学说便无法反映物质的本质。例如贝克莱的唯心主义与它关于观念和精神的本体论一道，似乎不能为对物质实体至关重要的那种不可入性找到位置。[23]

## 物理学与物质

这里关于物质和空间本质的学说对关于物质和空间的科学即物理学有什么影响？物理学告诉我们的是物质的规律和构成，但它并没有说，该怎样定义物质，这应是哲学的工作（物理学家自然也是哲学家）。（对于心理学和心灵的定义，也可以说同样的话）在某种更宽泛的意义上，我们作为哲学家总是想阐释关于物质的概念，如对之做出分析。我们能对概念问题给出的一切回答，都能塞进物理学本身之中，而且这个回答能对我们的物理理论的内容做出裁决。这样一来，我们便可获得关于物理学的一种理解，当然主要是由哲学关切所驱动的理解。请允许我在考察与现在想到的哲学理论有关的物理学的某些基本概念和原则的基础上，按我的理解，说明一下这个程序；我认为，我们将看到一些有趣的结论。 33

---

[23] 观念为什么不能为别的观念所透入？观念能拥有它们的不可入性所持有的广延吗？精神（有限的和无限的）不可渗透到某种特定的广延吗？贝克莱认为，不存在物质这样的事物，因此事实上就没有不可入的东西，但是有这样的事实，即普通物体对于它们的广延是不可入的。因此唯心主义是错误的。

（Ⅰ）我已经简略地讨论过运动，但我现在想说明的是，怎样根据现在的理论来理解运动。物质在空间中的运动大概是我们宇宙（也许是任何宇宙）的最基本的过程。物理学试图尽可能从数学上说明制约运动的规律，而且它已获得了关于这些规律的成功的阐释。不过，我的兴趣是对运动做出分析，即弄清运动可能的必要和充分条件。我想弄明白的是运动究竟是什么。为了回答这一问题，我们必须弄清物质和空间（包括时间）的本质，因为它们是运动存在的孪生伙伴，而运动不过是物质在时间中穿过空间的位置变化。根据现在的理论，空间的本质是容纳性或可入性，物质的本质是排斥性或不可入性。物质既驱动运动，又阻止运动；空间不能运动，但容许运动。物质可被定义为运动的显而易见的障碍，而空间可被定义为运动之不动的服务者。空间同等地具有包容性，例如空间中没有哪一个区域比别的区域（即未被占据的空间）更能接纳运动。空间的接纳性是绝对的、恒常的，因为空间会最大限度地接纳，且在它的每一部分都如此。在空间中，没有什么会阻止运动（这不同于空间中所存在的力或物质）。相对而言，物质绝对、恒常地是不可入的，因为物质尽其所能不可入，且一切物质都如此。如果你愿意的话，你可以说这些是关于物质、空间的形而上学真理，即内在的必然性。因此从本质上说，运动是本质上不可入的东西对本质上可入的东西的侵入（penetration），即是说，运动是时间中的不可入性对具有可入性（penetrability）的连续区域的侵入。但既然运动着的对象是不可入的，且本质上如此，因此运动着的对象就会发生碰撞，如具有不可入性的容器会阻

碍别的同样具有不可入性的容器的自由运动。碰撞正好是在可
入的茫茫大海中发生的一个不可入的东西与另一个不可入的
东西的相遇。一个对象阻挡另一对象进入一个空间区域，进而
就有碰撞的发生。而借助碰撞将运动从一个对象传到另一个对
象，则根源于具有不可入性的事实，因为如果许多物质团块不
是不可入的，那么碰撞就不会发生，进而运动的传递也不会发
生。运动不能传递到像空间这样的可入的事物之中；只有在存
在着一些不可入性的宇宙中，运动的传递才是可能的。只有在
存在着空间排斥的地方，才有碰撞出现，进而有运动的传递，
要不然就是，仅有一事物通过了另一事物，就像物质没有障碍
地通过空间一样。空间不运动的理由是，它完全是可入的。一
对象能经过碰撞将运动传到另一对象的理由是，物质是不可入
的。总之，可入性和不可入性对于分析运动从形而上学上说都
具根本性。

34

　　但是，从删除论的观点看，运动还有别的观察维度。运动
之所以可能，仅仅是因为空间从存在上说是灵活多变的。既然
物质的进驻恰恰是空间的湮灭，因此运动是空间区域的连续的
湮灭和再生。运动对象作为不可入的地位依赖于物质对空间所
实施的删除作用，但是既然运动是对邻近的空间区域的连续的
占据，因此这种删除作用一定会发生在对象运动轨迹的每个点
上，进而那个空间区域随后便会不断重生。暂时的湮灭是基本
的过程。对象在（周围）空间中的惰性存储与空间区域的删除
有关，但对象位置的变化取决于反复实施那种作用，同时又不
用尽遗留下来的空间。一个宇宙若没有运动，仅有执行存储功

能的空间，是不会利用空间的这样一个关键事实的，即空间的存在上的多变性。如果上帝创造了物质和空间，但没有创造运动，那么他就浪费了空间的一种关键的力，因为存储离不开空间有被毁灭的能力，但运动则要求空间能够复活（而且我们知道上帝对复活有仁慈的兴趣）。当物质离开了空间时，空间不会保持死寂的状态，因为它的本质就是在不被占据时又开始存在。事实上，很难想象，不占据空间怎么能将空间区域毁掉？一个人想把空间区域饿死，该怎么做？运动就是对宇宙碎片的没有罪恶感的毁灭，因为空间被杀掉后又很快会活过来。我们甚至能说，空间是为运动和存储而设计的，因此静态宇宙与它的目的（至少与它的潜在目的）背道而驰。空间的本质预示着运动的可能性。空间积极鼓励运动。[24]

（Ⅱ）物理学中充斥着各种守恒性原则，如各种能量的守恒，物质的守恒（既然物质与能量被认为是可互相转化的）。而空间是否守恒则更有争论，如这样一些人大概持否定态度，他们相信空间会随着大爆炸引起的物质的扩张而扩张，即使有些人想通过阐释大爆炸宇宙学来保护关于空间守恒的常识观点。不管怎么说，有这样的假定，即运动本身不会改变宇宙中的空间量。但删除论乍一看似乎违反了这个假定，因为它认为空间会由于被占据而被毁灭掉。然而，不难明白的是，

---

[24] 元哲学的注解是：我在这里做的事情是，根据我对空间、物质和物质进驻的分析重述关于运动的熟悉事实，没有增加什么新的事实。我认为这是概念分析的老方法，即释义、推广、阐明。在我的书中，这种分析对哲学具有根本的重要性。

其实不是这样，因为每片空间被毁灭后，又有另一个空间出现，如当一对象运动到一个新的地方时，它便把这个地方湮灭掉，但它允许旧的位置重归存在。如果宇宙中物质的量守恒，那么根据删除论，运动量绝不会导致空间量的减少，因为所有的运动都是毁灭了后又复活。确实有这样的事实，即删除论所说的宇宙中的空间比重叠论所说的要少，但删除论又没有走向这样的结论，即空间量随时间变化而变化。事实还在于，如果物质量增加了，那么空间量就会减少。根据重叠论，情况不是这个样子，但物质的整个量不会变，因为物质是守恒的（尽管它会变得很密或很分散）。如果空间以这种方式变化，那么这难道不令人忧虑吗？我认为，不是这样，因为这就像物质也变化一样；因此这不是促使我们重思这一理论的一个结论。有趣的是，在物质与空间的守恒的关系问题上，我们也能颠倒其关系，如认为既然空间守恒，那么物质也一定是这样，因为如果空间只有量的变化，那么物质也只能在量上变化。如果物质变了，那么空间也变，但若空间不能变，那么物质也不能变。我们不能根据重叠论做出这个论证，因为物质的增加并不涉及空间的减少。但我们能从空间不能减少这个前提推论出这样的结论，即物质不会增加（这同样适用于空间的增加和物质的减少）。守恒的两个原则能在删除论之下紧密联系在一起，而在重叠论之下，它们则不是这样。我认为，这在一定程度上是支持删除论的，因为理论的融合总是一件好事。我们还认为，宇宙中固体的量也是守恒的，不可入性不能增加或减少，可入性也是如此。宇宙的

35

"固态值"（solidity value）是恒定的。[25]

（Ⅲ）我已说过，空间的每个部分都同样是可入的。这样说与空间的无限性或无界限问题有关系吗？[26] 噢，如果空间有界限，如有不可能超出的周长，那么这不就意味着，它在每一点上都是不可入的吗？如果一运动对象到达了这个边界，那么它就不可能再往前走，因为没有空间就没有运动，但难道这不意味着空间的外壳妨碍了运动吗？如果它妨碍了，那么空间的组成部分即边界本身就不是可入的。但空间的每个部分都是可入的，因此不可能有这样的界限。我们都熟悉这样的论证，即不管对象走多远，它总会向前走（因此空间是无限或无界限的）；我要说的是，有界空间与空间的整体的不可入性是不相容的，这是一个相当不同的论点。抵制这一论点的方式是主张，空间的边界并不是它的组成部分，因此这里的对运动的限制并不是内在于空间的任何东西新施加的限制。但似乎很难坚持这一观点，因为空间的阻抗边缘（the resistant edge）对空间一定是不可或缺的，当运动物体由于用尽了所有可入空间而停止不动时，这便一定是关于空间本身的一个结果，因此空间一定像物质一样有其作用，即是说，能单独发挥作用。被空间本身阻止是违反空间的本质的；因此不存在这样的阻止，这

36

⑤　我这里指的是，固体的整个量，而非个别的固体事物。固体的总量保持不变，而作为固体的事物则不是这样。能量也是这样，其总量不变，但个别的例示则不是这样。

⑥　这里的析取只是为了能包容有限但无界限的空间，就像物理学和数学常介绍的那样。空间的整体的可入性严格要求的是无界限性，而非无限性，即使我倾向于赞成说无限的无界限，不赞成有限的无界限。

等于说空间是无限或无界限的。不过，这些问题非常模糊，尽管一些论证有吸引力，但很难弄清这些论证究竟有多大的可信度。

（Ⅳ）量子理论是另一个模糊不清的论题，对之我将发表一些简单但可能不太令人满意的评论。可以说，物质占有空间这一观点由于量子力学而整个陷入了困境，因为物质粒子没有确定的位置，其在某个区域内只有一系列可能的位置（此即"不确定性原则"）。我们不能简单说，一个粒子在一个位置而不在另一个位置，因此它没有把别的物质排斥出去的确定的位置。对此，我的回应是，即使承认这种极端的不确定性，但我们仍能说，有排斥原则在起作用，因为粒子会相互把它们排斥在它们可能具有的任何不确定的位置之外。任何两个粒子不可能占据同一个不确定的区域；或再说一遍，不管粒子会有什么样的模糊位置，两个或更多粒子都不可能同时占据这个位置。诸粒子即使没有精确的定位，但不可能精确地重合。在这里，可这样说，关于物质的真实本质我赞成的是这样的观点，即关于争夺位置的经典牛顿式粒子的观点，尽管它已为量子理论抛弃了。根据量子理论，所谓的物质不过是一种形式的波，即力或能的集合，它并不具有固体的物质基质。如果是这样，那么在最基础的层次上，真的不存在什么物质，这当然不是在我假定的、过时的意义上的物质；它真的是存在于那里的力，是自由漂浮的能量场。

对这种关于量子理论的阐释的确有许多可说的，但我不想在这里质疑它。我们不妨暂时承认，力和能是事物的根本，而固体性的经典粒子则不是该理论的组成部分。这直接意味着，基于我先前关于场所说的话，物理实在的基本层次并未表现出强烈的形而上学排斥性，因为场不会与别的场争夺空间位置。这样一来，根据关于量子理论的这个版本，在物理世界的基础上并不存在不可入性，这就是说，空间和时间的共存在（coexistence）在理论上是不能排除的。不过，在宏观层次（这至少意味着从分子开始算起），确实存在着明显的排斥性；事实上，量子层次没有排斥性并不意味着更高的层次也没有排斥性。我们确实看不到大尺度对象的相互透入，而且这也不可能是某种巨大的宇宙巧合。事实上，也没有证据表明电子和质子堆在一个位置并重合在一起。（在这一部分的附言中，我还会进一步讨论这类问题）在回应这一论证路线时我想说的是，（洛克所说的）凝固性可能是物质的突现属性，因为在基础层次看不到它（至少为了论证的目的，我们承认这一点），但在更高的层次可以看到它，37　因此它是不能根据低层次加以预言的新的属性。㉗这种突现属

㉗　常听人们说，基本粒子没有笛卡尔所说的广延性，因为它们在本质上像场。尽管如此，它们构成了有这样的广延的物体。因此宏观的广延性是一种突现属性，来自于组合。这样的说法也适用于凝固性，因为凝固性不会出现在单独予以考察的粒子中，但当它们结合在一起时，便会出现凝固性。对量子力学的激进本体论解释的另一可能回应是，物理学已表明世界上不存在物质，因为根据定义，物质是不可入的，而且在那里不存在不可入的事物。对象不是简单地由物质构成的，因为根据量子理论，它们没有物质所特有的排斥性。总之，这不是说，不可入性分析是错误的，而是说，最终没有能符合这种分析的任何事物。在别的可能世界，可能有其特有的物质，但在现实世界则没有，这里只有力场或能。我不认为这是有吸引力的观点，但值得注意的是，这种观点在逻辑上是可行的，有时也能得到支持，且完全不会危害对物质之所是的洛克式说明。

性就是我（以及笛卡尔和洛克）想定义的属性。我们不能假定，量子层次的属性是物质世界的唯一属性，如果凝固性在那里看不到，那么它一定出现在了另外的地方（试比较意识）。就各种突现性现象而言，这里也存在着神秘的因素，但事实似乎需要它，因为我们观察到的物质是不可入的，且必然如此，例如你不能让两个物质对象，比如两只猫同时在同一个位置。（我们是否能在原则上将宇宙中的所有对象挤压在一个狭小的区域，这是另一个不同的问题，我不怀疑其可能性。但是这不意味着我所否认的那种意义的物质的重合性。）关于凝固性物质的概念适用于宏观层次，不管它是否适用于量子层次。因此，以为量子理论使这些探讨成了过时的东西，是一种错误，实即一种哲学的错误。此外，我为论证方便而承认的关于量子理论的解释自然是极有争议的；而且我本人根本就不相信：主张物质具有能延展的不可入性这类经典理论由于量子理论的纯粹事实而陷入了严重的困难。我在本部分的观点是，在把量子理论与这里所建议的（或者说有某种关于它的改进的版本的，参见附言）理论调和在一起时，我们是有许多选择和徘徊的空间的。

（Ⅴ）我正讨论的物质概念与物理学家的质量概念有什么关系呢？怎样看待物质可根据质量来定义这一观点？质量概念应能表述特定对象中的物质量这一观念，因此我们可以说，断言一对象比另一对象具有更大的质量意味着什么。像物理学家所理解的那样，质量从根本上说是由引力所校正的重力，在这里，这种力是可根据惯性来解释的，如质量可根据一种恒定的力在对象中所产生的加速度的量来加以测定。这是相当直观的，因为一对象的质量越大，那么用恒定的力去移动它就越难；简单地说，它越重，它的运动就越慢。该理论的关键点在于允许对质量做出比较，但我们可以接受这一观点，以对物质提出这样一个可能的定义，x 是物质，当且仅仅 x 有质量。不过，它作为一个定义会带来大量的问题。首先，我们不能通过述及物质的量这一概念来解释质量，要不然我们就陷入了循环（如说 x 是物质，当且仅当 x 包含着物质量）。假设我们采用物理学家根据惯性所做的（操作性）定义，那么有质量就表明有某种受力作用的（非零的）惯性。这样一来，既然没有力能推动空间，然而它又不是物质的（空间有无限的惯性吗？），因此我们便有关于有排斥作用的空间的初始难题。我们显然不能约定说：那种力一定适用于一块物质。再者，能存在同时表现出广延性和不可入性的无质量的粒子吗？这似乎不能从概念上加以排除，而且经常有这样的说法，即这些事情事实上可以存在（例如微子）。此外，这个定义暗地里利用了凝固性，因为任何对象都不能抵抗一种力，除非它是凝固的（这就是我们自然地排除空间反例所用的方法）。我们可以对一个对象施加一种力，然后看它是如何加速的，但是只有在它有凝固性即不可入时，才能有此作用，否则力就会穿过它，而碰不到任何阻力。（严格地说，阻力的量值一定是非零的，当然不一定是绝对的，尽管通过强排斥，它会是绝对的。但我们能考察这样一些世界，在那里，不可入性表现出程度差别，参阅附言。）这一公认的定义也预设了运动的概念，而这个概念又依赖于关于运动中的对象即物质这样的观念。因此就哲学的目的而言，质量的概念不是我们所需要的概念，不管它对于物理学家的目的多么重要，例如它能对物质的（相对）量提供一种测量。尽管对象中的物质量事实上决定了它的运动倾向性，但我们又不能这样定义物质，即在力的作用下有运动（或不运动）倾向的东西。从根本上说，物质就在于有不可入性，在这里，不同的不可入的事物有不同的质量。如果我们想测量物质的量，那么最好是把质量定义为对象中不可入实体的量。这样一来，这便能让惯性有其数量上的结果，因为这种实体的量能影响它的惯性。无论如何，物理学家的质量概念不是我们在把握物质概念时所需要的东西。⑳

（Ⅵ）我们应怎样在流行的框架内理解引力呢？引力首先能让物质凝聚，使之成为更大、更密的团块；进而用分散的无形的气体形成星系。引力（gravity）能借它的吸力（attractive force）把物质拉得越来越近。但是这种坍塌是有限度的，因为物质只能变得这样密。这个限制是由凝固性所决定的，因为既然基本粒子不可入，因此它们变成多大的密度是有其逻辑的限制的，它们像连续性一样不能更密集地聚集在一起。它们不能相互直接接近对方的位置，就像它们的广延不允许这样做一样；而且，重合是不可能出现的。不管引力变得多么有力和不可阻挡，它都不可能毁灭物质，就像排斥力不能毁灭一样。（这与坍缩成一个有限的点是一致的，而不同于坍缩成数学的点，因为粒子有有限的大小。）因此不可入的事物是引力的根源，因 39

---

⑳　正如用具有电荷或特定结构来定义物质不能令人满意一样，借助可知觉性定义它也是如此。因为它们是物质之外在、偶然的属性，不是构成物质本质的东西。在第 2 章中，我会进一步探讨这个问题。

为它们有质量，但它们也将限制加之于它的力之上，甚至最密集的黑洞也不能包含物质的时空上重合的碎片。在引力之源由可入的单元（本身不可能）构成的宇宙，可能由于没有限制引力的凝聚力因此存在着单元的完全重合，但其内充满物质的任何宇宙只允许这么大的引力塌缩。我们不可能看到这样的超级黑洞，物质由于引力在里面压得如此之紧，以至于不可能有排斥发生。㉙

不过，原则上有这样的可能，即引力（或别的力）能将物质转化成别的事物，比如说热能，这种新材料还能无限压缩，但它不是我们所知的物质，也许更像是力场。如果物质来自于最初的奇点，但本身又没有出现在大爆炸开始的那一刻，那么所有物质在起源时就都没有表现出排斥性，也许是一种超高温能量。（或者我们也可考察宇宙在大爆炸前的状态，"材料"在那时并没有不可入性，它们也不是物质，即使后来随着宇宙的进化产生了物质。）但是从大爆炸中突现出来的物质有不可入这样的（突现的）属性，因此大爆炸对物质被压缩到怎样的程度做出了限制。物质真的变得极其密集了，以至几乎没有或根本没有空间把物质的构成粒子分隔开，但甚至在这些极端的情况下，它仍保留着它的基本的排斥力。

---

㉙　严格的形而上学可能有这样的经验性结论，即我们绝不可能看到这样的超级黑洞，它的物质如此密集，以至于与自己任意重合。同样，我们也不能看到这样的表面，它同时完全既红又绿，或不能看到这样的人，他不具有大脑和身体，不可能看到这样的空洞空间，它抵制进入，等等。世界能被发现是什么样子，是有其先天的限制的。（我清楚地知道，哲学家在接受这类观点时是很困难的，因为我们中间充斥的是都是顽固不化的经验论者。）

　　根据删除论，物质创造了空间（如果我们与时俱进的话，应说时空）中的"空洞"。存在的物质越多，被创造的黑洞就越大。太阳在空间结构中创造的裂缝比地球创造的大得多。但是太阳释放的吸引力也比地球大得多。所以裂缝越大，引力越大。于是我们可以说，引力的源泉是空间中的空隙，因为对象是被吸引到这些空隙中的，并且空隙越大，力越大。在这里，要想不用被吸到洞中、落入裂缝中这样的隐喻是很难的。如果我们问物质如何行使吸引力，那么我们只能回答说：它之所以如此，是因为它在空间中创造了能让别的物质被吸进去的黑洞。这里，我们有了一幅关于引力场的、类似于笛卡尔式旋涡的图景，其中心的物质像沉洞（sinkhole）一样起作用。吸入的物质越多，黑洞就变得越大，进而黑洞吸入别的物质就越多；正是这一过程使黑洞变得更大了。引力事实上是一种吸入作用，因为引力就是拉力；而且这种拉的作用总是指向一种空缺。很难说这是否仅仅只是一个隐喻，但把物质看作空间删除这样的想法产生了这样的图景，即把引力看作是对裂缝（chasm）的吸附（这是空间里面的裂缝，而不是空间具有的裂缝）。引力根源于空间的丧失，这与物质的在场是一回事，因此物质向有吸引力的物体运动实际上就像液体流进沉洞。根据广义相对论，物质使空间弯曲，进而便有吸引运动出现；根据删除论，物质引起空间的中断，进而引力就向着中断的方向运动；根据这两种理论，物质都对空间起作用，进而改变它的本质（即改变它的几何学和因果力）。空间本身在引力的作用过程中发挥着作用，因为根据这两种理论，空

40

间周围散布的不仅仅是大量的物质，而且还有空间（时—空）弯曲、空间非连续性。[30] 在这里，我们应把空间看作是能动的作用主体，而不仅仅是纯粹被动的容器，因为它对物质的存在并不是本体论上的漠不关心，即只是静静地保护物质的恒定的结构，而是能够对物质的出现和运动做出积极的响应。空间是可变的、能动的媒介，而非静止的背景，即是宇宙舞台上的演员，而不仅仅是不变的舞台本身。空间的非连续性是物质不可入性的根源，这种不可入性又是使世界得以运转的东西，即是说，它把物质塑造成了它本质上所是的东西。只要把广义相对论与删除论结合起来，我们就会有这样一幅关于引力运动的图景，在这里，引力运动是由空间中的裂缝构成的，而裂缝根据空间的弯曲运动，因为空间就是基本作用力所在的地方，物质与之随行。

我现在说的不过是，裂缝越大吸引力越强，但这样说是正确的吗？首先，请允许我引进一个观念，它是关于对象的专有广延（proper extension）的。我们发现，对象是由内在空间中的粒子所构成的，其中有些对象的密度比别的对象的更大。由对象所造成的空间中的洞并不会超出它们通常被知觉到的外延的范围；只有作为构成因素的粒子才能在空间中造成洞，更确切地说，造成裂纹。比如说，由高尔夫球所导致的空间性的洞的图画看上去像是一个弹坑，在那个地方，它有比洞更多的内

---

[30] 事实上，如果我们根据删除理论来定义物质，那么是非连续性引起了弯曲，因为空洞挖得越大，弯曲就越大。这是很有趣的，就好像是空间中由进驻的物质所引起的裂缝在空间中蔓延，进而使之发生形变。穿越引起了弯曲。

在空间。粒子隔得越开，对象的密度越小，进而对空间结构的
损毁就越小。这样，我们可以说，如果所有粒子都被连在一起
（或被放在某种恒定的距离上），那么对象的专有的空间就是它
通常所具有的广延。因此如果体积更大的对象的粒子被排列时
密度不那么大，那么体积大的对象就比体积小的对象容易有更
小的专有广延。因此我们可以说，物质的量包含在对象的专有
广延之中，这是描述对象质量的一种方式（牛顿认为，质量就
是体积乘以密度）。如果两个对象有相同的专有广延，那么它们
肯定在空间中形成了相同大小的空洞，因为它们包含的固体物
质的量是相同的。因此，这样说正确吗，即引力是对象的专有
广延（它等于它的质量）所造成的空洞的大小的函数？这样表 41
述的问题是，它没有考虑到个别粒子的潜在变化着的质量。假
设一对象有许多粒子，这些粒子一般具有比别的对象更大的质
量，这就是说，在恒定的力量之下，很难让这些粒子加速。这
意味着，两个对象有相同的专有广延（即有与邻近物质相同的
体积），然而有不同的质量（易于加速）。换句话说，它们在空
间中造成了相同大小的空洞，但一个的质量比另一个大。如果
引力在惯性意义上被认为是对象质量的函数，那么结论是，引
力是变化的，即使空间中形成的空洞是相同的。因此引力不仅
仅是空洞的大小的函数，而同时是造起了空洞的粒子的质量的
函数。对此，我们应做何反应？一个可能的答复是，那些空洞
也会随着它们的深度的变化而变化。即是说，我们认为，粒子
的质量越大，空洞就凿得越深。因此空间中的那些空洞实际上
比仅由专有广延形成的空洞要大得多。这里所说的深度不同于

通常所说的深度，因为空间中由三维对象所造成的空洞也是三维的。我们必须假设的是，空间中有一种额外的维度，它能说明粒子层次的质量的效应，因为粒子的质量越大，它对第四维（或第 n 维）所产生的破坏性作用就越大。尽管假设额外的空间维度在理论物理学中很常见，但我说的这一点不是经验上被证明的猜想，而是一种保护这样一种观点的方法，它认为，引力是对象所造成的空间空隙的几何大小的函数，其根据是，引力是惯性质量的函数，且粒子在这方面是不同的，即使它们有相同的广延。这是一有趣的观点，当然也肯定是极具思辨性的观点，它说的是，三维空间中的有相同体积但又有不同质量的粒子，相对于空间的一个进一步的维度来说有不同的体积，因此质量和体积密切联系在一起。我们（有点！）习惯于坚持弦理论中所说的空间有额外维度这一观点，但现在有理由让理论家们增加额外的维度，以便形成一种关于空间、物质、引力的漂亮而优雅的理论。它的要求是，我们应该根据删除理论做一点修补，让它有额外的维度，同时让体积的概念扩充到额外的维度中。不过，宇宙学一般不是没有这样的奢侈的，而且物理学教给我们的是，在涉及物质问题时，我们应永远保持开放的视野，因为物质充满着各种惊奇。

## 结 论

令我好奇的是，内在于连续物质内的空间的真实性问题居然没有受到物理学家的太大关注。事实上，就我所知，他们甚至没有提出这个问题，更不用说对之表明自己的态度。一直代

表着这个领域特征的操作主义、证实主义和数学化也许都把这
类问题排除在了专业的探讨之外。[31] 尽管如此，以这样或那样　42
的方式回答这个问题对于我们思考物理世界所用的方法是有根
本性的意义的，而且还会开启有意义的理论可能性。对于那些
冷峻的科学家来说，这个问题也许太过"哲学"，但在我看来
它是真正的、很难回答的问题。我至少认为，应严肃看待删除
理论，且应多关注它的优点，不管它看起来多么怪异和反直觉
（其实，常识在有些情况下也是这样）。事实上，尽管难以明白
该理论对于物质在与空间的关系中怎样发挥作用这一问题究竟
有何实验意义，但它仍是关于物质和空间是什么、它们怎样相
关的基本理论。我认为，实验和理论物理学应根据那被称作先
天物理学的东西来加以修补，不管这一事业看起来多么冒犯当
代的情感。即使这一工作可被严格地称作形而上学，即元物理
学，但笛卡尔和洛克都对此做过完全严肃的探讨。

---

[31]　因为空间像这样只被设想为三个数字，因此用数学的坐标系统来定义
和阐释空间的本质就肯定会让人对此问题视而不见。空间的这种数学化又会导
致这样的假定，即空间存在于物质内部，因为适当的三重坐标数可归之于物质
所在的地方；这样一来，就不会进一步出现空间是否存在于那个地方的问题。
数学家关于空间的"抽象"概念取代了原来关于具体空间的观念，因此我的问
题就不会为人注意。要想对我的问题有所认识，你有必要重新把空间当作具体
的实在看待，并忘掉数学家赋予它的专门的含义。此外，科学家也喜欢问，人
们怎样从经验上证实空间是否存在于物质内部（人们能看到内部吗？）；由于
看不到答案，因此他们将这个问题作为空洞的问题置之脑后。但我从事的是形
而上学的工作，且经验的证实在这里派不上用场。尽管我问的是关于事实的问
题，但没有办法直接从经验上解决这个问题，结果是，我们必须诉诸有逻辑连
贯性和解释力的考量。

43 # 第1章附言 作为场的粒子：一种反对意见

我在第 1 章中的假定大致是，物质是不可入的，然后我设法对不可入性提出解释。但可能有人会质疑说，我的解释依赖于已被废弃的物理学，即牛顿关于坚硬的、有界的、有固定位置的粒子的物理学。如果我们更新这样的构想，即把像电子这样的粒子设想为有中心的力场，认为它没有坚硬的核心，就像从数学的中心点释放出来的能，那么情况又会如何呢？如果是这样，那么我们观察到的不可入性就来自于这样的场，特别是电力所产生的推斥力。但这种推斥力不是绝对的，而有程度的差别，如此设想的粒子在原则上能在空间中重合，因为场能够重合。从形而上学上说，两个电子只要由足够强的力量放在一起，就能在同一时间的同一点重合。因此，基于场的物理学就会承认形而上学上可能的重合，进而会否定不可入性。这样一来，就没有什么东西能用删除论来解释——只有普通的电斥力。

请允许我把不可入性区分为强弱两种形式。强的形式是指第 1 章所预设的、笛卡尔和洛克（以及其他许多人）所倡导的那种不可入性；弱的形式是刚才提到的反对者所承认的那种不可入性，它有程度差别，且不是绝对的。我相信的为什么是强不可入性而不是弱不可入性呢？因为强的那种不可入性为这样的形而上学原则所蕴涵，即在同一个时间的同一个地点不可能存在两个事物（除非一个混合着另一个，如那个雕塑和那块青铜）。但为什么要相信这个原则？难道只是因为我们实际上从来

没有看到这样的事情发生吗？但是，基于我们所知的、在自然 44
中起作用的那些力的强度，就可用不可入性来解释那类纯粹观
察到的事实。正确的回答来自于这样的关于个体化的思考，即
如果强排斥力被否认了，那么我们不知道该如何对对象做出计
数。假设两个电子能被允许在实际的时空中完全重合，这靠的
是对相互的推斥力的克服，但我们为什么要说这里有两个电子
呢？假设再把一个电子加到这个混合体中，为什么在一个地方
有三个电子？既然这三个电子在明确共享它们的位置时是不可
分的，为什么不说这三个电子变成了一个？不可否认，作为结
果的那个粒子由于组合了另外两个粒子因此就有三倍于一个粒
子的质量，但为什么不说那三个电子结合在一起形成为一个粒
子，它的质量是普通电子的三倍？

　　显然不能回答说，电子由它们的质量而个体化了，因为我
们总是这样重新描述那种情况，如说一个新粒子产生出来了，
它不是一个电子，而有一个电子质量的三倍。问题在于，该拿
什么来证明下述论断，即我们有三个共享相同位置的电子，而
不是有一个单一的重电子或有一个新粒子？其实，如果我们只
承认弱排斥力，把它看作是形而上学上的可能性，那么没有什
么东西能阻止我们说，每个电子在同一时间占据着同一个位
置，但如果是这样，那么有什么根据以那种方式描述那种情
形，而不说所有的电子结合在一起，进而形成了包含它们的所
有质量的、质量巨大的超级粒子？由于我们通常是用时空坐标
来对物理事物个体化的，因此如果我们否认了强排斥力，那么
就会失去同一感和差异感。

在宏观层次也能提出同样的观点，因为弱排斥力允许猫和星星合并，并原则上保持它们的同一性。假设有这样一个对象，它的每个粒子运动到的位置与同类对象（如孪生猫或孪生星球）中的对应的粒子的位置是相同的，于是我们便有一个似猫或似星球的对象，它们由原来两个对象的粒子所构成，且全部粒子是重合的。因此，我们现在难道有两个时空上重合的猫或星球吗？但为什么不更合理地说，我们只有一个猫或星球，但它的质量是原来的两倍？这样一来，个体化就不复存在了。如果我们真的否认强排斥力后面的形而上学原则，那么就没有什么能阻止我们说，现在存在着的每个物理对象真的是无限多的、依然存在着的对象的混合物，也就是说，每个电子或每个猫、每个星球都可看作是这样的、由多组成的对象，它们在时空中碰巧是重合的。一旦我们否认了强排斥力，个体化就混45 乱不堪了。[32] 这里还相应地否认了这样一个原则，即不同地方

---

[32]　请注意，别的对强排斥性的否认——如否认空间区域、事件和自我的强排斥性——也会面临同样的个体化问题的困扰。我们为什么不能承认两个或更多的空间量有在空间上重合的可能性？为什么我们要坚持说，特定的区域只拥有单一的空间量？因为不然的话，关于位置个体化的一切限制就会随之瓦解，我们可能会说一个特定区域包含了 17 个（质上同一的）空间量，就像说它包含了一个或无限多个空间量。这种说法也适用于事件，即两个相同类型的事件，比如说两场战争，能在时空上重合吗？但是是什么使它们成了两个而不是 1 个或 17 个？时空位置是个体性的。这也适用于自我，两个自我会不知不觉地合并为一个新的自我或 17 个自我吗？如果你的大脑与我的大脑合并了，全部粒子共在一起，那么结果是出现一个自我还是两个或多个自我？所谓的孪生大脑的合并，要么能被描述为来自两个大脑的一个自我，要么表现为一个大脑的两个自我，要么都不是。整个问题似乎是悬而未决的。其启示在于，不容许两个大脑如此合并。可以肯定，没有人会坚持说，物理学强调的是（转下页）

的对象不能同一，因为如果我们承认不同地方的对象能同一，那么我们就不能把对象的同一性与对象的（实际的）相似性区别开来，质言之，我们最好把许多复制品看作是不同地方存在的一个特定的事物。

可以说，物理学显然把形而上学不可能的看作是法则学上可能的，因为物理学（据说）把粒子看作是原则上可入的场。这不是一个令人愉快的结论，因为根据定义，形而上学的模态性比法则学的模态性更宽松。我们不想让我们的物理学陷入逻辑矛盾！但我又不认为，我们非得以这种方式解释物理学，进而让它有那样的结果。这里的关键词是"解释"，如经验研究的种种结果被解释为有这样的意义，即粒子真的是可入的场，而场从整体上说是一种理论构造。不过，量子理论告诉我们的是，我们不知道接下来会有什么发生在那里；我们持有的概念对于理解那些现象来说是不适当的工具，这概念包括关于起抵抗作用的力场概念（或映像）。我们终究不想做的事情是，以这

_____

（接上页）一切实在可如此合并，然而又保持它们合并前的同一性，因此为什么要坚持认为，物理学对于粒子或小块物质的特殊事例持有那种观点呢？我们真的不想承认这样的形而上学可能性，即宇宙中的每个粒子都作为这样一个单个粒子而顽强地存在于相同的空间中，因为大概有这种情况，即粒子的整个宇宙现在与一个特定的粒子重叠在我的一个手指甲上。我不是说，宇宙的所有物质材料都压缩进了那个狭小区域，就像大爆炸故事所说的那样。我的意思是，每一个粒子像它现在存在的那样，完全凭自己而存在于那个区域，不再争夺地盘。根据这样的重叠模型，不存在拥挤现象，因为粒子在那里，不会与别的粒子内在地争夺位置。如果粒子不是带有电荷的，像质子在现实世界没有电荷一样，那么按照这里的模型，就不会有妨碍全体重合的物理障碍，以至自然规律不会阻止这种重合，就像中世纪的那些共在的天使在大头针上跳舞一样。但是物质比天使更具排斥性，且本质上如此。

样的方式去解释实验材料，直至违反强排斥力，痛苦地把个体化弄得一团糟——除非我们真的没有任何理论上的替代方案（包括承认我们对什么会发生在微观层次没有任何主意）。物理学没有这样的假定，即认为粒子是微细的抵抗性力场，在这里抵抗有量的差别，不能绝对化。这样的观点不过是对被模糊知觉到的实在的一种解释。但形而上学却真的有这样的假定，即认为同一时间的同一个地点不能存在两个（或更多个）不同的物质事物（除非一个由另一个构成）。

　　此外，仍不清楚的是，这种关于基础物理实在的理论模型即使按自身的条件，也是允许整体的重合的，但对场的中心即潜伏在中间的点该说什么呢？随着我们向中心的靠近，阻力会逐渐增加，这现在被认为是一个形而上学的观点，因为一个中心点靠近另一个中心点时，会碰到越来越强的阻力。但当两个中心相互靠拢时，那种阻力难道不会趋于无限大吗？如果是这样，当两个中心到达完全的重合点时，推斥力就会是无限大的。这就是说，这在逻辑上是没法避免的。因此对于中心点，我们会看到强推斥力，这样一来，场就不能完全重合在一起，它们只能接近于整体的重合。如果是这样，那么就应保护物质在本质上绝对有排斥作用这一原则，即使我们在表面上承认了上述关于场的解释。

　　关于粒子的场解释与删除论怎样保持一致呢？结果似乎是令人不快的，因为正如我在第1章所强调的，许多场明显能占据相同的空间区域。场不会删除场对之起作用的空间。但如果除了场再没有什么东西对物质重要的话，那么物质也不会被删除，因此关于现实世界的物质的删除论从经验上说似乎是错误的。粒子和它们所构成的事物由于在本质上像场，因此对空间不会做釜底抽薪的事情，以致让它消失。这样说是否意味着，根据关于物理学的纯粹场解释，我们一定要放弃物质是对空间的操作（operation）这一观点吗？

当然并不必然如此。不错，那种操作不可能是简单的删除，因为那种说法排除了场的空间上的重合，其理由在第 1 章已有交待。但有这样的可能，即存在着对空间的不太引人注目的操作作用，因为我已强调过，场即使不会删除空间，但为什么不能说场会削弱空间？不妨称这一观点为削弱（dilution）论。根据这一理论，当场渗透在一空间区域时，它便让那空间变弱了，结果不再像以前那样"密集"。由于不太密集，因此每个单位的容积就变小了，空洞空间的通常的整体可入性就没有抵抗力了，结果它对对象的进驻就不会有太大的阻力。换言之，有量的差别的阻力，如由电场所产生的阻力，就依赖于削弱论，并可由之而得到解释。即使固体物质会删除空间（或者说，只要有可能，它就会删除），进而使空间不适合进一步的进驻，但电场会削弱空间，进而使空间难以进驻（如为电荷粒子之类的东西进驻）。削弱论的最激进的版本还有这样的看法，即有阻力的场的存在是由被削弱的空间（或时空）构成的。因此物质可还原为被删除的空间，力可还原为被削弱的空间（或时空），即是说，这两种物理实在都被认为能还原为空间的变形，这有点像广义相对论把引力还原为空间弯曲。

我这里的观点是，第 1 章所阐释的概念设置是很灵活的，因此能够容许这类理论的拓展。理论的经验上的不确定性允许对这些（听起来怪异的）理论做出阐释。即是说，对粒子物理学的纯场阐释与第1章所描述的基本概念构架不是不一致的，因为根据这种阐释，只存在有量的差别的力。因此我们不得不用削弱论来替换删除论。只有这样，才能包容原则上可入的场的概念所关注的那种弱排斥力。这不是说，我认为我们应当这样做，因为正如前面所述，我不认为这种解释在逻辑上是实验事实所必需的，原因是，它会导致个体化的无法容许的问题。但如果你坚持这种解释，那么你没有必要放弃我的概念化的一般框架；当然你可做相应的修改。空洞的空间由于整体上是可入的，因而便有别于物质，但物质现在被定义为具有某种程度的不可入性的东西，不是绝对的不可入。笛卡尔和洛克认为，物质事物绝对不可入，即他们把它看作是一个全有或全无的问题，但如果我们赞成阻力有不同的强度这一观点，那么我们就仍能利用他们的基本观点。物质在本质上仍不同于空间，因为物质对别的物质的运动提供了某种阻力；它的本质仍是不可入，当然是有量的差别的不可入。

因此，我们可以继续坚持洛克物质定义的基本精神，同时又承认我关于空间可进驻的空间可变理论（space-modification theory of spatial occupation）的一个改进的版本，当然可适当加以弱化（如强调部分削弱而非完全删除）。我愿意坚持第一章所阐发的那个理论的一个简单而更绝对的版本，但基本框架可做修改，以一致于对物理学的这样的解释，它们试图把物质完全还原于有解释作用的场，不管这是否是一种强制性的甚或健全的解释。提出这种解释的常见动机一般是为了运用奥康剃刀，例如如果我们只用场就能对付过去，且我们又确实需要场，那么为什么不从理论构造中将别的东西剪除掉呢？为什么要研究二元的场和粒子？一般而言，我对这种动机持怀疑态度，因为没法证明大自然也分有我们对简单性的渴望；但如果你觉得有必要屈从它，那么你仍能分享我在第 1 章所阐发的构架所带来的好处（假设你为这些假定的好处所感动）。㉝

## 附录1　物质的统一性 48

有一种关于物理世界的自然观点，它得到了古希腊原子论者的赞成，可表述如下，物体不管是大是小，都由质料所构成，如由粒子和合成性对象所构成。质料是统一的、均匀的实体，但有不同的量。特定的物体包含这种实体的特定的量，这量不同于包含在另一物体中的量。而这种不同决定了这里所说的物体的质量，进而物体的质量随它们包含的质料的量的变化而变化。物体中的质料的量与它的空间容积是不同的，因为质料有不同的密度，如较大的物体包含的质料比较小物体包含的质料要少一些，因而只有较小的质量。之所以出现这种情况，是因为，尽管质料本身是一致的，但物体内的质料和空间的比例是变化的，如构成物体的质料粒子会随它们之间的距离的变化而变化，因此一个对象尽管包含着同另一对象一样的粒子

───────────

㉝　这一附言在很大程度上得益于与刘易斯的有价值的讨论。G. 斯特劳森的评论也是一个激励。

量，然而这些粒子在空间上可能是更为分散的，进而会产生一个有更大体积的对象。质料的密度依赖于作为构成元素的粒子的空间上的接近度，如它们离得越近，那么质料就越密集。粒子本身的密度不是或大或小的，即是说，它们是均匀地组成的，但它们的集合在密度上会随着它们空间关系的变化而变化。密度非常大的对象，如黑洞，就有紧密地连在一起的（均匀地组成的）粒子，而稀疏的对象，如气体，就有广泛地分散的构成性粒子。因此体积和质量是独立的量，与质料的均匀性是一致的。

49　对象的每个单位体积并不都有相同的质量，即使质料本身有相同质量，因为质料在密度上是变化的，在这里，密度是空间分隔性的函数。较小的对象之所以有比较大的对象更大的质量，是因为它把更多的粒子压缩进了一个较小的空间区域，如让它们结合得更紧密。根据这一观点，质料在一切时间、地点总表现为同样的实体，但它能以或大或小的密度被压缩在一起。海森堡承认古代的一个观点，并把它称作"质料的统一性"。他说："所有基本粒子都由相同的实体构成，我们可把这实体称作能量或普通质料，它们是质料表现自己所用的不同方式。"（第134页）[34] 同样，空间在任何时间和地点也总是相同的、同质的、均匀的，即使它能或多或少地为质料所占据。因此物理宇宙的实体完全是单一的，当我们用"质料"一词来表

---

　　[34]　海森堡（W. Heisenberg）：《物理学与哲学》（*Physics and Philosophy*）（纽约：哈珀永久出版社，2007）。

示它时，我们说的是单一的自然类型，即使是一种极其普遍的
种类。这种构成上的同质性与均匀的不可入性的倾向同质性是
一致的，因为如果它总有相同的材料，那么它的同等的不可入
性就是确定无疑的。根据删除论，均匀的质料对它所占据的空
间起着同一的删除作用，进而最终形成的空洞也是均匀的。当
上帝创造宇宙时，他在选择基本的构成材料时是非常节俭、吝
啬的，如只创造了一种材料，但它可构成一切。或者说，大爆
炸的原初材料都是一种类型。我们在自然界所看到的各种变化
不是根源于基本质料的异质性，而仅由组合方式所决定，即由
形式而非内容所决定。[35]

　　但是这一顺理成章的、讨人喜欢的图景却面临着现代物理
学提出的难题。根据公认的物理学，粒子本身在质量上是变化
不定的，有时还相当剧烈，当然在它们内部没有空虚的空间。
电子、质子和中子都有不同的质量。对惯性的测量表明：粒子
能以不同程度的惯性变化，而惯性又是质量的固定的特点，质
量又是包含在物体中的质料的量，因此不同粒子就它们所包含
的质料量而言是各不相同的。假设一粒子 a 有质量 m，另一粒
子 b 有质量 2m，很显然，构成 b 的质料的量是构成 a 的质料的
量的 2 倍。但这一区别显然不能用这样的假设来解释，如 a 中

<hr>

[35]　同样的假定可以支持对心理实体的这样的信念，只有一种心理实体，
它们是各种形式如不同种类、不同性别、不同年龄的人的心灵的基础。根据笛
卡尔的二元论，心灵材料就本质而言不同于物质材料，但在这种区分的任何一
边，均匀性都是居主导地位的。当然也可以坚持这样的观点，即单一的材料，
如精神的、有形的或中性的材料，构成了心灵和物质。

的粒子比 b 中的粒子更加分散，因为根据假说，这些是（不可分割的）基本粒子；这不是一个将部分更紧密地结合在一起的问题。可以说，b 大于 a，即占据着更大的空间容积，在这种情况下，质料的每个单位容积仍有恒常的质量，因此是统一的。

50　　但在物理学中没有理由假设，在粒子层次的质量和体积之间存在着这样的关联，就像在宏观对象的层次没有理由这样假设一样，因为物理学的规律中没有什么阻止 a 和 b 有相同的大小（空间幅度），尽管它们在质量上不同。物理学家对基本粒子的半径问题出奇地沉默或谨慎，格外关注的是粒子的质量、运动、电极和自旋，这也许是因为半径对决定物质的行为几乎没有什么作用，但不能排除的是，质量和半径是独立的变量。因此我们不妨假设，a 像 b 一样有同样的空间上的广延，尽管在质量上不同。怎么可能是这样？b 的部分不可能在空间中压缩，像 a 的部分一样，因为这些粒子没有部分，也不包含空间；因此密度的明显不同不会起什么作用，就像它对大的复合对象没有作用一样。那么，它是如何起作用的呢？

　　我们似乎有两种选择。一是寄希望于密度概念，这个概念不要求间隙性的空间，它说的其实是连续实体体积的缩减。但不清楚这可能是什么，因为一旦我们到达了连续的物质，它就已经做了它能做的减化和压缩工作。我们也可尝试这样的观念，即认为连续物质会自己折叠，但这又会让我们得出结论说，物质的不同单元在同一时间占据着同一个空间，这显然是一个令人不愉快的结果。它还可让我们走向这样的观点，即认为基本粒子的结构比我们想象的要复杂得多，尽管对此我们没有经验的根据。另外，这样的压缩或折叠似乎离不开产生它的力，就像引力让物质在黑洞中压缩或动态压力让汽车变小一样。然而没有证据说，有更大质量的但有同样大小的粒子服从这样的压缩力，因为即使没有某种所谓的压缩力的作用，它们凭自己也能比别的和它们大小一样的粒子有更大的质量。因此很难再坚持说，a 和 b 是由相同材料即简单的质料构成的，因为质料在一个中的密度比在另一个中更大。既然那些粒子是由质料构成的，因此粒子层次的质量上的不同，基于大小与质量没有关系这一貌似合理的假定，就向质料统一论提出了一个难题。

　　因此，关于质料的总的概念，我们有了一个可能的修正，即认为基本的质料也许有不同的类型。我说的不是这样的不重要的命题，即存在着不同类型的基本粒子，如质子、电子、中子等；我说的是，构成这些粒子的东西可能是不同类型的材料。有些类型的材料每单位体积比别的类型的材料可能天然地有更大的质量，而这恰恰是 a 与 b 在质量上为什么不同的原因，简言之，它们的不同是因为一个的构成材料比另一个重。能说明质量之差异的东西不是相同的实体有不同的压缩度，而完全是不同类型的实体。这样一来，我们就不得不承认物质的不统一性。我们不能根据古代的原子论假定而开展工作，根据它，所有原子都由相同实体所构成（即使它们有不同形状和大小），我们必须做的是，回归到有前苏格拉底特点的思想，它认为世界是由大量不可还原的、不同类型的构成性实体组成的。可以肯定，它们不是地水火风，而是某种逻辑上类似它们的东西，即在内在本质上根本不同的、不可还原的实体，而不是单一题 51

材的诸变体。我们用"质料"这一名称表示的东西其实是不同材料的析取；我们所说的是，不存在单一的自然类型材料。质料的样式多种多样；或更准确地说，"质料"一词模糊地表示的是几种不同的自然类型。

　　请允许我重复一遍，我这里所讲的不是由粒子物理学所区分开的不同类型的对象——它们自然表现为不同的自然类型（电子、质子等）；我说的是，构成它们的更原始的材料（"质料"作为表示质量的词指的是材料）。这观点完全相同于这样的假定，即粒子表现为不同的自然类型，即使构成它们的材料属于一个类型；我这里思考的是这样的更激进的转向，即质疑基础性实体的统一性，不管我们把这实体是称作"能"还是"质料"。根据这一假定，某些类型的所谓物质材料在单位体积方面比另外的材料具有更大的质量，这就是基本粒子为什么在质量上不同的原因。质子和电子可能由不同类型的"质料"构成，就像它们在电极、自旋等方面各不相同一样。㊱

　　这个假定的值得注意的地方在于，（a）它不是基于形而上学的猜想，而是由物理学的这样的基本事实促成的，如粒子有不同的质量；（b）想引出的结论，如根本性质料有不同的类型，是如此激进和不可思议。因为物理学似乎不乐意，甚或没有严肃地思考过赞成这样的观点，很明显，该科学对质料本身的真实本质（不同于它构成的实在的所作所为）仍故意保持着沉

---

㊱　或许是不同类型的能量，只要我们遵循海森堡和别的物理学家的观点，承认能量是基本的东西。

默。[37] 但物理学的形而上学免不了要回答这样的问题，即一切
"物理的"事物都是由相同或不同的材料构成的吗？物理世界在
根本上是由同质的实体构成的吗？或者说，本体论的多样性一
直会继续下去吗？如果基本粒子都有相同的质量（或它们的大
小、质量是适当地相互关联的），那么接受前一观点就没有什么
障碍，但这似乎是不对的；因此我们不得不思考，质料是否真
的是我们倾向于假设的统一的实体。如果不是这样，那么存在
着多少不同类型的质料呢？它们怎样不同？它们怎样影响制约
粒子的规律？这些差异会出现在宏观层面吗？如果不会，为什
么？我们该怎样着手对这些问题做出经验的回答？这些都是非
常困难的问题。

　　我必须承认的是，放弃质料的统一性对我来说是不符合常
理的，因为对我更有吸引力的是这样的假定，即所有大质量的
物体都是由本质上相同的实体构成的。大爆炸时的等离子体在
粒子进化出来前一般被认为是统一的。除非我们必须假定，粒
子真的由虚无所构成——什么构成它们这一问题不知何故是不
合法的——不然，我们在这里就会面对一个困难的问题，而且
没有明显的办法能解决它。诚然，所有质料都共有某些一般属 52
性，如占据空间，或引起惯性运动；但物质底层的不可还原的
异质性的前景完全对立于我们总的世界观，接受它就等于进行
一种范式转换，或推倒重来，这不是一个能导致更大的理论简
单性或预言力的方案。前苏格拉底的理论之所以屈从于原子论，

----

[37]　可看第 2 章关于物理学为什么没有揭示物质的终极本质的讨论。

部分是因为原子论有统一的力量，如认为相同的基本材料可表现为（或再表现为）不同的形式。但我们现在正思考的是，回归自然的原始多样性概念，即材料多元主义，而非材料一元论。这里的问题在于，对于质料究竟是什么，我们真的没有什么主意，因为我们知道的只是它的倾向性或结构性属性。我们现在认识到，我们甚至不知道它是统一的还是混杂的。对于怀疑这种统一论，我们已找到了某些表面的理由，但绝对没有把握说，我们该怎样解决这个问题。例如我们对质料基本属性中的一个属性是否是统一的，我们就一无所知。这大概是我们永远无法破解的一个"自然的神秘性"。[38] 即使我们有理由想到这样的观点，即质料是不统一的，但我们要进一步把握多样性的内在本质也是障碍重重，因为我们只是间接或抽象地了解到，多样性是这个样子的，尚不知道多样性根源于什么。

泛心论者总是不失时机，插手对世界的解释，如试图说明质料多样性的根据，认为质料多样性不过是意识的多样性，比如说，电子是由红色的感觉构成的，质子是由蓝色的感觉构成的。[39] 因此意识的不可还原的多样性会作为构成质料的不可还原的多样性的东西招摇过市。更谨慎的灵魂会坦承对物质内在本质的无知，如承认我们知道得极其有限，因此不能明确说质料是统

---

[38] 所引的这个短语是休谟的话。其来源，可参阅本书"导言"部分的注⑥。

[39] 我对泛心论者怀有深深的（虽然是勉强的）敬意。我这样说不是要拙劣地模仿泛心论者，而只是为了让他关于最基本层次的多样性的说明变得生动有趣。他对不同类型的质料根源于什么至少有具体的看法。毫无疑问，实际的泛心论者会更谨慎地（或秘密地）把不同类型的"原（proto-）意识"看作是构成质料多样性的东西。

一的还是多样的，或者这种差异究竟是什么。令人担忧的是，物理学的表面上的基本事实——即粒子的质量各不相同——竟然昭示了不确定性的深渊和形而上学的忧虑。无知是肤浅的近邻。[40]

# 附录2 可分性与大小

53

　　物理世界可分为可分和不可分的世界两部分。我们的世界的一个有趣事实是，不可分的事物极其微细。在可分性和大小之间显然没有分析性或概念性联系，因为断言有不可分但宏大的对象并不存在矛盾。即是说，概念上有这样的可能性，即可能存在着像太阳那么大的基本粒子。只要承认一些关于质料统一性和粒子内部没有空间的假定，那么大概可以说，这种基本粒子的质量大概比太阳大许多倍。但在逻辑或物理理论中没有什么东西会排斥太阳那么大的不可分粒子的存在。[41]在我们的世界，不可分事物也表现为细小的事物，这似乎是纯偶然的事情。

　　可分事物比构成它们的不可分事物大，这也绝非偶然，（如

　　[40]　随着本书的展开，我将对我们关于物质世界的无知做更多的说明。质料统一性的问题很好地说明了这个一般性的观点，并表明，物理学怎么能快捷地提出困难的认识论和形而上学问题。

　　[41]　当我说"在物理理论中"时，我的意思不是说，这样的大粒子在我们的世界是法则学上可能的（它们的质量绝对巨大）。我说的不过是，主张粒子有质量、电极、自旋、位置等的理论并不否认存在巨大粒子的可能性。物理学也没有这样的要求，即不可分性与我们在我们的粒子中所看到的规模细小有必然关联。

果它们不是这样，那么它们比自己还要大！）但规模细小并不是不可分性的必然伴随物。事实已证明，不可分的事物相比于古代原子论者所承认的东西而言小得难以想象，但真的没有什么能排除这样的发现，即不可分的东西可用放大镜去分辨。这不是说，如夸克之类只是偶然地小，因为它们可能像太阳那样大；也可论证说，它们可能不是夸克。这仅仅是说，有这样的偶然性，即世界包含夸克，而没有包含比如说像太阳那么大的巨大的夸克，它们也许甚至还有可能构成更大的对象，但其本身不是由更小的对象构成的。当然，在这样的世界，我们不可能有我们现在所拥有的相同类型的宏观对象（例如星系那么大的蚂蚁由巨大的夸克所构成），但可能有别的类型的巨大对象，它们由这些巨大的粒子所构成。在那种宇宙中，删除理论告诉我们的是，太阳那么大的黑洞由那些巨大粒子构成的连续物质在空间中切割开了，不是微细的黑洞为我们的现实的小粒子切割开了。

这样的思考似乎是奇怪的，因为婉转一点说，不可分的事物的细小毕竟是我们现实宇宙的显著的、普遍的特征。周围不存在任何巨大的粒子，这似乎不像是一件意外的事情。但是由于有下述事实，因此这里的诧异会得到一定的减轻，即大小或我们的大小感是一种以人为中心的现象。从谁的观点看，电子是细小的？从谁的观点看，宇宙是巨大的？这类描述反映的是我们自己的维度和我们相应的划分宇宙所用的方式。真的不存在这样的绝对，在这个意义上，量子绝对的大，电子绝对的小，因为这种大小判断是相对的。如果你只有电子的一半

大，那么对你来说，电子就相当巨大；如果你的头像星系一样
大，那么星系似乎就不那么大。直接说粒子很小，是没有意义
的；它就是它所是的大小，不过如此而已。我们真的该说的事
情是，不可分的事物没有我们现在所观察到的事物那么大，这
纯属偶然（而且某些有更大质量的基本粒子也可能比更小质量
粒子的构成物要大得多，即使有关的物理学不会为大小问题所
困扰）。太阳较之于可分宇宙毕竟要小得多，就像电子相较于太
阳要小得多一样。若与无限相比，每个事物便小得近于零。

　　你对我刚才所说的可能会感到畏缩，你可能会想，一个粒
子怎么可能像太阳一样大但又同时是不可分的？它会分布在同
太阳一样大的空间区域（根据定义），因而会允许这样大的空
间区域所允许的同样的划分。即是说，从几何学上说，构成这
样一种"粒子"的质料能被划分为不同的空间片断。甚至可以
说，大粒子由大量（无限的）的"点粒子"构成，它们一致于
属于粒子界限内的空间的点，即空间的被占据的点。换言之，
构成大粒子的物质材料分布在空间的广大区域，进而被分成了
许多组成部分。在此意义上，我们一定会承认，它是可分的。
须知，同样的理由也适用于更小但有限的粒子，即构成实际物
质的那些粒子，因为大粒子戏剧性地成了那个点。这意味着那
些点粒子是真正不可分的东西，即是不容许进一步划分的事物
吗？即是说，物质的无穷小的小单元才是唯一真正的原子吗？

　　回答是，这取决于你所说的"不可分"是什么意思。在这
里起作用的那种意义可被称作几何学的可分性；它一致于几何
学的空间可分性。在此意义上，任何有限的粒子都是可分的，　55

这具有数学必然性，就像（连续的）空间是可分的一样。很明显，唯一不可分的东西是如此理解的无穷小的点（它事实上没有大小）。但这又不是能被定义的唯一概念，或最有用的概念。我认为，可分性还有两种别的可区分的概念，它有助于澄清事实，进而把它们区分开来。一是关于空间分散的概念，简言之，分割。当一实在被分割成可区分的构成部分，进而将这些部分按不同方向呈现出来时，我们便有了严格意义上的可分性。在此意义上，原子被发现是可分的，因为电子能从原子核中分离出来，它们在空间中会沿着不同路径运动。要确证这种可分性，就必须有实际的物理实验，而不能仅靠纯粹的几何推论。很显然，可分割的可能性并不是来自于空间幅度（几何学概念）的纯粹可分性，因为粒子可能有几何部分，这些部分由于物理必然性不能相互分离开来，事实上，这显然也适用于我们的基本粒子。㊷很显然，就作为唯一不可分的东西的点粒子而言，没有理由说，比一个点大的东西是可分的，因而不是粒子，因为粒子只是在几何意义上是可分的（因而不是数学的点），在分割的意义上则是不可分的。争论粒子实际可分，这不过是一种语词上的诡辩。要给予适当回答的问题是，在什么意义上是可分的？

---

㊷　事实上，可论证说，分割连续物质的不可能性是逻辑上的，而不只是因果上的，因为要分割，就要有某种空间上的间隙，只有有间隙，刀才能插进去。连续物质的绝对不可入性阻止任何事物穿过它，这穿过正是分割的人要做的事情。没有这样的逻辑上可能的分割过程，通过它，连续的实体的（几何）部分能被分离开来。

不过，分割的定义在某种意义上太强了，因为我们即使不要求空间分散的物理可能性，也能确定可分性的一个重要的概念。我们可称这第三个概念为功能可分性，即是说，实在只在它们能被分成不同的功能部分而这些部分不能在物理上相互分离的意义上才是可分的。这一观点不难从概念上加以理解，因为比如说，动物的身体可分成功能上不同的部分——手臂、头、尾巴等——但不能由此说，这些部分真的能在物理上分离开来（即使它们事实上能被分离开来）。同样，可能有这样的物理实在，它有功能上不同的部分，如能做不同的事情，遵循不同的原则，但不可能把它们拆开，分别把它们送走。如果弦理论是对的，那么电子就是由多种多样的弦构成的，这些弦的振动彼此不同，然而没有物理办法把电子粉碎成这些弦。可粉碎性是物理力的问题，而且是别的力能否克服这些力的问题，这与把不同功能部分关联在一起的想法是大不相同的。粗略地说，不同的功能部分可能（不能分解地）结合在一起。这第三个概念也不同于几何学概念，因为后者并不要求把实在划分成功能上不同的部分，这些部分完全可能是同质的，就像空间区域的子区域那样。因此若根据粒子在几何意义上可分，便论证说它在 56 这种（严格的）意义上可分，那显然是错误的。相应地，太阳大的基本粒子在几何意义上是可分的，但在另外两种意义上则不可分；因此有两种恰到好处的意义，在其之下，它真的是这样的粒子，即最初所认可的原子。

概念混乱可能根源于没有把这三种意义的"可分性"区分开来。如有人可能坚持说，弦之所以不能是基本的，是因为它们由于有限的长度而从几何上分成了部分；这可能是对的，但不能由此说，它们在另外两种意义上不是基本的，因为它们从物理上说极其重要。我要质疑的是，通常关于点粒子的谈论根源在于接受了这样的观点，即认为点的几何概念说的是，点从几何图形的结构上说是基本的，这其实是关于原子的几何概念。但这与物理学所需要的那种原子风马牛不相及，因为这种原子与功能部分之缺失的联系远大于与成为数学点的联系。我们可以赞成说，任何有限的物质团块是由点构成的，但由此推论说这些点是唯一真实的原子，则是一种混淆。不可分的粒子真的有构成它的许多（无限多）点粒子；这样说没有矛盾，而反映的是可能有用的、不同的可分性概念。还可接受的看法是，即认为点粒子是为数学目的而对现实粒子的理想化，但自然不能由此说，现实的粒子就是这样的点。任何人只要为具有非零质量的点粒子观念感到困惑不解，就应记住这些区别。

一旦弄清了这些区别，关于具有任意大小粒子的宇宙观念就似乎不会有什么概念上的麻烦了。可能存在着星系这么大的原子。至少像我们设想的那样，物质本身对它的不可分的单元究竟有多大似乎不会提出什么限制。事实上，物质的不可分单元的存在不是物质本身的任何本质的结果，因为可能有一个世界，它只包含或大或小的、不可分的物质单元。我们的世界充满的完全是可分的物理实在，但物质的内在本质对这一事实并没有影响。物质即使没有形成这样的单元，如每个实在都是不可分的，且物质的材料和现在的是一样的（即使它服从不同的规律），但物质也能幸运地存在。物质为什么没有形成纯粹不可分的、只有任意大小的单元，这在物质的本质中是找不到任何原因的。对象倾向于成为复合的，构成它们的原子是细小的，这是由局部条件所决定的，且恰好是偶然发生的。

试与水的状况做一些比较。地球上存在的热力状态使多数水成了液体状（它们至少存在于大多数人生活的地方）；我们由此自然假定，这不知何故成了水的自然状态，而水的结冰和气态形式则是对这种标准形式的背离。不过，水的本质中没有什么支持这一假设；在不同的热力状态下，水只能以结冰状态或气态形式存在，而液态形式对于那些生活在这些状况下的人来说都是异常的。我要说的是，物质一般在大小和可分方面显现给我们的特定的构型同样是局部的特点。就物质的内在本质而言，它对它的基本单元的规模以及在参与复合对象形成时的表现持中立态度。如果我们生活在这样的世界中，在这里，物质总表现为巨大的不可分的团块，绝不结合成更大的对象，那么我们对它的本质就会形成一种非常不同的观念，如认为它是原来的物质，但是与我们现在所熟悉的东西又是相同的。或更谨慎地说，我们关于物质现在所知道的东西与假设它以这种非常不同的方式存在没有任何不一致之处。

我的意思不是说，相似于物质的材料（也许是物质的认识上的对应的东西）能以这种方式存在；我的意思是，我们的物质能够像这个样子。在我们的现实世界，物质毕竟能够构成许多类型的粒子，相同的材料还会以不同形式重复出现，而且在可能世界，不存在让物质构成更多类型粒子的障碍，比如构成太阳那么大的不可分的单元。完全有可能的是，在大爆炸时出

57

现的特定条件决定了物质将采取的特定的结构，如小粒子倾向于形成复合的整体，但这些条件只是物理上可能的一系列条件中的一种，别的条件引起的是非常不同的物质的形成。一般都承认，基本物理量的比值极为特殊，且具有任意性；也许我们所看到的物质世界的这种结构同样是特异的，例如微细的复合原子恰恰是物质最终所表现出的一种相当怪异的方式。所有物质一定有广延，且不可入，但是它可分为微观构成，这看起来有点偶然。占据空间就是物质的全部，这既不依赖于微观的粒子，又不依赖于可分的复合体。

但是，我要强调的是，这个结论依赖于我们关于物质所知的东西的思考，而关于物质的所知即我们关于物质的流行观念。不过，既然我们的知识是局部的，还可能是歪曲的，因此客观地说，情况可能完全不同。物质可能有这样的本质，使得有一种确定的界限限制了它的不可分的单元究竟有多大，例如，由之所决定，太阳那么大的粒子事实上是形而上学上不可能的。这肯定有助于理解，对于我们所观察到的基本粒子的规模所存在的明显一致的看法。我所说的大小问题上的偶然性可能是我们对物质无知的一个表现。巨大的粒子看起来有真实的可能性，当然这很难予以确证。[43]

---

　　[43]　像在别的情况下那样，对事物本质的无知会引起偶然性幻觉。巨大粒子即使没有真正的形而上学的可能性，但有认识论上的可能性。这样说肯定没有陷入矛盾，但物质内在本质中的某种东西可能对粒子大小提出了上限。然而，我的观点依然是，巨大粒子是一种真实的可能性，因为一般来说，大小是如此偶然的，以同一形式的诸事物以不同的大小表现出来。形式为什么与广延的大小有关？我们常常看到，有相同本质的事物总有不同的大小。

# 58

# 第 2 章 物理对象是什么？

关于物理对象的传统观念把物理对象分为三个层次或方面，即第一性质、第二性质和实体。第一性质包括广延、凝固性、运动、数量，它们据说不依赖于心灵，为对象所固有。它们是对象本身的本质，与制约对象行为的规律有密切的关系。第二性质包括颜色、声音、气味、触觉和味道；据说它们依赖于心灵，严格地讲，它们不是对象所固有的。它们是对象显现于人的感觉面前的表象，与对象的物理构造无关，特别与对象的动力学性质无关。除这两个层次之外，还有构成对象的物质，即对象的实体。对象有第一性质和第二性质，但它们都是由物质构成的。广延本身不是物质；相反，有广延的物体由物质所构成。准确地说，正是构成对象的东西使其成了物质性的东西，它不同于它所具有的各种第一和第二性质。因此严格地讲，使对象成了物质的东西不是第一性质；而是构成它的那种材料。成为物理对象就是成为由物质材料构成的东西，不管这材料是什么。

　　这里的观点可能有争论。我们为什么要把第三个层次加到前两个层次之上？我们难道不能用第一（和第二）性质加以应付吗？一个对象难道不能是广延、运动、凝固性、数量的携带者吗？这里重要的是要弄明白，这为什么是不可能的。物质的基本概念说的是，什么占用或占据空间，即断言它是空间中有广延的东西；而且这与被占据的空间是不同的。对于占用空间

59　与什么有关这一观点，有很多可说的（我在第 1 章讨论过这一点），但对于我的目的来说，关键点则在于，纯粹的广延不同于能延展的事物，即不同于物质事物。空间也可延展，但它不是物质（根据笛卡尔）；因此物质不只是广延性。关于广延的有关的观点是，广延一定是（空间之外的）某物的广延，而且这某物显然是一块物质。我们不能把物质等同于广延，若等同则没法说明物质与空间的区别。我们也不能根据凝固性来说明构成物理对象的东西是什么。根据定义，物质尽管真的是凝固的，但凭借某物，对象也能成为凝固的（即不可入的）——它们是凝固的，恰恰是因为物理对象是由物质所构成的。

　　因此仅仅注意对象有凝固性并不能让我们从物理上去分辨关于它的一切。有的东西可能为这种描述忽略掉了，如构成对象的、使之如此有凝固性的东西。凝固性是关系属性，即是根据它对别的对象的阻力而加以定义的属性，而且它一定有其内在的根基，而这恰恰是物质所是的东西。我们必须说明的是，是什么构成了凝固的对象。简言之，仅仅说一对象是有广延的，是凝固的，是不够的，因为那样说忽略了构成对象的材料，忽略了是物质填充了那里的空隙。对象之所以是物理的，

是因为有构成它的那类实体，即物质实体。这种实体真的有广延，且是凝固的，但属性不是物质的内在本质，所谓内在本质即是内在所是的东西。而广延太宽泛了，凝固性太具关系上的倾向性。因此传统观点便假定第三个层次，且有其合理性。①

值得注意的是，物质的几何属性在空间的诸属性中都有其对应物。广延应被认为包含着形状，因为形状是一些广延（即体积）所采取的特定的外形。对象显然会表现出不同的形状和大小，它们的运动也有形状上的轨迹，比如说直线或圆圈。很显然，形状对我们关于物理对象的概念举足轻重，因此有理由认为，形状是最重要的，具有根本重要性，因为物质事物恰好是具有形状的事物。如果是这样，那么第一性质的形状对于某物成为物质事物是充分的。但空间也有其形状，而且它确有物质所具有的每种形状。在空间之内，进驻的对象所具有的每个几何形式都得到了例示，因为它是由这样的点所构成的，而这些点足以刻画每一个这样的形式。这显然是有形状的物质对象为什么能融入空间的原因，即因为空间已经具有每个对象的几何形式。因此我们能说空间中的三角形，它的每一个顶点是一确定的点，能为物质占据或不能为其占据。由此可以说，形状本身不能是物质的限定词；它不足以造就物质性。一般来说，

---

① 我这里想到的主要是洛克关于物理对象（"物体"）的概念，但别的许多人也坚持这一观点。我们不能排斥关于物质实体的概念，而只认可像广延和不可入这样的属性；物质实体这个概念在说明物体时是至关重要的，不可或缺的。

60 第一性质是物质的性质，它们不是使某物成为物质的东西。使某物成为物质的东西就是它由以构成的东西，而不是这个能构成的材料所采取的几何形式。② 纯粹的空间属性不能定义与空间相对的物质。

因此，究竟什么是物质？什么是物理对象由以构成的材料？这里我们可以求助于物理学。像物理学所发现的那样，大概可以说，物理对象由原子构成，原子又由质子、中子、电子所构成。就目前而言，这样说就足够了，但它并未回答我们的问题；它只是把该问题推回去了。最基本的粒子是由什么构成的？我们的自然回答是，物质，但如果是这样，那么我们原来的问题又回来了，如当粒子由物质构成时，粒子究竟由什么构成？"物质"一词在这里几乎于事无补，它充其量意味着，"什么构成了某物"。一切事物都有某种物质，甚至笛卡尔所说的心灵也不例外，因为它有一个构成的实体。"物质"一词并不比"实体"一词更具启发性，对于本体论范畴来说，它同样是混乱不堪的。就像我们用"物质"表示某种实体一样，"物质"一词是像一个索引词固定的自然类型词项一样起作用的，如说物质就是这些事物由以构成的东西，不管物质可能是什么，再者，物质不是那些事物。那个所指的本质并没有由此而得到说

---

② 似乎可以设想，某种非物质的外质（ectoplasm）在别的某个可能世界可能有其几何形式，因此仅有形状并不意味着，实体有同我们的有形对象一样的形状。光的体积也能有形状，而传统意义上的物质实体则没有；场也有其构型，更别说幽灵。如果空间被分割，那么它也有形状，但它不是物质的。使它成为独特的物质的东西不是事物的形状，而是它的材料。

明；我们只是有一个非描述的标签。③经验物理学向我们说明
了这指称的本质吗？我认为没有。它只是告诉我们，物质做了
什么，而没有说物质是什么。

物理学是结构性的，而且在推进时没有涉及物质的终极本
质是什么这样的问题。正如许多人曾论述过的，物理学即使成
功地描述了制约物质行为的数学规律，但它留下了这样的空
白，那就是物质的内在本质。④如果终极的构成是振动着的弦，
那么物理学告诉我们的是，这些弦做了什么，但它对这些弦由什
么构成的问题沉默不语。物理学说的是，事物有什么构成部分，
就连再没有部分的事物也包括在内（有望如此），但它没有说，
最终构成这些事物的东西是什么，只是让它悬而未决。因此物理
学留下了"物质是什么"这个问题而未予回答。实际上，物理学
曾想将物质与空间进行比较，但没有提供肯定的描述；物质只是
被看作"做了如此这般事情的东西"。⑤如果我们进一步追问"做

---

③　G. 斯特劳森在他的"真实的唯物主义"（《真实的唯物主义与其他论
文》，第 47—48 页）一文中阐明了这一点。我们在许多问题上的看法是接近的，
而且我受到了他的阐释的影响。

④　我这里想到了赫兹、彭加勒、爱丁顿、罗素等人；我在本书的论述
中，经常引证他们的话。

⑤　一个非常有启发意义（尽管不令人满意）的物质定义是由莱纳斯·鲍
林（Linus Pauling）在他的经典教科书开头提出的，见《普通化学》（*General
Chemistry*）（纽约：多弗尔出版社，1988）。第一章的标题是"物质的属性和本质"，
他开头的话是："宇宙是由物质和辐射能构成的。物质（来自拉丁词 materia，意
即木材或别的材料）可被定义为任何形式的质‐能（参看第 1—2 节），它能
以低于光速的加速度运行，辐射能作为质‐能，能以光速运动。"（第 1 页）须
知，鲍林对物质和辐射能做了比较，认为后者在类别上不同于前者。（转下页）

了这些事情"是什么意思，那么我们将不会得到什么答案（究竟是对抗，还是认错，这取决于物理学家的哲学立场）。这里存在着认识论鸿沟，即描述上的空白。我们该怎样填补这个空白呢？

61　　　这个问题并未被忽视，爱丁顿和罗素可谓捷足先登，给予了极大关注。他们认为，物理学是不完善的，其突出表现是，对物质的内在终极本质问题并未做出令人满意的回答。物理学充斥着数学模型，关注的是物理的大小量的关系，但对实在的、映现于它们关系中的内在本质置若罔闻。物理学纯粹是"结构性的"。于是，爱丁顿和罗素走进了这个描述上的空白地带，创立了大胆的理论，如认为物质的内在本质就是心性本质。这是一个泛心论理论，提出来就是要说明物理学未说明的东西，即物质的本质在于有意识，物理世界在本质上是由心灵材料构成的。[6] 根据这一理论，或根据它的一个版本，对象的

————————

（接上页）但最令人惊诧的是，他利用了直到最近才被发现（出现在广义相对论中）的物质的一种属性，即它的运动速度低于光速。也许，这使认识得到了很好的拓展，但几乎未被作为物质本质的说明而为人注意。它过于外在和偶然。物质以光速运动真的不可能吗？难道没有这样的世界吗，在那里光比我们现实世界运动得更慢（或更快）？如果一个世界只有物质而没有光，又会怎样呢？如果我们没有发现光的传播的特殊的属性，我们对物质就没有任何看法吗？鲍林的定义与笛卡尔、洛克的定义甚至没有冲突，它无意于揭示成为物质的逻辑上必要且充分的东西。不过，鲍林不像别的教科书作者，他至少在努力提供一个定义，而不是轻率地忽略这个问题。

　　[6]　斯特劳森在《真实的唯物主义》（*Real Materialism*）（见本章注③）和别的地方为这种泛心论做了辩护。他开始接受的是纯否定的结构主义观点，断言物理学并未揭示物质的本质。我对泛心论的批评最先出现在我的《心灵的特征》（*The Character of Mind*）（牛津：牛津大学出版社，1996，第33—36页）一书中。后来，在弗里曼（A. Freeman）主编的《意识及其在自然界中的地位》（*Consciousness and its Place in Nature*）（索维尔顿：学术出版社，2006）（转下页）

第一性质夹在两组心理属性之间。一组是第二性质，它们由与感觉经验的关系所构成，一组是内在不可见的心理属性，它们让物质有其内在本质。只有第一性质有固有的、非心理的本质；从主要的方面看，物理对象在本质上是心理的，因为它们的构成材料的类型是这样，且又以第二性质表现出来。泛心论是作为对心身问题的解答而提出来的，但在现在的情况下，它是作为对我们所说的"物体（body）问题"的回答而提出的。所谓物体问题就是关于物质是什么的问题。"物质"作为一个索引词指的不过是这样的自然类型，根据泛心论，它的本质是意识。物体其实就是自我，因为意识总要求"我"来作为主体。[⑦] 我们知道自我是什么，难道不是吗？

　　在这里，我无意于将泛心论作为对物体问题的解答而加以辩护，但我认为，它作为一种旨在填补空白的形而上学理论是有启发意义的。这里所谓空白是别人的说法，但我是承认的。它事实上填补了空白（不管是对还是错），有趣的问题是，为什么？这是因为，心理概念不是功能性的，或操作主义的，或外在的，或纯结构性的，我们知道意识是什么，因此当物质被

62

---

（接上页）一书中，为回应斯特劳森的观点，我又做了进一步的批评。最近别的大量论著坚持的是相同的观点，可见它有悠久的历史。还可看内格尔的"泛心论"，见他的《可朽问题》（*Mortal Questions*）（剑桥：剑桥大学出版社，1979）。

　　⑦　斯特劳森勇敢而明智地赞成这个结论，见"实在论的一元论：为什么说物理主义蕴涵着泛心论？"（Realistic monism: Why physicalism entails panpsychism?），见本章注 ③ 所引的《真实的唯物主义与其他论文》，第 71—73 页。不过，在我看来，它是一种归谬法。

认为有心理本质时，我们知道所说的是什么意思。我们之所以知道这一点，是因为我们以第一人称方式亲知了意识。这一理论与前面章节所讨论的那种理论形成了鲜明对比，那理论主张，物质可被定义为广延性或凝固性或形状。既然它们明显不是本体论路线的终点，因此我们就想问，什么东西具有这些性质。但在泛心论中，我们得到的是以并非不确定的词汇表述的对问题的回答，即有意识状态是物质的内在本质。它们是物质的肉，即世界的终极材料。既然经验离不开经验主体，因此我们事实上就能说，正是有意识主体具有第一（和第二）性质。这不是说，这个回答纯粹是在拖延问题。如果意识构成了我们的本质，且从认知上说是这样，那么它一般也能成为宇宙的本质，因为它是使某物成了它所是的东西的那类事物。

　　这一理论要说的是，全部物理学并不一致于那个"绝对概念"，因为存在着感觉起来有意识的某物，这种主观的事实是不可能用客观观点接近的，但它又是这样的结论，即如果那个办法足够好，那么这结论就可以接受，至少，如果我们按泛心论者的办法知道物质是什么，那么就可接受这一结论！基本的材料就是心性材料，而心性材料对我们再明显也不过了。如果物质看起来像宇宙的一种神秘之肉，那么泛心论就可告诉我们，物质是由什么样的肉（实即心理的肉）构成的，进而铲除那种神秘性。这里我们看到的是唯心主义以各种形式表现出来的认识论诉求，即它要从世界中把本体论的神秘性赶尽杀绝，同时将我们自己作为有意识存在的本质投射到我们之外。存在就是在经验，此即主体性法则。在物理学中，唯心主义表现为两种形式,即泛心论和绝对的经验论。其基本观点是,物理学要么是关于我们之外的存在的主体性的科学,要么是关于我们自己的主体性的科学(爱丁顿和马赫各执一端)。[8] 不管是哪种形式,它关心的都是这样的众所周知的实在,即心灵的内容和作用。这样一来,空白就被填补了。

值得注意到的是,泛心论不一定把物质看作是自然界中内在有知觉的东西。按叔本华的说法,它可能把意志看作是本体论上的根基。根据这一观点,粒子不太像知觉者,而更像自主体(agent),因为它们没有感知,它们只会完成意志行为。这样说十分符合物质的能动本质,因为物质有力量、能运动。因此物质的内在本质是意志力。就我们自己而言,这一点对我们再明显也不过了。这不是说,情识无处不在,决断力无处不在(或"原决断力"至少是这样)。物体在运动时,恰恰是因为它想这样做。无论如何,我们对物质的内在本质问题找到了一种答案。再重复一遍,我们之所以有答案,是因为我们知道

63

---

⑧ 可这样加以表述,爱丁顿和别的泛心论者认为,物质本身是主体性的所在地,可能不太相同于我们人的主体性的形式,也许不同于蝙蝠的主体性。但马赫与他的经验论伙伴则认为,物质可根据我们的主体性来加以阐释,因此物理学的材料是以我们人类为中心的,而我们人类是具有心灵的存在。不管根据哪种观点,物理学都有一种根本性的主观材料,因为物理学是关于某种物体——粒子和人——的意识的理论。因此,它不承认有这样的独特的存在,它在范畴上不同于我们用我们的第一人称视角所认识的东西。相比较而言,拒绝这些形式的唯心主义或主观主义的观点坚持的是,物质不像我们所知的一切事物,特别是不同于我们的有意识状态。因此我们不熟悉物质的独特的存在方式。(我认为,泛心论和马赫的经验论至少对于它们的支持者来说,是出自这样的愿望,即避免极端的不可知论。这是一种完全可理解的愿望,即便不是我们应当屈从的愿望。)

心灵是什么，例如我们关于它的构想不仅仅只是索引性的，或功能性的，或外在的。如果你愿意的话，你可以说，心灵是物质的别的属性如透明的和熟悉的属性的"范畴根基"。不管常见的第一性质是随附于这一基础还是逻辑上独立于它，物质最终都是某种名正言顺的形而上学范畴。正如我们都共同具有心理的本质，因此我才知道成为你看起来像什么，同样，因为物质性身体具有我的本质，因此我知道成为一个物质性身体看起来像什么。即使物质的心理本质不同于我，像蝙蝠的心理本质不同于我那样，但我对这类事物仍有一种优越的认识论关系。物质由于被认为是现象，因此就不被看作是本体性实在或仅被看作是结构性的东西。

泛心论是具有启发意义的，因为它可成为填补描述性空白的一个上好的例子；它是一种关于适当概念类型的理论。但是它又不大可能吸引太多的门徒（包括我在内）；因此我们必须追问，是否有某种不太夸张的理论会在这里做得更好？下面我们不妨马上来探讨其中的某些可能性。

物理学家大概会说，物质的本质在于质量，而质量是广延性和凝固性之类的第一性质之外的某种东西。这样一来，成为一个物质对象不外是具有这样或那样的质量。在这里，我看到了三个主要问题。第一，它并没有告诉我们什么构成了物质，只是说了成为一个对象的东西究竟包含了什么。第二，质量通常是根据惯性来理解的，所谓惯性即是让物体从静止位置或匀速运动状态开始的加速所采取的力的量度，这显然是一个操作主义的定义。事实上，质量常被理解为一种倾向性概念，只能由适当的反事实条件句来加以表述，但我们要探讨的是事物的内在的、根本性的东西，如由于什么，对象才有某种从倾向上得到定义的质量？可以肯定，质量包含着物质的量，但那是什么呢？很显然，物质团块有质量（一般是这样，不久就会明白），但具有质量并不是物质的本质，因为质量仅仅只是物质的一种结果性属性。第三，我们被告知，某些粒子，最明显的是中子，只有零质量，但它大概又是物质性的（因为它们占有空间，且在其中运动）。关于零质量物质的概念（根据惯性定义的）似乎并没有什么矛盾，就像说无限质量的物质没有矛盾一样（在某种意义上，空间有无限的质量，因为没有什么东西能运动它）。占有空间并不等于需要某种程度的加速的力。

　　一种相关的观点主张把物质和能量等同起来。这要么是一种直接的等同，要么是一种派生的等同。假设我们说，物质正好就是能量，这样说是否就回答了我们的问题呢？假如我们只知道能量是什么，⑨我们就不能像通常那样从操作上对之做出定 64

　　⑨　对此，麦克斯韦说了一段十分精彩的话。他按他的理解对物理学的认识论做了这样的概括："关于物质我们所知的一切都相关于这样一系列的现象，在这些现象中，能量从物质的一个位置被传递到另一个位置，直到在该系列的某个部分，我们的身体受到了影响，进而我们意识到一个感觉。通过这些感觉之上形成的心理过程，我们便知道了这些感觉的诸条件，然后由它们追溯到那些不属于我们组成部分的对象。但是在每种情况下，我们所知的事实都是物体之间的相互作用。这些相互作用正是我们在本书中试图加以描述的东西。在各个方面，这种相互作用被称作力、作用、反作用、压力，进而，它的证据就是它在其间起作用的物体运动的变化。压力由以导致运动变化的那个过程被称作做功，正如我们所知的，做功是能量从一个物体或系统向另一物体的传输。因此正如我们所说的，我们所熟悉的物质完全是这样的，它有来自于（转下页）

义，但这样一来，我们对它由什么构成就没法给出说明。能量像物质一样神秘莫测，充其量只能从结构上加以认知。

一种迥然不同的策略是求助意识这个概念，当然用的是否定的方式，如说物质不是有意识的事物，即不是感觉起来之所是的东西。物质的本质就在于它完全没有觉知，或它的完全的无心性。我们可按通常理解的那样对待心灵概念，然后用它来定义物质，如断言它不是心灵。在别的地方，我把意识定义为一种知识；⑩噢，物质就是对一切一无所知的东西（它不能了解任何事物）。这听起来蛮不错，好像是真理。它自然对立于泛心论，且揭示了传统所承认的物质和心灵之间的区别。但它没有回答我们的问题，其原因在于，它太否定了，以至于没有告诉我们：物质究竟是什么，它只说了它不是什么。另外，它有争议地使大脑成了非物质的，因为大脑与意识有联系。这一主张并没有提出关于物质本质的肯定的构想。由于什么，物质没有意识的特征？我们不能把物质定义为不是心灵的东西，就像我们不能把它定义为不是空间的东西一样，即使两个命题都是对的。

_____

（接上页）别的物质传来的能量，反过来，它又把能量传到别的物质。另一方面，我们知道能量不过是这个样子，在所有自然现象中，它连续地从物质的一个位置过渡到另一个位置。"出自《物质和运动》（*Matter and Motion*）（纽约：普罗米修斯出版社，2002，第 89 页）。我认为，这是对物理知识现状的一种清醒而准确的说明，今天与那时（1876 年）是一样的。很明显，他认为我们关于物质和能量的知识仅仅是间接的知识，以它们对我们的感官的作用为中介，因为我们不能断言说：我们把握了这些事物本身的本质。他直接承认我们的无知，而又不想用实证主义的方式掩盖它。

⑩　可看我的论文"作为知道的意识"（"Consciousness as Knowingness"），载《一元论者》（*The Monist*），2008，第 91 卷，第 2 期。

在这一点上，绝望的情绪可能会袭击我们，因为我们在必须往前走时，可能陷入更极端的境地。如果像斯宾诺莎那样说物质就是神，又会怎样呢? 泛神论也许是对我们的难题的一种回答。斯氏把自然等同于神，使神内在于事物之中；物理对象的材料也许就是神的材料，当然大概表现为某种伪装的形式。我们不把物质等同于似人的心灵材料，而把它等同于神圣的神的材料，这样一来，物理对象就是由构成神的东西构成的。更沉稳地说，世界的实体就是世界创造者的实体。毕竟，如果像泛神论者所说的那样，神无处不在，那么神也一定存在于物质世界的精髓之中。因此斯氏就对物质内在地是什么这一问题做出了自己的回答。物体就是神所完成的显现。这个理论是一个合理的理论吗?

65

不是! 但这并不是因为它太过夸张（或坦率地说，不是因为它是有神论的理论）。我将搁置神的概念是否值得如此称呼这一问题（斯宾诺莎自然可被怀疑是一个秘密的无神论者）。恰当的问题是，有此特点的泛神论是否能服务于这样的形而上学目的，即它被引进要服务的那个目的? 该理论要有机会起那个作用，它就必须假定，神是自然界的材料，因为神的本质被认为一致于物质事物的本质。这显然对立于神是非物质存在那个更熟悉的观点（因而当时官方便质疑斯宾诺莎），它说的是，神的诸部分由于分散于自然之中，因此一定是物质的组成部分。但这样一来，我们必须有关于神的物质性的某种概念；我们必须知道，他的物质性根源于什么。但这又回到了我们最初的那个问题之上，即成为物质究竟意味着什么? 神的概念并未把我们对问题的解决向前推进一步。

事实在于，我们没有关于神作为普遍存在的本质的概念，尽管这个概念能让我们找到关于物质的问题的答案。要形成神是物质这样的观点，我们必须有关于物质是什么的认知。就泛心论而言，我们至少有一个独立起作用的概念，如我们知道心性材料是什么，但就泛神论而言，我们并没有这样的概念。如果神一定有包含着物质的本质，那么我们也没有这样的概念。如果我们愿意的话，我们可以称物质为"神"（或称神为"物质"），但这样说并没有提供关于物质本质的任何理论。对于神性的材料是什么，它怎样定义物质的本质，我们一无所知。事实上，我表示怀疑的是，喜欢如此谈论的人会心照不宣地假定，神是非物质的（"精神性的"），进而物质最终也是非物质的（像神一样是精神性的）。实际上，他们内心深处坚持的是一种关于非物质的神性心灵的泛心论（不管这样说有何意味）。岩石、椅子、便壶实际上都是神的伟大精神的碎片，而不是那个伟大本身！但那些旨在坚持物质是质料的人并不会这样说，否则，会陷入我所说的循环问题，如上帝据说由以构成的物质的本质究竟是什么？要么泛神论是泛心论的神化版本，要么它作为关于物质的说明陷入了循环。⑪

--------

⑪　我猜想，求助这类学说，撇开它被认为提供的提升，其实不过是说，"精神"是表示我们不知道其是什么的东西（we-know-not-what）的名称，因此它完全一致于我们对物质本质的无知，例如它并没有摆脱神秘性，反倒为它做了广告，颂扬了它。这个词不过是以神秘的碎片去掩饰公认的认识上的神秘性。但不管物质的客观本质是什么，我都确信，它不会成为神秘主义者的素材。它也没有"精神"一词所能利用的模糊性。物质本身一定是精确的、实际的材料，而非空泛、童话般的、蓬乱的东西。

至此，我一直在思考的是对这个问题的直接抨击，而未提出任何解决方案，因为我们没有完成"物质的本质是……"这个命题。我们也需改换思路，另辟蹊径，将物质定位于作为整体的实在之中，以便让我们看到物质怎样被整合到事物的宏大的图式之中。下面讲的就是按此思路所做的一个尝试。在一个极端，我们碰到的是虚无，即什么也不存在的状态——零存在。如果是这样，我们便有空洞的空间，但可以肯定它不是纯无，而是本体论上单薄的东西——我们大概可以说，离虚无仅一步之遥。事实上，某些思想家已在质疑，空洞的空间能够成为虚无之外的任何东西，转而假设，空间所具有的任何实在性是由其内的对象所授予的（如果我们能那样说的话）。对于这些思想家来说，空间是我们为安放粗大物体这样的真实对象而做的一种虚构。虚无不能被看到或接触到，不会施加任何阻力，但是空间也不会夸口说有这些肯定的属性。在最低限度上，它是存在，算不上是零。

如果过渡到另一极端，那么我们便有像我们自己这样的有意识主体，他们丰富多彩且复杂难解，洋溢着生命力，具有真实性，即是灿烂夺目的实存。接下来，我们便能看到动物和植物，它们本身是从纯虚空开始的依次往上的排列。在人和这些事物之间，我们能看到无定形物质的范畴，即纯粹的空间占据。它是从空间往上的一个层次，但又没有到达有机的（更不用说有意识的）世界的高度。从根本上说，它是空间的纯粹填充，而没有进一步衔接，即是大量原始的阻力。形象地说，这些层次存在于本体论强度的上升阶梯之上——有更多的东西被

66

放进了连续的层次中。这个隐喻可根据因果复杂性来加以解析，如从零因果力上升到初步的因果力，再到复杂的因果力，最后是极精细的因果力。因此物质的定义是这样的，它属于存在等级系统的下层，当然恰好在空间之上，它是以最破碎、最原始形式表现出来的存在（而不是像空间那样的纯粹的空虚）。

我不想嘲笑这些观点。它们告诉我们的是，关于物质概念的本体论地位的某种有趣的事情，当然，它们确实没有提供我所需要的东西。我们能推论的是，物质有其本质，因此在实在的更大的图式中占有自己的一席之地，但它们没有告诉我们，其本质究竟是什么。我们面对的仍是这样的事实，即使我们知道第一和第二性质是什么，知道制约它们的规律，但我们不知道什么使物质成了它所是的东西，因为我们仍不知道物理对象在根本上是由什么构成的。我们知道物质所做的事情，知道它怎样显现于我们，甚至知道它的几何构造，但我们对它的内在本质仍是一无所知的。是的，它占据着空间，但它用什么占据空间？

在这点上，失败主义可能会宣称说自己有过人的智慧。我们为什么不能满足于说，物质是由那种材料构成的？即是说，即使我们没有用描述的、推论的方式知道物质的本质，但我们仍能谈论它的本质，如我们恰好可以借助索引性指称方式约定，"物质"指的就是那种材料，不管它是什么，它都是构成物理对象的东西，或者为了避免循环，可更准确地说，它是构成这些（从索引上确认的）对象的东西。这样一来，我们就可通过说"那种材料"来完成"物质是……"这个命题。换言之，我们选择某些范例，进而断言说，物质就是这些事物所共有的东西，或者说是构成它们的东西。根据这种观点，除了这样以实例显示关于物质本质的规定之外，别无选择。对此，我们应该知足。毕竟，没有什么能阻止我们指称物质，进而形成关于物质事物（甚至关于一般物质）的思想，因此让它成为我们关于物质的概念，就足够了。

不过，这样的观点在原则上肯定是错误的。这仅仅是因为 67 物质的所有事例中一定有某种共同的东西，而对它的描述在本质上不能是索引式的。在标准的自然类型的事例中，我们总能用关于内在本质的描述性说明来替换最初的索引词，如用"水是 $H_2O$"之类去替换，因此假设在现实中只有索引性说明才有可能，这是史无前例的。试想某人说："我完全知道水是什么，即它是那种材料"，并指着湖、雨水、法国依云矿泉水。可把这个人的知识状况与知道水是 $H_2O$ 的人的知识状况加以比较。上帝肯定非索引性地知道物质的本质，因为他没有必要求助于范例和别的东西。这里的关键在于，即使我们真的能指称物质，但我们仍不能以描述和推论的方式知道，我们正指称的东西的本质是什么。现在的主张并没有否定这一点。因此索引性方案不是对我们这一问题的完全合法的解答；它只是承认说，我们不能回答它。我可以说，"物质"一词像摹状词"构成这和那的材料"一样，向我们意指了某种东西；但是在说明那材料有何本质时，我们再没法更进一步；这十分类似于某人对水的这样的理解，以为它意指的是"出现在湖里、从天上掉下的那种材料"，但不能确定水就是 $H_2O$。对于物质的本质，我们完全处在黑暗之中。

接下来应做什么？我们的概念图式似乎过早地迈开了一步，例如我们对对象的开始的两个层次即它的第一和第二性质，包括对象的物理规律，似乎形成了充分的概念，但是，接下来对最终的层次我们便止步不前了。（我们关于形状和运动的概念是否真的是充分的，是有问题的，但我们现在不予讨论。）我们关于物理对象的常见概念并没有反映这些对象的全部本质。我们所拥有的物质概念只是抓住了物质的、被我们称作功能的方面，即它的因果的和结构性的特征，但对于物质的构成方面，这概念则沉默不语。如果你对理论物理学教科书做过研究，那么你会发现，没有人对物质给出了严格的定义；据假定，你能根据某些典型事例做出推测。对于粒子和场，这些教科书的确说了很多，但如果你问"粒子是什么"，你是得不到答案的，只能得到关于粒子怎样起作用的说明。这就是泛心论为什么在物理学中有存在地盘的原因。因为没有什么阻挡它，物理学中也没有东西能填补它声称要填充的空白。我们不能说："我们之所以知道泛心论为错，是因为物理学发现物质的本质是 X，而非心性。"泛心论有一个巨大的优越性，即我们至少知道意识是什么。我们为什么就不知道物质是什么？在我看来，我们的根本困境在于，我们不能亲知物质。我们亲知的是它的第一和第二性质（至少我现在假设是这样），因此我们声称能知道这些性质是什么，而且据说我们还能知觉到物质对象本身（根据罗素的看法），但我们并不能亲知什么构成了它们。我们可以经验到

在某个空间区域的五彩缤纷的天空，它们明显是由第二性质限
制的第一性质，但是我们并没有经验到这些对象的实际构成。
泛心论之所以有这样的意思，是因为我们并不能把物质经验　68
为本质上是心理的东西（即是说，当我们借知觉亲知物理对象
时）；我们轻松地承认这个结论本身足以表明，我们不能假设
物质的本质以亲知的方式显现给我们。因为我们亲知了意识，
因此正是这类事物将物质的本质告知于我们，如果这就是它
的本质的话。但是若假定泛心论为假，那么我们就不能亲知
物质。当我们绞尽脑汁去思考"物质是什么"这样的问题时，
我们只能空手而归。虽然我们（显然）能亲知那些种类的体
现了微观世界特点的属性，因为它们恰恰是位置、运动、吸
引力等宏观属性的拓展，但我们无法亲知任何层次的物质的
本质。因此我们并不知道物质是什么。它正好像康德所说的
自在之物。

　　从根本上说，我在这里的观点类似于洛克在讨论"实体的
观念"时所表达的观点。在一有名的段落中，他说：

　　　　［如果］有人愿意考察他自己关于一般纯实体的观念的
　　　话，那么他会发现，他没有别的观念，只有这样的假定，
　　　即关于他不知道的、能支撑这些性质的东西的假定，这些
　　　性质能在我们心中引起简单观念；它们通常被称作偶性。
　　　如果有人被问到，颜色或重量内部所存在的主体是什么，
　　　他只会说：坚硬的有广延的部分；如果再进一步问他，凝
　　　固性、广延性依存的东西是什么，那么他的处境将与以前

提到的那个印度小孩的处境毫无二致，如当他说世界为一巨大的大象所支撑时，有人问他，大象存在于什么上面？他对此的回答是：大象在大龟之上。有人进一步问：什么支撑那宽大的大龟？他回答说：是他不知道的某物。因此在这里和别的任何情况中一样，我们只是使用了语词，但并没有任何明晰、确定的观念，我们只是在像那个小孩那样谈论；当他被问到这个他们不知道的事物是什么时，他真的给出了一个令人满意的回答，即那是某物。当"某物"这个词如此被小孩或大人使用时，它指的其实只是他们不知道的东西；他们假装知道并予以谈论的事物其实是他们对之没有任何明晰观念的东西，因此对之完全一无所知，身处黑暗之中。（第 268 页）⑫

因此当我们面对物质实体的真实本质时，我们与那个小孩一样无知，不管我们对物质的功能或结构方面表现得多么有学问。这里的想法除了某物这个词包含的东西之外再没有更多的内
69 容。正如洛克所说的，关于物质的适当观念"远离我们的构想

---

⑫ 洛克：《人类理解论》，出自"论我们关于实体的复杂观念"一节。应当看到，这种关于无知的论断与洛克早先"论凝固性"时把物质定义为不可入性是一脉相承的。后一定义关注的是物质的力，但对什么支撑这种力沉默不语。这里所引证的一段话强调的是基础实体的本质。如他所说：凝固性寄存于物质之中，但那如此内在的东西究竟是什么，其实是不为人所知的。我们知道物质有阻止别的物质的力，因为我们能看到和感觉到它的作用，但我们对阻力由以发生的那个东西没有任何观念。我们知道物质做了什么，但不知道它是什么。

和理解"（第 270 页），这恰好不是我们概念图式的组成部分。[13]
然而，正如洛克又指出的，这不是怀疑物质存在或假设物质没
有坚实的客观本质的理由。他的主张像我的一样，纯粹是认识
论的主张。

我并不是说我们不能知道它，我想说的是，我对那个问题
仍持中立态度，而且我确实看不到有证据支持这样的说法，即
我们在这里注定是无敌的，即使我们的无知看起来达到了很深
的程度。我们现在似乎为深层次的"自然神秘性"所困扰，即
使我们也许能在某一天克服这种神秘性。但是我认为，就目前
情况而言，我们没法亲知物质，因此无法拥有我们在意识事例
中所具有的那类知识的基础。但这并不意味着，我们对物质没
有适当的理论概念——超出了我们原来所亲知的事物范围的概
念，但它使这样的说法有其合理性，即理论理解力的缺乏根源
于基本的认知缺陷，可能是无法补救的。我们不能把先前的各
种知识片断整合在一起以推论出关于物质的复杂概念，因为我
们没这一工作所必需的那类认识。紧盯着物理对象肯定不会

───────────

[13]　在我引证的本书"导言"注 ④ 的一段中，牛顿宣称，我们对物质
的无知就像对上帝的无知一样，如我们几乎不知道事物的"内在实体"，就像
我们几乎不知道上帝实体一样。牛顿和洛克两人都清醒地意识到，我们关于
物理世界的知识应十分谨慎地加以扩展，因为他们不想将实在塞进一个由我
们的认知能力所形成的盒子之中。质言之，我们对物质尽管有一些知识，但
我们并不是全知（正像牛顿对我们关于上帝的知识所说的那样）。康德所说的
那种本体性实在早已深深地占据着这两个思想家的思想（休谟在讨论适当的
解释时也是这样）。我认为，牛顿对他所理解和不理解的东西有非常清楚的
把握。后来的哲学家往往只是赞扬牛顿知道什么，而没有注意到他对无知的
声明。

让我们得到我们想要的东西！因为我们手边所拥有的概念只是索引性的和量化的概念，如"那种材料"、（我们知道不是什么东西的）"某物"。我们也许能形成关于物质的适当的理论概念，但在我看来，在这一工作中，亲知是不会帮我们的忙的。无论如何，我不认为，我们现在就有这样的理解力。我们不知道物质是什么，因此我们不能回答我在标题中所提出的那个问题。对于怎样着手减少我们的无知，我目前也没有任何主意（什么样的实验会解决这个问题？）这看起来是一个根本上不可理解的领域，一个概念上的盲点。

　　我这里概述的理智困境让我深感好奇，甚至陷入矛盾。我们对物质的本质为什么如此盲目无知？物质就在我们身边，经常为我们知觉（至少是从物地），而且我们本身很幸运地是由物质材料构成的。然而对于这材料根源于什么，我们却一无所知；我们离物质好像十分遥远——我们好像只接触它的皮毛，它的外在形式。我们关于它的知识与我们关于心灵的知识形成了鲜明对比。可以肯定，我们尽管没有认识到心灵的一切，但我们确实领悟了它的本质，因为我们亲知了它所是的东西（正如我们有理由说我们亲知了颜色、数量和伦理价值）。[14] 例如我们知道感觉到疼意味着什么。在有意识经验概

---

　　[14]　我这里说的是相对于物质的空间，但即便空间不像物质那样晦暗不明，但它的本质仍是相当令人困惑的（请看第 3 章）。我认为，事实是，空间对我们的理解力似乎比物质更显而易见。我们能看到，古代思想家对空间的神秘性并不像他们对物质的神秘性那样固执。我们毕竟可以看空间内部，但我们不能看到物质内部。因此我们认为，我们对空间有较好的把握。但若做进一步的思考，事情便不是如此清晰。这里也许存在着理解的幻觉。

念的中心，我们并没有感觉到存在着巨大的空白——好像我 70
们不知道我们正谈论的是什么。但就物质而言，我们的概念
早就出奇地贫乏，以致我们觉得我们对其真实本质一无所知。
我们应当知道物质是什么！我们这里的无知是没有理由的，
甚至是令人恼怒的（比如说，不同于心身问题）。物理学成了
如此引人注目的成功科学，能告诉我们关于物理世界如此多
的东西，然而竟然没有开始说明，它的终极题材事实上是什
么？在解释这个欠缺时，物理学的方法论操作主义似乎是远
远不够的，这不是说，我们只需通过采取一系列不同的方法
论规则就能解决物质的问题。无知似乎具有根本性，当然也
令人吃惊。这里的确有障碍挡住了我们前进的步伐，但那障
碍是什么？

　　这样一来，爱丁顿和罗素拒绝承认我们如此愚昧，就一点
也不值得大惊小怪了。在他们看来，我们确实知道物质的内
在本质，即使物理学（和无助的知觉）告知我们的是物质的外
部属性，即我们称作物质的功能属性，但内省把它的内在存
在显现给我们了。当我们觉知（awareness）了我们自己的有意
识状态时，这觉知就是对物质的隐匿的方面即它的基础性的
实在性的觉知。所有物质都有心性的维度，但只有在大脑中，
它才通过内省向我们显现其庐山真面目。不管这听起来多么
奇怪，但它能满足人的真正的渴求，即能说明物质事实上是
什么。不然的话，我们会发现我们自己盲目地注视全部虚空，
甚至压根不知道我们怎么会如此地无知。对于真理的追求者
来说，比难以化解的无知更糟糕的事情只有一个，那就是不

可理喻的、难以化解的无知。⑮

## 关于引力的附录

71　　平方反比定律告诉我们，引力与质量、距离有正比关系，如质量越大，引力就越大，但是距离越大，引力则越小。距离会抵消质量的作用，因此引力会随着距离的增加而消散。但是引力难道不能相对于距离而保持不变，在更长的距离上不丧失它的任何力量吗？光线不会随着距离而消散，而会以恒速在空间中运动，并保持自己的质量。光尽管可以将它从太阳那里得到的能量不变地传给我们，但太阳的引力场在地球表面则比它靠近太阳时要弱得多。同样，引力必然会随质量增加而增加吗？它不能相对于质量而保持不变，甚或成反比吗？对象的质量通常被理解为（或被测量为）它的惯性，而它又是让对象从

---

⑮　就我们对大脑与意识的关系的困惑而言，我们能初步地澄清我们为什么感到如此困惑，那是因为两个王国有明显的不可通约性（如主观对客观、无空间对空间、有意向对无意向，等等）。但就对物质的无知而言，这样的解释是不会出现的。这似乎是残酷的、带有根本性的。因此，对于我们为什么不知道我们不知道的东西，我们是没有任何观念的，即没法解释我们显而易见的无知。不过，对于洛克和牛顿等人而言，无知不过是意料之中的事情，因为他们把有神论观点带到了世界，这就是，我们几乎无望知道只有上帝才能知道的事情。如果我们真的得到了这种无所不知，神圣的上帝和人之间的区分就有被抹杀的危险。例如我们的无知自然与我们相比于上帝而具有的低劣的地位密不可分。洛克和牛顿不需要对我们缺乏上帝般的知识做出专门解释，因为他们已经知道，我们低于上帝。谦卑铭刻在事物的秩序之中了。但若没有有神论这样的背景，人对宇宙基本事实的无知似乎就迫切需要做出解释，进化论的思考有时正好就出现在这里。不管怎么说，难以找到物质问题的这样一个特征，正是它让我们缺乏理解本身成了可理解的。这看起来是一种没有理由的欠缺。

静止状态或匀速运动中移动所需要的东西。因此引力定律说的其实是，引力移动一对象越困难，它便越能让别的对象运动；引力越是保持不变，它就越能让其他事物发生变化。太阳之所以使地球和别的星球在无尽的宇宙躁动中围绕自己运转，显然是因为它不能以这种方式运动自己。在这里，没有这样的流动性正好又让别的地方的末端运动成为可能。这似乎很奇怪，你难道不希望一个对象的更快的流动性引起了受它影响的别的对象中的更快的运动吗？黑洞本身是极其静态的，同时具有非常大的质量，然而它们能在进入它们的引力场的对象中引起极限的运动。因此引力定律几乎不像是一个先天真理，甚或不像是非常直观的真理。它似乎很怪异，很偶然。

　　或者，我们不妨来考察一下引力天体的第一性质，比如说地球的形状和大小。引力完全不依赖于这些性质，例如它与一物体延展多大的空间无关，或者说与物体有什么形状无关。地球的引力依赖的只是它的质量（根据惯性所测量的质量）。恒星和行星一般都是圆形的，但这与它们的第一性的物理力即引力没有关系。它们可以是三角形，且它们的引力仍是相同的。然而，如果我们发现引力依赖于这些第一性质，比如说依赖于空间中的广延或物体偏离它完美的圆球形有多远，那么我们会惊诧和震惊吗？如果引力完全无视这些性质，以至物体怎样运动与它在空间中的分布没有任何关系，那么不是更让人吃惊吗？牛顿有这样的惊人发现，即物体的所有属性中只有质量对引力有决定作用！这便让世界比我们预期的要简单得多；运动定律最终出奇地简略。仅仅质量就能让世界运转，即使它只是众多属性中的一个物理属性。

　　关于质量的直观观念只关心这样的问题，即一对象包含有多少物质。这之所以能通过惯性来加以测量，完全是因为对象中的物质越多，移动它就越难，从直观上说，它就越重。因此引力定律告诉我们的是，对象包含的物质越多，它的引力牵引力（gravitational pull）就越大，如果构成对象的物质越多，那么它的引力就越大。换言之，你塞进一对象中的物质越多，那么它会变得越难运动，它将越能在别的对象中引起运动。正如我所说，这远非是自明的，因为人们想追问的是，当事物能轻易地以不同的方式起作用时，它们为什么能这样起作用？（试比较这个问题，光为什么以它实际的运动速度运行？）是什么让物质保持这样的特点，即存在的物质越多，它所发挥的引力就越大？什么能说明引力定律？要回答这一问题，就必须知道物质是什么；可以这样婉转地说，除非知道物质是什么，否则，我们怎么会有理解引力的希望呢？正是物质的本质产生了引力，因此要理解引力，我们就必须知道物质的本质。我们必须知道的是，物质中的什么东西确保了这样的规律，即你所拥有的物质越多，它的牵引力就越大（牵引力会随着距离的加大而消失，且不依赖于对象的别的属性）。

　　泛心论者有一种关于物质的理论，认为物质就是心理材料。因此泛心论意味着，对象包含的物质越多，那么它包含的心理材料就越多，即里面有更多的意识。对象要么在其里面有许多小心灵，这一致于它的粒子结构，要么这些小心灵以某种突现的方式融合进了一个更大的心灵之中。比如说，太阳里面包含的意识比月亮的多，而月亮的意识又比地球的少。这样一来，引力定律在与泛心论结合后便会告诉我们，一对象包含的意识越多，那么它的引力牵引力就越大（它的惯性也越大）。但这没有解释引力定律，而只是引进了一个更大的难题。因为意识的量的增加为什么会使一物体对别的物体有更大的吸引力？（对于磁引力，我们能提同样的问题，心性的存在为什么会使异性极相互吸引，使同性极相互排斥？）因此泛心论并没有解决我针对引力所提出的问题（由于它主要是要成为一种说明意识从物质中突现出来的方式，因此它无意于解决我的问题）。

　　综上所述，我们真的不知道物质是什么，它的本质对我们深藏不露（我与洛克、牛顿、麦克斯韦等人站在一边）。我的结论因此是，我们关于物质所知的不足以解释引力定律。如果我们知道什么能填补那个空间，即物质是什么样的材料，那么就有可能理解，这种材料越多为什么就会产生越大的引力；但由于我们没有前一方面的知识，因此我们就不能解决后一问题。我们知道那个某物是这个样子，但不知道它为什么是这个样子。我不认为，把它翻译成广义相对论就能从根本上改变这个格局，因为即使物质使空间发生形变的程度与物质的量成正比，问题仍然故我，为什么是这样？怎样看待这一观点，即存在的物质越多，物质就越让空间弯曲？根据这一理解，物质对空间做了某事，但我们不知道它是怎样做的，其理由是，我们不知道物质在本质上是什么。如果没有关于什么构成了物质的清晰的构想，那么我们怎么可能理解物质与空间中的运动发生

73　关系的方式呢？[⑯]

　　也许，物质与引力的联系为我们思考物质的本质提供了一种方法。不管物质是什么，它一定能解释引力；因此它的本质一定以某种方式与引力的作用有关联。物质一定是这样的，使得引力能从它产生出来。构成物理对象的一切东西一定内在关联于它们发挥吸引作用的能力。物质从根本上说是一种产生引力的现象。这一定反映了物质本身所是的东西。但是由于得到了这些启示，因此我们必须放下这个话题，不能再说更多的东西了。

---

　　⑯　牛顿在他的伟大著作的结论中说："我们不能从现象中发现引力的这些属性（如它依赖于质量）的原因，我不能构造假说。"（《原理》，第442页）他明显认为，他的定律在解释引力时省略了这样一个关键因素，它一定寄存于物质的隐秘的本质中。他假定，引力的所有明显的特征一定来自于这个未知的原因。因此牛顿赞成说：我们缺乏对引力的理解根源在于我们对物质的本质没有更多的认知。他对此的看法是，这里一定有某种可理解的关系，但我们对引力原因的无知妨碍了我们对它的把握；他并不是说，他的定律是解释征程上的终点，即不说世界只有为可靠定律所关联起来的事件。恰恰相反，定律依赖于真正的原因，但如果是这样，我们对这里的原因就是一无所知的。我们知道的是物质有引力，而且我们知道那种力怎样起作用，但我们不知道这种力从哪里来，尽管我们能肯定它来自于某物。引力的真正的原因尚未为我们破解。

# 第 3 章　运动的可能性

　　没有什么比运动更显而易见。我们能用我们的眼睛看到它，我们能用我们的身体推动它。对于运动，我们肯定有清晰而特别的观念，不管与物质有关的情况究竟是什么样子。我们知道运动是什么，难道不是吗？运动可被天真地设想为对象在不同时间所穿越的空间的阶段。如果一个对象不从它所在地方移开，那么它就是静止的。如果它连续占据不同的空间，那么它就处在运动之中。即是说，运动可根据空间来加以定义。这个常识为牛顿关于运动的经典概念所吸纳。根据牛顿的概念，空间是无限而同质的媒介，它的部分是不可动的，物体的运动是相对于这个静止的媒介而言的。因此可以说，运动是"绝对的"，在这个意义上，一对象是否处在运动中，完全取决于它与绝对空间的不运动的媒介的关系。因此一对象甚至在完全没有别的对象的情况下也能处在运动中，只要它能占据静止空间的连续区域就行了。

　　如果空间本身实际上不可能处在运动中，那么对象的运动相对于一个空间区域而言就是不变的，因为那个空间区域会随着对象的运动而运动，因此我们有不占据不同位置的运动。但假设空间必然不动（即是说，空间运动的观念是无法理解的，因为如果它运动，它通过什么而运动？），那么对象的运动就可根据它与本质上静止的空间的关系来定义。空间的结构不会为它之内的运动所改变，即使所有的物质都消失了，它仍会是其所是。牛顿写道："正如时间部分的秩序不会变化，空间部分的秩序也是这样。假设这些部分离开了它们的位置，它们就将离开它们自身（如果这样说是允许的）。因为时间和空间就其本身而言，既是其他事物的位置，也是它们自己的位置。所有事物都按照连续的秩序被放在时间之中，按照处所的秩序被放在空间之中。正是借助时间和空间的本性或本质，时间和空间变成了位置；说事物的首要的地位就是能运动，这是荒谬的。因此这些位置是绝对的位置；从这些位置转移出来就是唯一绝对的运动。"[1]（第 15 页）

　　根据这一观点，可以一以贯之地假定，整个宇宙即存在着的全部物质以稳定的速度在空间之中运动，并为后面留下一个空间区域以便另一物体来占据。速度可能任意大（除光速之外）。运动完全是与固定的、不变的空间之变化着的关系。牛顿告诉我们："绝对空间就其本质而言，即使不涉及外在的任何事物，也总是相同的、不运动的。"（第 13 页）运动是相对于这个

---

　　[1]　引自《原理》，别的关于牛顿的引用都出自这本书，页码附在每处引文后。

背景而发生的。因此，"绝对运动"一词有点不准确，因为运动被牛顿理解为相对于某物（即空间）的东西，不清楚的是，把运动看作是相对于虚无的东西，是否是有意义的。[②] 但是，运动据以得到定义的空间本身不被认为是运动的，且必然如此，因为空间从本质上说永远是静止的。

当代物理学和哲学普遍拒斥了牛顿（和常识）的构想。今日人们一般只相信相对运动，它是这样的观点，即对象是处在运动中还是处在静止中，总是相对于别的对象而言的。一切对象相对于自己而言是静止的，相对于别的对象而言则是运动的。我们相对于地球而言是静止的，因为我们随着它而运动，但地球相对于太阳而言是运动的，因此我们相对太阳而言也是运动的，即使太阳相对于我们来说也是运动的。这样一来，我们肯定什么是静止的，完全是任意的，例如一只苍蝇在房间的嗡嗡声不是绝对处在运动之中，就像整个星系不是绝对处在运动之中一样。原则上，我们可以把那只苍蝇确定为我们的参照点（静止的构架），并设想别的一切相对于它而运动。如果苍蝇是宇宙中的唯一对象，那么说它在运动就没有任何意义，因为运动只能根据与别的对象的关系来定义。因此对象可替代空间成

---

② 这也许就是空间本身的运动让我们觉得直接陷入了矛盾的原因。因为不存在空间所相对的无所不包的框架。它不能相对于自己而运动！运动离不开一个不同于运动事物的媒介。运动一定是关系性的，问题在于，它与什么发生关系？回答是，别的对象或空间本身。断言上帝运动这一观点提出了严峻的概念问题，因为他不在空间之中，因此不能相对于空间而运动；他也不能相对于一般的对象而运动。他牢牢地固定在一个地方吗？（但他毕竟不在一个地方）。从逻辑上说，上帝像空间（或数）一样是不能运动的。

为运动的参照系。假设没有别的对象，只有一个对象在空间中以匀速形式而运动，这完全是没有意义的。根据相对主义，运动只是相对位置的变化，这完全是对称的，因为如果你相对于我而改变位置，那么我便相对于你改变了位置。我们之间的空间关系可以变化，且这是运动能够拥有的唯一的真谛。不存在穿过了空间的纯粹运动或相对于空间的纯粹运动这样的事情。[3]

通常给出的支持这一相对主义观点的理由是，不借助于别的对象，就不可能把运动与静止区别开来。假设你沉浸在一个很深的空间之中，你看到一对象朝你运动过来，它接近你，并从你旁边通过了。你会说它处在运动之中，而你自己在静止之中。但如果别的对象是一个人，她有同你一样的经验，如一个对象朝她走过去了。她会认为她在静止中，而你在运动中。你们两人不会有关于你们自己运动的感觉，因为不存在空气摩擦或别的参照物。如果你没有别的对象在周围而又想解决哪一个处在静止中这一问题，那么要确定你们中的一个而不是另一个处在静止中，就只能任意而为之。对这一情况的正确描述只能是，你相对于你自己来说是静止的，她相对于她自己而言是静止的，你们两个相对于对方而言是运动的。你们基于你们的经验中的对称性宣称你们中的一个是事物的静止中心，这完全是自我中心主义。正如格林（Greene）在简洁地表述他所谓的"相对性原则"时所说的那样："每个匀速观察者有理由断言，

---

③　参阅尼克·赫益特（Nick Huggett），《无处不在和无时不在》（*Everywhere and Everywhen*）（牛津：牛津大学出版社，2010，第9章），这里对空间的不同概念做了清晰的讨论。

他或她处在静止之中。"④（第 419 页）从别的对象的观点看，我们处在运动之中；从我们自己的观点看，我们没有运动。仅此而已。不存在绝对的运动，或不存在绝对的静止，因为这样的事情绝对没有经验根据。假设的绝对运动完全是不可能找到的。⑤

这个论证有两点值得一说。第一，其前提完全是可信的；第二，从这些前提推不出那个结论。前提之所以可信，是因为我们关于运动的唯一证据来自于对相对运动的观察，而绝对运动是或可能是不可观察的。因此如格林所说：每个观察者都有 77 理由断言处在静止中（假设他没有做出运动的努力）。我们能看到别的对象的接近和后退，但是如果不借助可知觉的对象，我

④ 参阅 B. R. 格林（B. R. Greene），《优雅的宇宙》（*The Elegant Universe*）（纽约：兰登书屋，1999）。

⑤ 麦克斯韦对相对主义观点做了十分精彩的表述，"绝对空间被设想为永远相同于自己，且不可动。空间部分的排列像时间部分的秩序一样是不能更改的。设想它们从它们的位置移动就等于设想一个位置从其自身移走。但是若不借助发生在时间部分中的不同的事物，就没法把一个时间部分与另一个时间部分区分开来，同样，若不借助空间与物体的位置的关系，就不能把空间的一部分与另一部分区分开来。我们只有借助某种别的事件，才能描述一事件的时间，或者说，只能借助某种别的物体，才能描述一物体的位置。我们关于时间和位置的一切知识在本质上都是相对的。当人们获得了把语词整合在一起的习惯而没有麻烦就能形成一致于它们的思想时，他们就能轻易地构想这种相对知识与所谓的绝对知识的对立，强调我们对一个点的绝对位置的无知是我们能力有限的例证。不过，任何人只要努力想象心灵意识到知道一个点的绝对位置这一状态，那么就会满足于我们的相对的知识。"这是从他的《物质与运动》（*Matter and Motion*）（纽约：普罗米修斯出版社，2002）一书的第 12 页中摘录下来的。我觉得这一段体现的是大量的矛盾心理，即使它最终倾向于相对主义。这里还附有这样一个古怪而晦涩的脚注，它也体现了他的矛盾心理："这里的观点似乎是，我们的知识是相对的，但要把这种知识连贯地表述出来，又必须有确定的空间和时间作为构架。"

们就不能看到纯粹的空间穿越。在运动的东西，也有其运动的方向，而方向只能根据与别的对象的关系来判断。它们移动过来，要么从前面，要么从旁边，要么从上面；我们不能根据它们与纯空间的关系来对它们的方向做出合理的判断。这就是我们在不是静止但相对于别的物体而言时为什么好像处在静止中的原因，就像地球相对于太阳而言在旋转一样。这是因为，我们尽管处在静止中，但仍在以相同于地球那样的速度运动，而从表面上看我们又是静止的。只有当一对象比另一对象运动得快时，我们才能分辨出运动。如果像绝对运动所许可的那样，宇宙真的是同时在空间中运动的，那么我们就没法分辨这种运动，因为运动的差异就是我们必须继续予以弄清的一切。只有相对的运动才是可分辨、可观察、可测量的。可以无可辩驳地说，我们能借助我们面对的空气压力来感知运动，即使我们没有看到别的对象。但空气恰好是相对于我们而言的另一在运动的对象，于是我们可以宣称，它在运动，而我们处在静止中（这就是风和运动为什么感觉起来相同的原因）。相对于空气自己而言，空气是静止的，相对于我们而言，它在运动。在空洞的空间，快速的匀速运动感觉起来像是静止的。你不能判断你是在运动还是在静止，除非别的对象作为线索提供给你，因此宣称你或别的对象绝对静止是武断的。总之，所有明显的运动都是相对的。

牛顿也熟悉这个认识论观点，而且就其本身而言他还赞同它。在介绍了他所赞成的绝对空间和绝对运动之后，他紧接着说：

因为空间的部分不能被看到，或不能借助我们的感觉相互区别开来，因此我们便用对它们的可感的测量来替代它们。我们定义所有位置依据的都是事物与任何被看作不可动的物体的位置和距离，接着，相对于这些位置，我们便评估所有的运动，如把物体看作是从某些位置向别的位置的转移。因此我们用的不是绝对的位置和运动，而是相对的位置与运动；在日常事务中，没有任何不方便之处；但是在哲学的探讨中，我们就应从我们的感觉中做出抽象，接着对事物本身做出考察，把它们与关于它们的纯感觉的测量区别开来。因为可能没有物体真的处在这样的静止中，别的位置和运动都是相对于它而言的。（第 15 页）

因此牛顿承认，只有相对的运动是经验上有意义的，但他拒绝下结论说，没有绝对运动这样的东西。他把可感的、可测量的东西与真实的、客观的东西区别开来了。即是说，他断言：关于相对运动的观点仅只是认识论观点。该观点说的是：我们只知道相对运动，只有相对运动可显现于我们的感知能力（或任何形式的测量工具或观察的可想象的能力）面前。因此不能有显现出来的绝对运动，因为事物只相对于空洞的空间本身才表现为运动。

78

但牛顿又主张，由上面的内容不能得出结论说，所有真实的运动都是相对的，除非我们假定一种极有问题的证实主义。这就是牛顿在所援引的一段话中的抱怨。准确地说，只有相对运动是可识别的，但不能由此说，只有相对运动是可能的。

因为可能存在不可识别的绝对运动，它客观发生在绝对空间中。单个的对象可能以固定不变的速度运动在静止空间中，然而该对象的任何观察者却没法告诉你，它看起来（seem）是静止的（假设观察者以与被观察对象相同的速度和方向运动）。但是事物看起来一定是怎样的是一个完全不同于事物可能是怎样的问题。毕竟，可能有关于运动的幻觉，在这里，某个在运动的物体看起来是静止的，而某个静止的物体看起来是在运动的。根据所有明显的运动都是相对的这一事实，也不能直接得出结论说，所有真实的运动都是相对的。原则上可能存在着超越证实的运动。我们不能从认识论前提引出形而上学结论——除非有大量毫无根据的实证主义。当然，这不是说，绝对运动和空间在概念上便畅通无阻了（详后），而应该说的是，对这些概念的习惯的拒绝依据的是一种可能的证实主义。⑥

---

⑥　爱因斯坦在《相对论：狭义与广义相对论》（*Relativity: The Special and General Theory*）（纽约：三河出版社，1961）中讨论同时性时表达了对证实主义令人吃惊、坦率的承诺："只有当物理学家有可能看到同时性是否在实际情况下出现时，[同时性]这个概念对这个物理学家才是存在的。因此我们需要定义同时性，以使这个定义能为我们提供这样的方法，即在现在的情况下，借助它，他能通过实验决定两种雷击是否会同时发生。只要这个要求未得到满足，当我想象我能赋予同时性陈述以一种意义（我建议读者在完全接受这一点之前不要走得太远）时，我便会承认我作为一个物理学家受到了欺骗（如果我不是物理学家，这样说同样是适用的）。"（第 26 页）作为爱因斯坦的忠实读者，凭良心说，我不会走得太远，因为我完全拒绝证实主义。毫无疑问，他也赞同关于空间本质的相同的证实主义观点。这里从爱因斯坦的论证中能得出的结论充其量是，对同时性的非操作主义理解与作为经验科学的物理学完全无关，但这样说相当一致于这样的承诺，即物理学完全是有意义的，且描述了世界的真实的事实。爱因斯坦的写作自然发生在实证主义大行其道的时候，因此没有在他的预期的读者群中引起太多的惊诧。

断言对象相对于空间本身在不可探测地运动，不过是断言它在不同时间占据了不同位置，不管空间中包含的是什么。不管这种运动是否能被观察或测量到，这似乎是一个精致而有意义的定义，而且它肯定的是我们关于运动的一个常见的观点。对象通过空间本身的各个维度而发生运动，同时把某些区域留给别的对象来占据。关于运动的相对主义者一定会否定这一明显的真理，即位置的个体化是非相对的。假设一对象 a 相对于另一对象 b 在运动。根据我们通常的想法，一个或两个对象在不同时间可占据不同的位置。但相对主义者会说，这些对象相对于自己来说处在静止状态，甚至当它们相对于别的对象而言在运动时也是如此。因此从 a 的角度看，它在不同时间占据了相同的位置，而从 b 的角度看，它（a）占据了不同的位置。这些位置是相同的还是不同的呢？噢，它们从一个对象的角度看是相同的，但从另一对象的角度看则不同。而且，对于这些角度的哪一个为我们说出了有关位置的真实同一性，是不存在客观而绝对的事实的。我们不得不说的是，位置 p1 相对于对象 a 来说，相同于位置 p2，但 p1 相对于对象 b 来说则不同于 p2，因此位置的同一性是相对于这样的对象的，它们相对于彼此而处在运动中。

不只表面上的同一性是这样，而且真实的同一性也是如此，因为一位置是否客观同一于另一位置，完全取决于空间中的对象的相对的运动。a 在不同时间相对于 b 而言是否处在相同的位置，取决于 b 相对于 a 而言是否处在运动之中。这自然意味着，全部空洞的空间在其内部不能有界限明确的位置，这就是说，在逻辑上没有这样的可能性。可以肯定，我们确实不知道我们在向一个特定的位置运动，除非我们能看到相对的运动；但我们在运动事实上完全依赖于我们由之出发的那个位置是否同一于我们作为终点的那个位置，而且这完全是一个关于空间本身结构的事实。牛顿坚持认为，位置是由它们在空间流形中的关系而得到个体化的，因此占据一个特定的位置其实是空间的内在几何结构的问题：这不是这里的对象是在运动还是在静止的问题。说每个对象相对于自己而言是静止的，且别的运动概念都是不允许的，就等于说，一对象占据的位置相对于那对象来说总是相同的，但这样说又让我们假定，位置只有在与处在相对运动中的对象有关时才有相同性或不同性。

事实上，我们能用莱布尼茨定律给出一个形式化的证明，以表明这个关于位置同一性的观点一定是错误的。⑦ 假设我们

---

⑦ 这个证明反映了大卫·威金斯（David Wiggins）反对彼得·吉奇（Peter Geach）的相对同一性的论证，根据这一论证，a 像 b 一样有相同的 F，但没有相同的 G。参阅威金斯的《相同与实体》（*Sameness and Substance*）（牛津：牛津大学出版社，1980）。关于运动和空间的相对主义者同样认为，两个位置是否同一可能取决于另外的参数，如位置相对于被当作静止的对象是同一的，但它们相对于另外的对象是不同的，正是相对于这另外的对象，第一个对象才是运动的，因此位置对于 x 是同一的，但对于 y 则不同一。这样一来，我们便有一个关于相对同一性的命题。问题在于，位置在特定的时间对于 x 和 y 来说，一定是同一的，但是位置在后来的时间能被参照，且产生关于 x 的真正同一的陈述，这意味着，y 被认为把那个陈述也当作是真实的，因为根据莱布尼茨定律，共指称的名称是可相互替换的。潜在的问题是，运动观察者承诺了这个命题的真实性，即"两个位置对 x 同一，但对作为运动观察者的 y 来说不同一"，但是既然每个位置对 x 和 y 都同一，那么怎么会是这个样子？可以这样来摆脱这个论证，即对相对化的同一性谓词的运用做出某种正式的规定，但是这一观点的力度依然不变，因为我们不想让位置的同一性同时由运动的东西和静止的东西两方面来共同决定。

认为，a 在 t 时处在静止中，且在位置 p1，再假设 b 相对于 a
在运动。这样一来，我们就能用反证法说，a 相对于自己在时
间过程 t−t′ 中而言处在相同的位置，但也可以说，a 相对于 b
在 t−t′ 期间而言不在同一位置。因此相对于 b，在 t 后为 a 所
占据的位置是不同的位置 p2。相应地，对于 a 来说，p1 同于
p2，但对于 b 来说，p1 不同于 p2。不过对于 b 和 a 来说，p1
都是一样的。如果是这样，那么根据莱布尼茨定律，对于 b 来 80
说，p2 一定同于 p1，因为对于 a 来说 p1 同于 p2。但这样一
来，对于 b 来说，p1 既同于 p2，又不同于 p2。在这些论证中，
像往常一样，同一性将所有属性从一个事物传递到另一事物，
如果是这样，p1 和 p2 的相对于 a 的同一性就会传到 b，因此，
基于 p1（或 p2）对 b 来说都是自身等同的，那么对 b 而言，这
些位置就都是等同的。只要在同一性陈述中替换"p1"和"p2"
这类语词，这个论证就会发挥作用。这个形式化论证说的是，
下述假设是荒谬的，即一位置相对于一对象（它被认为是静止
的）而言可同一于另一位置，但相对于另一对象（它相对第一
个对象而言处在运动中）来说，情况则不是这样。

　　还可做出不太形式化的论证，这一论证借助牛顿关于运动
和力的概念。试考察太阳和地球的相对运动。地球相对于太阳
而言在运动，因为地球绕着它的轴线（并按椭圆轨迹）旋转。
但是太阳相对于地球而言也在运动，因为太阳从早到晚在天空
穿梭。根据相对主义，我们说哪个是静止的，哪个是运动的，
这带有任意性。但这说的不是两个物体间的力的关系。太阳由
于有更大的质量，因此让地球借引力作用绕着太阳转动，但地

球并没有力量让太阳在空间穿梭，因为地球完全没有做这样事情的质量。当力加之于物体时，（加速的）运动就会发生（按牛顿定律），力会随着质量量级的变化而变化。但是，如果非要坚持认为所有运动都纯粹是相对的，那么我们就不能明白，某些物体释放的力为什么比别的物体的大。地球比太阳的引力小，因此地球的运动根源于太阳的引力，但地球并不能对太阳施加相同的力，因为它的质量比较小，因此不能让太阳相对于自己而运动。太阳相对于地球在运动，就像地球相对于太阳在运动一样，但这些相对的运动与两物体所释放的力的关系是不同的。太阳能引起地球运动，但地球不能引起太阳运动，然而相对位置的变化是相当对称的。力的不对称性并不会反映在相对运动的对称性之中。这就是牛顿为什么要坚持绝对运动的原因，因为力和运动之间存在着上述关系。我们不能仅仅因为地球相对于与它有关的运动着的太阳而被规定为静止的，就说：地球有同太阳相对于自己的引力一样的引力。力的归属不可能是相对的。⑧

───────────────

⑧　我们或许可以不公正地构建一个关于力的相对化概念，进而据此说，地球相对于自己而言有比太阳更大的引力，同时太阳相对于自己也有更大的引力。如果是这样，那么每个事物便能对别的相对于自己而运动的事物施加巨大的引力，进而具有相对巨大的质量；然而也有这样的情况，即那个事物与相对于它而运动的事物相比，只有较小的引力，进而只有较小的质量。质量最终只是相对的量，既取决于我们任意视作运动的是哪个事物，又取决于我们任意视作不运动的是哪个事物。但这样一来，下述观点便失去了意义，即某些物体基于它们的内在属性，如这些物体中的物质的量，会释放比别的物体更大的力（我们真的能这样说吗，地球相对于地球而言包含的物质比太阳要多，但相对于太阳而言包含的物质比太阳要少？），这完全讲不通啊。

在我看来，这些关于位置之个体化、关于力与运动之关系 81
的思考有力地支持了关于真实运动（不同于显现出来的运动）
的非相对性观点。例如对象能在空间中运动，不管它们相对于
彼此是否在运动；它们只需要在不同时间占据不同的位置。没
有什么能驳倒这一来自于运动认识论的常识观点，它认为，存
在着非相对的运动这一观点与承认所有显现出的运动都是相对的
并不矛盾。因此物理学就其对它的关键概念的定义而言完全是操
作主义的，进而它只会相信那些可测量和可分析的东西，但这
不是一门硬科学，而不过是一种哲学的观点。实用主义、实证主
义、证实主义对物理学的影响表现在，绝对运动常常被忽视了。
但我们没有义务接受这些哲学的学说。即使绝对运动违反了这些
学说——事实明显如此——但这不是断言这一概念无意义、与物
理学无关的理由。可能真的存在着这样的物理学的事实，如绝对
运动发生于空间中，但它们在实验上又不能被观察到。并非每个
物理事实都一定会为我们的观察和测量能力所接近。我们不能把
真实等同于可分辨——如果我们是实在论者，就不会这样做。

可能仍有人觉得，绝对运动是可疑的，不过是一种推测。
空间中的运动为什么是如此不可分辨的？这难道不是引入形而
上学可疑的东西的一种方便的途径吗？如果这样真实而绝对的
运动就存在于那里，那么它难道不会以某些方式出现吗？如果
这是宇宙中的事实，那么它为什么又如此不可分辨？自然的回
答是，绝对运动的不可观察性其实是根源于空间的本质，正如
牛顿所说的那样（见前面所引证的一段），因此在理论上是可预
测的。因为空间是齐一的、同质的，在其全部范围内都相同，

例如不管你在哪里，它看起来、感觉起来都相同。它是无特征的。它不像自然的地形地貌，在地图中，每片土地看起来都不同于别的土地，以至你能借观察，判断你在哪里，而空间在一切地方都是一模一样的，没有变化，因此你不能仅通过观察空间在那里表现的方式来判断你的位置，因为不管你在哪里，空间总是相同的。

可这样设想，空间在它的不同区域有不同的颜色；接着你通过观察颜色变化来分辨你完成的运动。但空间是无色的、统一的，因此你不能做出分辨。因为一个位置就像另一个位置，因此你不可能仅求助空间来判断你是否穿过了空间。要判断你是否运动，你需要参照物理对象的变化着的情境（如果是这样，你得到的就只是相对的运动），但是空间本身的运动并不会呈现出变化的风景。绝对运动之所以不能被观察到，仅仅是因为所有的空间部分都内在地是不可区分的；它们都是"质上同一的"。通过了的空间场景本身就其外表来说是不变的。因此正是因为空间有此本质，静止和运动才有相同的表现形式。这样一来，绝对运动在认识论上的不可接近性就可从关于空间的形而上学中推导出来。空间不是为显示它里面的运动而建立的。我们判断我们在运动的唯一办法就是观察别的事物的相对运动，但是这是一种借助空间本身来判断运动的间接的、可错的方法，在这种情况下，划不到什么直接有用的方法。⑨

---

⑨ 假设你在铺设在无特征荒原中的非常单调的高速公路上驾车。但你没法把一个地方与另一地方区别开来，因为到处看起来都一个样子。是否有理由由此否认那荒原和高速公路的存在？假如没法知道，你是否兜了个圈，（转下页）

　　因此运动是滋生怀疑论假说的沃土。运动究竟是什么，不是什么？我们之所以知道某物在空间中运动，是因为我们能观察到相对的运动，但我们是怎样确证这一点的？整个宇宙也许以每秒 1 千英里的速度在空间中运动。唯一没有运动的事物也许是我前面所说的那只在嗡嗡叫的苍蝇，除了那个小苍蝇之外，别的一切都在变化位置！星系相互远离，靠的是大爆炸的力的推进，但我们不能判断它们中的什么东西是否事实上静止于空间之中。地球也许是宇宙中唯一的静止对象，毕竟它绝不离开它在空间中的绝对位置。它绕着太阳运动，但那只是相对的运动，且不能确定哪个事物真的在空间中运动。[⑩] 在日常意义上，我们自然有理由相信，对象会进入非相对的运动之中，而且我们还能测量它们的速度，因为相对运动为我们提供了关于绝对运动的（不可靠的）证据。但怀疑论者也有权说，相对运动和绝对运动之间存在着深刻的认识论鸿沟。对于常识

---

（接上页）回到了原来的地方，而不是到达了一个质上相同的地方。而这种不知道又不足以让你说，你没有穿过那个荒原，因为你可能通过了，也可能没有，那太难判断了。对牛顿主义者来说，空间就像那个荒原上的高速公路。难以确定你是否改变了位置并不能转换成证明空间不存在的证据，它充其量只反映了空间的内在的无特征的特点。某物没有变化，不是否认它存在的理由。

　　⑩　我们能推论地球上的绝对运动，前提是注意到，太阳由于它的质量而释放它对地球的运动力——哪里有力，哪里就有真正的运动。但仅有对外显运动的观察本身不能成为证明真实运动的决定性证据。地球可能因为某些别的事物对它释放了反作用力而是静止的，尽管太阳对它释放了引力。怀疑论者似乎总有可能想出一个方案，以颠覆我们关于什么真的在运动的常见观点。外显运动绝不意味着真实运动，因为总有这样的逻辑上的可能性，即运动的显现仅仅根源于相对位置的变化，而这样说与说这里的对象处在绝对静止之中又没有矛盾。

来说，我面前摇摆的树枝真的在空间中移动，且在改变它们的绝对位置，但怀疑论者也会论证说，这可能是幻觉，因为一切别的事物也都在运动。这样说可能有点牵强，但在逻辑上不是不可能的。我们事实上都熟悉这样的事情，在里面，我们想到某物在运动，但它实际上没有运动，但谁能说，这些错误多么极端？尽管如此，怀疑论的可能性一般不会让我们拒绝常识的观点，比如说拒绝关于外部世界和他心的常识观点，因此当涉及绝对空间时，不清楚它是否会令我们极度忧虑。这难道不是证据和事实不能完全融合的又一个领域吗？存在着绝对的运动，但我们在判断它何时发生时则会犯错误。

83　　我们能得出结论说，绝对运动在概念上清楚而相对运动陷入了极度困境吗？嗯，我们迄今没有找到否定绝对运动的令人信服的论证，只有一些糟糕的、陈旧的实证主义论证，只有某种看起来值得赞成的理由。但可能存在着对绝对运动不利的别的可能理由，且对它的根深蒂固的历史敌意事实上让我们想到，事情比我们迄今认识到的更棘手。[11]也许，糟糕的证实主义论证就来自于某种更深层、更麻烦的错误。我现在想论证的

--------

⑪　反对绝对运动的修辞在力度上似乎总胜过反对它的标准论证，这表明，那些正式的论证并不是真正的否定意见的根源。彭加勒在《科学与假说》（*The Science and Hypothesis*）（纽约：多弗尔出版社，1952，最初出版于1905年）中出于两个理由倡导相对运动。他说："最常见的实验肯定了它；而相反假说的根据绝对是令人讨厌的。"（第111页）绝对运动的可恶肯定不是仅仅根源于这样的事实，即它在经验上是不可分辨的（像颠倒光谱那样）；它似乎根源于把绝对运动看作逻辑上可能这样的观点，即是说来自于内在的矛盾。但这个内在的矛盾实际上应是什么呢？

观点是，绝对运动并不像它表面上清楚的那样，甚至对于绝对的反证实主义者来说也是这样。空间像牛顿所设想的那样，反映了常识的观点，是无限的、无界限的、同质的。即使里面没有任何物质对象，它也能存在。构成这种无限多样性的位置是由空间本身的结构而得到个体化的。单个对象被引入此空间，就开始了它沿确定路线、以一定速度和方向的运动，并表现出自己的运动轨迹，表现出加速和减速。这里绝对必要的是，空间内的位置是被连续地占据的，特定的运动形式是由此而得到确定的。但这样说真的可信吗？我们不是在偷运某种非空间的参照点，进而心照不宣地把所谓的运动当作相对于那对象的东西吗？我猜想，我们在思考这种穿过空间的孤独的运动时所做的事情就是把有界限或边界的观念引进空间之中，因为我们在设想无限、无边界的空间时面临着极大的困难。我们偷运的是空间有界限、有终点这一观念，进而，我们认为那孤独对象的运动会接近这界限，会靠近它。但这不是根据相对运动所做的思考。我们应该设想的是经过这样的媒介的运动，通过此媒介，那些运动对象不会靠近或远离任何对象；而在无限的绝对空间中，运动则会丧失这种关系属性。对象之所以不会靠近空间的边界，是因为空间没有边界。然而我们会不可抗拒地以这种方式思考，就好像空间是一个巨大的空盒子，因为无限的空间是如此难以理解。运动着的对象绝不会离空间的尽头更近一点，不管它跑得多快，花的时间多长。你现在仍会肯定它真的在运动吗？它肯定不是在向任何事物运动。那对象在向什么方向运动？这不可能用物理的坐标来描述，因此它有一个方向吗？它留下的是什么样的轨迹？比如说，是圆的还是之字形？
这也不能根据另一对象来规定，因此它怎么可能有一个或另一
84　对象？就那孤独的对象而言，应该有一种确定形式的运动，但
它似乎完全是不固定的，即是一种虚构的强加。现在，在对断
言你没有让自己进入那种图景做出评估时应特别当心，如除了
想到那个不存在的边界之外，你千万不要想象自己处在能观察
那个孤独对象的空间之中。因为如果你这样做了，那么你就
等于不适当地把自己的身体看作是对象运动的参照物。请记
住，那对象一定有确定形式的运动，它除了依赖于同质的空间
之外，不依赖于任何别的东西。但人们想问的是，这可能是由
什么决定的？一个对象以每小时 100 万英里的速度按 8 字形运
动，与一个对象在直线上以每小时 2 英里速度运动之间有何区
别？牛顿主义者的回答是，穿过纯空间的不同路径是被划分好
的，但这样说听起来很空洞，因此有待说明的是，是什么使那
些空间区域相互不同。这极像这样的大小问题，即在只包含一
个对象的无限空间中，是什么构成了那个有确定大小的对象？
牛顿式的漫不经心的回答是，占有更多的空间。但假如空间无
限，且没有别的任何对象与那对象相比较，那么我们真的能理
解那样说的意思吗？这一情况极不同于形状，在这里，我们能
够说的是，对象在绝对空间中表现为三角形而非矩形意味着什
么，因为我能谈论的是角和边。但对于运动，我们只有关于那
确定的、完全无法分辨的运动的空洞的肯定，而没法对之做进
一步的说明。没有什么东西是这种运动所依存的。这不仅仅是
因为我们不能证实那孤独对象的路径的特征——虽然我们显然

不能，而且我们对这一路径究竟是什么也没有任何清晰而具体的观念。我们不能一开始就明白这一点的理由是，当我们设法想象这里的运动——与空间或我们自己作为观察者的边界时，我们出于可理解的理由常常偷运那些心照不宣的参照物。但是如果我们要对纯绝对运动的相干性做出评估，那么上述这些方面会被无情地排除在外。

时间也很相似。我们真的能说明一事件只在其中发生的绝对时间中的事件的绵延（duration）吗？假设对绵延性的判断一定要相对于别的事件，那么绵延性这一事实不是明显存在于只包含一个单一事件的时间系列之中吗？在这里，我们仍必须小心，不能偷运这样的参照系，如把我们自己的作为观察者的有意识事件作为参照系，以至于认为，一特定事件持续的时间两倍于我们心灵中的某个有意识事件。在绝对的时间中，事件据说有确定的绵延性，它除了依赖于纯粹的时间通道本身之外，不再依赖于别的任何东西，因为它们有"赤裸裸的绵延时间"，就像绝对空间中的对象有"赤裸裸的运动"一样。

但我们难道不需要基于参照物选择的坐标系统以说明绵延性和运动的意义吗？自由漂浮运动的观念看起来像是想象的把戏，即一种不会真实发生的可能性。诚然，我们的想象力很容易被欺骗，以至承认这种伪可能性，因为众所周知，模态思维是极易出错的。例如你可能轻而易举地想象你有一个离体的心灵，但更小心的思考可以帮你矫正这种无节制的想象，因为不可能性 85

总是容易被认识清楚的。[12]绝对运动的概念也许是这样的，在我们真的对它做出深思熟虑、进而排除掉一切非法入侵者之前，我们会认为它是可能的。试想一系列空洞的宇宙，每一个宇宙中只有一孤独的在运动的对象，在这种情况下，我们真的能理解这样的观念吗，它认为，截然不同的运动形式即使看起来都是一样的，而且在这些所谓的运动之间没有因果上的差别，但却是这些对象的特点？[13]的确，在具有无限而同质空间、同时没有别的对象提供的坐标系的宇宙中，能说一个孤立的对象在一个位置而不在另一位置吗？（对于断言在别的无事件的时间中，对象处在一个时间点而不处在另一时间点，也可提出同样的问题。）对象能在别的空洞空间中运动这一观点是下述不确定性论断的一种主要的候选理论，根据这个论断，对于对象的特定运动形式可能是什么这一问题，是找不到什么事实根据的。以为对象有这样一种形式，正好是上了想象力诡计的当，而想象力容易受非法的参照对象的煽动。

---

[12]　例如有这样的所谓可能性，即复制了有意识存在的身体和大脑的僵尸，或不由 $H_2O$ 构成的水，或有不同起源的人，或由冰构成的木桌。这些乍一看似乎都有其可能性，但仔细的思考会让你相信，它们并无真正的可能性。人的心灵从构成上说容易受可能性的欺骗，这也许是因为我们有异想天开的想象力，即我们在本质上会受模态的欺骗，以至太容易认为任何事物都有可能性。

[13]　小心不要把关于对象的反事实带进这一图景中，例如，如果具有一孤独对象的宇宙让另一对象进来了，那么相对的运动就会是如此这般的。我们可以尽情设想另一对象也在那里，以便让这一观点有其内容，即空间中有确定的运动发生。要这样，就要再一次偷换相对运动，即作为一个运动轴起作用的某物。新的对象只是可能性或只是想象这一事实并不会消除它的不当性，因为我们仍可用相对运动的拐杖设想绝对运动。

如果我们相信存在着以太，那么我们就有了定义绝对运动的基础，因为对象是相对于作为准物质的以太而运动的，而以太被认为弥漫于空间之中。但是在为绝对运动概念填充内容的过程中，这是毫无用处的，因为以太是那些在相对运动中偷运的非法的、心照不宣的参照物中的一个。那对象在以太中开辟出一条道路，而这以太在纯空间之上存在，要么以连续的形式，要么以单个的形式，但这样一来，那对象就相对于这个虚无缥缈的事物而运动，这事物本身可以运动，也可以不运动。其实，在为绝对运动寻找基础的过程中，以太并不比到处充斥的不可见的气体好多少。此外，以太自然是不存在的。

如果空间中的点以某种方式得到内在的标示，以至它们在无限空间中的位置存在于它们之中，那么情况就可能是别的样子。就数字系列这样的无限系列而言，每个数字在无限的总体中都有一确定的位置，因为每个点相对于别的点都以一种确定的方式，比如说 6 之前的 2，得到其定位。但无限的空间不是这个样子，因为位置不同于数字，它是同质的，例如空间的点或区域不像数字，它们的内在本质都是一样的。因此在特定的位置，没有什么能确定它在整体中的地位，有的只是它与别的位置的关系。但也没有什么东西把这些位置与别的位置连在一起，当然它们不是边界。为了拯救绝对运动，我们也不能求助于上帝，如不能说运动相对于他这样无所不知的观察者来说都是相对的，因为如果这样的话，又是再次在空间之外增加了一个不合法的参照点。如果上帝存在于只有一个孤独对象的空间之中，那么这对象就毕竟不是孤独的；但如果他在空间之外，那么他怎么能作为坐标系而起作用？我十分怀疑的是，绝对运动表面上的可理解性依赖于人性和神性的想象的混合，我们以为我们自己作为宇宙的观察者占据着一个似神的位置，进而正如想象的那样，我们设想运动相对于我们发生了，比如说，我们以为对象以加速度离我们而去。但值得重复说的是，这是一个非法的步骤，因为我们应该认为，运动是不依赖于任何非空间的参照点而发生的。你必须努力想象这样的宇宙中的确定的运动，这宇宙中没有有意识的观察者——不管是人还是神，没有以太，没有空间边界，没有别的对象。我认为，你会明白这不是一件容易做的事情。你要想让运动在这样一种简化的环境下存在下来，你能做的只是从运动的日常观念中进行抽象。然而我们的所有关于方向、向前、向上、向下、靠近、后退等的观念都依赖于围绕一个参照点而建构起来的坐标系，而没有这样的坐标系，它们就没有什么适当的意义。但是若不依赖于这些观念，运动概念又是空洞的。[⑭]

---

⑭　我可以成为一个坚定的反证实主义者，但我不愿意说，某事之所以一定是可理解的，那显然是因为它是不可证实的。我并不认为，不可证实的东西因此就是有意义的（或可证实的东西事实上就是无意义的！）。但是我若要质疑一概念的意义，我就需要做出另外的论证。离体的例子似乎极像绝对空间的例子，例如我们先在心和身、空间和对象之间做出了区分，接着我们再设想，从这些分离拿走一方，让另一方完好无损。我们把身体与心灵分开，或把对象与空间分开，进而我们得到的是这样的观点，即心灵或空间中不会因为这类分离而发生任何改变。但是被抽掉的事项很可能是被设想的、仍存在的事项的必要条件，尤其是当面对这样的个体化问题时更是如此，即什么使这个曾经与身体有关联的心灵保留下来了？什么使这个位置成为了这样的位置，它曾经是坐标系，但已被驱逐了？或者如果再进一步，那么就有关于纯个别和（转下页）

这样说对我们意味着什么？我担忧的是，没有一处令人惬意。相对运动不是真实的运动，而且不管怎样说，都会面临严重的问题。相对位置的变化是可以的，但不会对运动本身提供任何说明。承认对象相对于另一对象改变其位置但又没有运动（因为别的对象在运动！），这一点矛盾也没有。但另一方面，绝对运动最终似乎是不可理解的。相对位置的变化不是运动，即使它是一个完全自圆其说的概念；但绝对运动不是自洽的，即使它是真实的运动，如果有这样的事物的话。因此传统的理论对运动根源于什么都没有给出令人满意的说明。当然，这些理论似乎对关于运动本质的可资利用的概念做了探讨。 87

　　留给我们的还有哪些选择？其中一个是，紧步芝诺之后尘，进而断言运动不真实，当然可基于不同的理由，如没有什么能运动。另一选择就是接受唯心主义关于运动的观点，即我们所说的"运动"一词指的只是在我们身上产生运动感觉的倾向，这实际上是把运动当作第二性质。如果是这样，那么就不存在

---

（接上页）超越性自我的所谓的可能性的问题，即你能从一个别中剥离掉所有属性、只让一确定事物留下来吗？你真的能设想自己在没有任何心理或物理特征的情况下也存在吗？可以肯定，在这些情况下，有太多的东西被剥离掉了，以至剩下的东西可看作是一个个别或自我；要不然，就是一种语言或想象的把戏。我曾经是绝对空间的支持者，并承认空洞宇宙中具有孤立的运动，但我后来相信，在构想一个绝对运动的纯粹事例时，我其实并没有剥离掉我必须剥离的一切，这对我有极大的触动，它让我认识到，我留下的东西太不确定了，即使加起来也不能成为真实的运动。我并没有无情地将不合法的参照点从我的思想中排除掉；这就像有的人可能设法让自己相信，即使没有真的摆脱关于身体剩余部分的想法，但整体的离体仍是可以理解的，因为这整体可能是幽灵式或气体式的身体。

客观的运动，存在的只是关于运动的感觉印象，因为没有观察者的宇宙就是没有运动的宇宙（就像主观主义者对颜色所做的说明那样）。有运动存在，但可把它还原为我们关于运动的印象，即我们让它分布在并没有独立地包含它的世界之中。第三种值得考虑的选择是主张，"运动"一词表示的是我们不知道其是什么的某物。我们试图借助相对位置的变化或关于绝对空间的假定以赋予该词以内容，但这些尝试都以失败而告终。我们似乎再没有别的可得到的、能作为描述性分析的选择。

　　但这不是说，"运动"一词没有任何真实的所指，而只是说，我们关于那个事物是什么没有任何肯定的概念。换言之，它说的是，我们能成为关于运动的结构主义者。我们总是以为，我们知道运动是什么，就像我们认为我们知道物质是什么一样，但我们其实错了，因为我们并不知道它是什么。"运动"一词只是一个表示这样的未知的量的标签，我们对这个量只能用抽象的方法，借助它对我们感官的作用去认知；我们不知道它的内在本质。甚至是对于一个坚定的结构主义者来说，也很容易假设，运动是透明的，即使别的物理概念不透明。既然运动是物理学中待解释的事项（explanandum），因此我们愿意假定，我们能把握它的本质，即使我们不能把握能解释事项（explanans）的内在本质。但这一摆脱结构主义的最后避难所似乎面临着被淘汰的危险。运动并不是我们所假定的基准（datum）。不管运动是什么，它与我们关于它的常识概念相去甚远，尽管这些概念都是混乱且错误的。只有用抽象的方法，借助数学表征，即从结构上，我们才能把握运动。⑮

这一观点为什么看起来是反直觉的、难以接受的？我认为这是因为视觉，如在观看事物时，运动似乎是以非常直接的、透明的方式呈现给我们的，进而这便成了我们关于运动一定是什么的构想基础。别的感官不能以如此有力的方式向我们呈现运动，因此在这里，我们就觉得运动是推论出来的，而非所与的。对视觉置若罔闻的物理学家可能会觉得，更容易接

---

⑮　此外，我们能把握运动对我们心灵所施加的作用，就像用关于运动的视觉经验去把握它那样。但我们现在知道，这些感觉并没有揭示运动的客观本质；运动产生的作用只是我们知道不是什么的东西的特征或标记。这一事情就像我们对电流的感觉那样——这些感觉只是电子的作用结果，但大概没有人会说，它们暴露了电力的内在本质，就像关于热的感觉没有揭示热本身的本质一样（也许颜色的感觉揭示了关于颜色的本质）。当我具有关于鸟飞过的视觉经验时，这不是客观运动之本质的直接表现，而只是物理事实引起了我的感觉的心理标记（因为被知觉的运动是相对的，但不管真实的运动是什么，它一定不是相对的）。像过去哲学家常说的那样，我的感觉与客观的运动之间没有任何相似性，因为我没法经验到自在的运动，就像我没法经验到作为自在存在的热、电子和引力一样。罗素说：我不能按客观存在着的样子去认知运动，因为我没法看到它的本质。牛顿从没有这样想过，他说的绝对运动只是一种理智的构造，一种抽象推理的产物，而非知觉的所与。他的真实思想是，通过感官所能知觉到的只是相对位置的变化。结构主义者赞成牛顿关于不能知觉到真实运动的观点，但又有这样的补充，即牛顿的抽象的绝对概念没法填补认知上的鸿沟，因为我们对客观运动不能形成肯定而准确的概念，只能形成以规律为基础、以感性经验为补充的描述。在物理学家看来，运动只是一系列的数学单位，它们相对于另外的单位系列而被描绘出来，例如，被称作"距离"的单位系列是相对于被称作"时间"的单位系列而被描绘出来的。但是时间和距离又是什么呢？对物理学家而言，它们不过是，由小时、秒、英尺和英寸等尺度所测量的东西。我们关于它们的概念纯粹是以刻度为基础的。

受运动只能抽象地加以认知、不能把握其内在本质这一观点。视觉让我们觉得可理解，而事实证明我们并没有理智资源来形成关于运动的适当概念。运动本身与我们知觉到的运动根本不同（狭义相对论已让我们意识到了这种可能性）。"运动"一词是一个理论术语，指的是我们只略有所知的实在或过程；它完全不同于"红"或"疼"之类的词。运动像物质一样是未知的。[⑯]

　　这个结论从哲学上说实际上极受坚定的结构主义者的欢迎。以前，我们曾假设，物理学区分开了透明部分和不透明部分，运动属于前者，而物质属于后者。这样说似乎是令人忧虑的、语无伦次的，因为如果运动的东西不透明，那么运动为什么会透明？现在我们得知，两者皆不透明，这样一来，我们便通过那门科学的基本术语获得了一种理论统一性。客观地说，运动像别的一切一样是不清楚的。人们在这里所做的不过是，用听起来合理、但最终经不起推敲的各种解释去包装这种不清晰，其最突出的表现就是绝对运动和相对运动。事实是，我们在物理学中是以数学方法来表征运动的，这对于物理学的推进来说也是有足够作用的。在物理学中，我们是这样描述运动的，即用数字表示空间和时间，例如用数字作为距离和持续时间的单位。因此我们可以说，一抛射物以每小时 20 英里的速度运动，这等于说它在一个单位时间（小时）跑了 20 个距离单位（英里）。因为我们能从数学上描述空间与时间，所以我们能从数

―――――――――――

⑯　关于物质的未知的特点，可看本书第 2 章及别的地方。

学上去描述运动。这种描述是物理学所需要的东西，而且也确有其作用。[17] 我们没有必要弄清运动本身是什么，这是幸运的，因为我们对它本身并没有获得充分的把握。对于运动，我们有 89 不适当的观念，它们表现为相对运动、绝对运动以及两者的混乱的混合。物理学中的运动不过是我们用来表示真实存在的一切东西的一个名称，这名称能做出我们归之于运动的数学描述，如空间单位和时间单位。总之，运动就是能如此加以测量的一切。

这里，我想对前面讨论过的狭义相对性的意义，特别是光

---

[17]　我认为物理学的数学特征来自于一个非常直接的事实，即时间和空间都容易接受直接的、数学的、由测量尺度所做的描述。进而，这也使运动能够得到数学的描述，因为运动可直接根据时空来定义，例如在多少时间单位可以通过多少空间单位。因此运动能顺利地得到数学化。但运动是物理学的核心关切，即它的首要的待解释项。既然运动能通过时空尺度从量上加以表征，因此任何为解释它而被引进的解释项就都有量的特征，例如力可用同样的方法根据它们所产生的运动来加以测量，而运动又能用时间和距离来加以说明。这样一来，数学的工作就是从空间和时间开始，最后回到运动、运动的原因以及运动的规律。物理学之所以有数学的性质，是因为时空有数学的性质，而这正是数学物理学的必要条件。如果不能把测量尺度（特别是比例尺度）应用于时空，那么如我们所知的那样，物理学就不会出现，因为运动不能根据时空单位来测量，进而产生运动的力就没有数学的结构。测量时空的尺度所提供的精度是物理学规律之精度的原因。但这些都不要求我们对被测量的东西的内在本质有任何真正的了解。"空间""时间"之类的词恰恰是未被解释的占位词，尽管如此，我们仍能表述物理学规律，例如"如果一个 X 要能用 m 个单位的 Z 来测量，那它要有 n 个单位的 Y"，或者说，"一个电子要能用 m 个单位的距离测量，就要有 n 个单位的时间"。实际上，我们自然只有借助关于时空的常识观念，才能从物理学定律中解读出意义，尽管这些可能是不适当的；但是关于这些词指什么，我们则不可能有进一步的实质性说明。我们只有与某些模糊而可疑的直觉观念结合在一起的数学构造。

速，做一些说明。我们敢肯定，光速总能用常数来测量，不管
观察者的运动是什么。如果你的运动方向与一束光是相同的
（或远离它），那么你总是用 c 来测量光的速度；不管你跑得多
快，你也绝不会"追上"光，哪怕一点点。这是光的显而易见
的一个属性（难以置信），正是这导致了爱因斯坦对传统的时空
观的颠覆。这意味着，不管一对象运动得快，远离它的光速总
是 c。一般认为，这说明了光速是一个常量，即是说，它既不
能加速，也不能减速（在真空中，它会像在水和玻璃这样的媒
质中一样放慢）。但更准确地说，我们应说的是，光的相对速
度是一个常量，因为相对于别的在空间中运动的对象来说，光
总以相同速度运动。我们得知，物理学定律在任何静止的坐标
系中都是相同的，因此不管选择哪一个静止的坐标系，光总以
c 传播，即使那参照系相对于别的参照系处在运动之中，也是
如此。

现在，假设我们接受了这个正统的叙事（而且我们不应低
估这样的接受该有多难）。这样一来，如果我们赞成牛顿关于绝
对运动的观点，并把它作为相对运动的背景，那么可引出的正
确结论一定是，光的绝对速度是可变化的。[18] 光速相对于运动
90  观察者保持常量的唯一办法是，它能以相对于空间的变化着的速

---

[18] 可以一以贯之地坚持说，绝对和相对运动可以共存，因此光的相对速
度的恒常性只有相对于变化着的绝对速度才会出现。这是一个统一的世界，不
管它是否是现实世界。在任何特定时刻，光可能有两种速度，即它的不变的相
对速度和它的可变的绝对速度。它的相对速度的被测量到的恒常性在逻辑上并
不排除变化着的绝对速度。

度运动。假设我沿一束光的方向加速，再假设它的相对于我的速度仍是恒常的，之所以只能如此（根据关于绝对空间和运动的假定），是因为那束光也在加速，不是相对于我，而是相对于空间在加速。我以一定的速度绝对地在空间中运动，而那光束维持它的相对于我的速度，因此它通过空间的速度一定比它在下述情况下的速度快，即在我运动得更慢的情况下它表现出的速度。换言之，如果运动是绝对的，那么光速相对于运动观察者的不变性就意味着：绝对光速发生了变化。如果相对的速度是恒常的，那么绝对速度也一定是可变的，这是因为观察者也能运动。

这不是爱因斯坦想要的结果，因为他基于广为流传的实证主义观点（追随马赫）而拒绝了绝对运动。这个结果肯定包含着矛盾，它意味着，即使没有任何力加之于光，光也能在空间中加速，这显然同时违背了麦克斯韦电磁理论的基本精神。光的恒常的绝对速度是我们所期待的东西（因而可变的相对的速度也是这样），但是如果相对速度事实上是恒常的，那么这样说就是错误的。我们可以对这个原则提出质疑，但很明显它得到了实验上的肯定。如果要承认绝对运动有其正确性，那么我能看到的摆脱上述悖论的唯一出路就是假设光的绝对速度是恒常的，而这又意味着，观察者能缩小他们自己与光之间的速度差异，进而改变相对速度，但问题是，相对速度总被测量成了一个常量。这样一来，它不是真正的常量，而只是显现出来的常量。从观察者的角度看，光速似乎是作为相对的常量出现的，但从恒定的角度看，它不是常量。表面的恒常性是相互作用的一种结果，即光和观察者之间的测量关系的结果。要避免那个悖论，我们自然要否认绝对运动，因此，光要维持它的恒常的相对速度就没有必要在绝对空间中加速，但对于那些同情绝对运动的某种观念的人来说，我们又必须探寻别的出路。

我要表达的观点是，我们不是由于物理学的事实而被迫拒绝绝对运动，尽管我们有必要以适当方式解释这些事实，特别是光速相对于任何观察者的被测量到的恒常性。另一种解释是，光的绝对的恒常的速度被测量为这个样子，它相对于运动的观察者来说好像仍是常量，即使实际上并不是这样。即是说，它被相对地测量为常量（这是关于它的一个客观的事实），甚至当它不是相对的常量时也是如此。它总是以相同的速度穿过空间，以至观察者能降低自己和它之间的相对速度，但它相对于观察者来说总被测量为 c。我不知道为什么是这样，但这种情境的逻辑允许它成为一种可能性；我确实认为，这种关于那些数据的解释比这样的正统观点更令人满意，这观点说的是，你不能在光和任何别的运动对象之间减少速度的差异。总之，光像任何别的事物一样是相对于空间而运动的，它没有绝对恒常的速度。别的事物也在空间中运动，并改变自己的速度，有的快于别的事物。因此光与别的事物间的速度上的相对差异一定会随着它们的运动速度和方向的变化而变化。这不是被测量为这样，这一事实反映的是测量的过程，而不是宏大的形而上学图景。

这至少是牛顿主义者关于光速恒定所说的一件事情，我认为值得严肃对待。但我先前不是曾主张绝对运动是一个可疑的概念吗？是的，但我并不认为，相对运动是唯一存在的运动。事情恰恰相反。我的看法是，真正的运动在本质上是非相对的。但对这类运动究竟是什么，我并没有提出肯定的观点。客观真实的运动就是一个"我不知道其是什么的东西"（I-know-not-what）。这既适用于光的运动，也适用于别的运动。光的运动肯定是令人绝对困惑的，只要承认它的恒定的相对速度这一经验事实就一定如此。基于我前面所说的，我现在就可强调说，光有一种非相对的运动，它是我们所看到的那类运动的基础。这会因对象向光束加速而发生变化吗？如果我们从表面上看相对速度的恒定性，那么这似乎是肯定的。但是我们一定要看其表面吗？也许，我们再一次测量到相对速度是恒定的，但事实上不会是这样。光束以一种我们没法理解的方式非相对地运动，而且它不变地这样运动，但是当我们观察到它作为一种可知觉运动类型的相对运动时，我们就能发现一种常量，这最好被解释为一种表面的测量结果。

　　我这里想表达的一般性观点是，光的悖论性本质应在我们没有把握客观运动本质的语境下予以理解。我们不知道真实的运动究竟是什么，因此我们在提出关于光一定怎样运动的大胆主张时应小心翼翼，特别是要看到它的运动是完全相对的，然而又不是常量。牛顿不承认相对运动是真实运动，这是正确的，尽管他的肯定性的理论很难理解。因此我们不能满足于对光的运动做这样的说明，即它只是作为相对的运动而出现的。我的怀疑是，我们称作光的运动的东西与我们日常的构想如此大相径庭，这运动对于光本身来说如此特别，以至可以说，正统的叙事歪曲了基本的事实。光的相对速度的被观察到的恒定性即使充满着悖论，但毕竟有助于说明，光的客观运动一定是多么奇怪（相对于我们的构想而言）。光的运动究竟是什么，竟然使这样的事物成了可能？这里，我们还是不应排除存在着深层次神秘性这样的结论，因为如果我们不知道简单的石头的运动之真实本质，那么对于光的运动之真实本质我们又能了解多少呢？这些事物会以相同的方式运92 动吗？[19]

物理学可以说是关于物质的科学。但令人吃惊的是，它竟然如此醉心于运动。[20]从形而上学的观点看，这一定是很奇怪的，因为运动是物质的偶然的属性，而这又是因为，我们很容

---

[19] 我清楚意识到，这些说明是孤注一掷，而且会触怒正统的思想。我概述诸理论选择，就是想让这个话题引起一些注意。我也意识到这个论题是多么的困难和模糊。

[20] 罗素在《哲学问题》(The Problem of Philosophy)（牛津：牛津大学出版社，1968；最早出版于1912年）中说："物理科学或多或少无意识地逐渐形成了这样的观点，即所有自然现象都应还原为运动。光、热和声都根源于波的运动，而波的运动又来自于物体，物体让波传到人，进而人便能看到光，感觉到热，或听到声音。产生波运动的东西要么是以太，要么是'可见物质'，但不管在哪种情况下，它都是哲学家所说的物质。科学归之于物质的属性不过是空间中的位置，以及服从运动定律的运动力。科学不否认：物质还有别的属性；但如果是这样的话，那么这些属性对研究科学的人来说是没有什么用的，在解释那些现象时没有办法为他们提供帮助。"（第13页）这是一个有见地的评论，指出了物理学专门研究运动时存在着的某种困惑，即使我没法断定科学家是不是半意识地"漂泊"到了这种困境（第4章对此有更多论述，可参阅）。

易想象这样一些世界，其中，占有空间的对象没有运动，但在这样的世界中，难道没有物理学吗？对象（包括光）运动所用的速度是对象的偶然属性，因为同一个对象可以以不同的速度运动，再者，这些对象有任何形式的速度，也同样是偶然的。宇宙可能以"稳态"（steady state）形式存在，例如永远没有什么在运动，这是一种形而上学的可能性。之所以如此，大概是因为物质不受任何力的作用，或者因为力可以被抵消。但是物质不能以某种形式存在，而不被任何力所摆布吗？当然，它能受制于不同的力，或受制于具有不同属性的力（比如说，引力并不服从反比平方定律）。物理学如我们所理解的，在本质上只关心这样有广延的固体事物，它们受制于能产生运动的各种力，但物体和力的联系似乎是偶然的。物体的观念中似乎没有这样的意思，即物体有为力所驱动的运动，尽管我们宇宙中的运动是显而易见的。占据空间与在空间中运动是不可同日而语的，这也许是绝对的，也许是相对的。这大概就是笛卡尔和洛克不把运动看作物体之本质的原因，因为运动严格地说是外在于物体的。

那么，物理学为什么如此着迷于运动？它如此着迷，这是不可否认的。物理学所认识到的四种力，如引力、电磁力、强力、弱力，都涉及运动（强力就是让原子核的诸要素结合在一起），即使当力起着抑制运动的作用也是如此（如强力能解释那些构成要素为什么不分开）。标准的力都是关于吸引和排斥的，即涉及在空间中运动的对象。这不是关于力的观念的概念性真理，因为我们显然可以设想，力能改变对象的形状或颜色，但不能改变它们的位置。[21] 力就是使事物发生的东西，但在物理学中，一切发生的东西似乎都与运动有关。两种主要的力甚至能根据运动来定义，如大致可以说，引力就是那引起陆地和天空
93 的某些运动的东西；电磁力能引起电荷，（从根本上说）它是粒子影响别的粒子的轨迹的力。有根据说，质量是物理学的核心概念，它一般也能根据运动来定义，因为它能用惯性概念来解释，例如要让巨大的对象有加速度，多大的力才是必要的。在弦理论中，弦的振动是基本的解释概念，但它不过是运动概念，因此，世界的最终构成要素中的运动变化是一切物理区分的根源。可以说，物理学是关于运动的科学，事实上，它一直被如此称呼。它之所以也关心物质，是因为物质在运动。

　　然而，对象还有另一些物理属性，如大小和形状等，它们就不能根据运动加以定义。运动只是物理属性的子集，即第一性质中的一个，且不为物质本身所固有。令我震惊的事实是，关于粒子物理学的论著从来没有说粒子有何形状，不同类型的粒子是否有不同的形状。在图解中，粒子通常被描绘为球形的，但这样一种规定性在关于粒子的理论中没有任何作用，这完全不同于关于电荷和质量的问题。如果一个电子有星星似的形状，那重要吗？对象的引力只与它的质量成正比，比如说，一颗行星是圆的，这在它的受引力作用的运动理论中没有任何

---

　　㉑　在下一章，我甚至质疑这种明显的可能性，但总的观点依然是在关心，当物理事物明显存在如此众多的别的属性时，为什么所有的物理力一定以运动和运动的变化为中心？

作用（即使运动根源于引力）。物理学据说是关于物质属性的科学，但形状似乎被物理学的基本定律遗忘了，因为这些定律关心的是运动。不同形状的事物可能共有相同的轨迹，而轨迹才是至关重要的。

这显然与关于物理学的这样一个常见理解有关，它实际上没有说，物质是什么，而只是说了物质如何起作用。[22] 那些定律告诉我们的是，物质在运动过程中会做什么，但对运动的东西是什么，则保持沉默。物质究竟是什么？它由具有各种质量、电荷和旋转的粒子所构成，但这些粒子又是什么呢？成为物质的东西意味着什么？实际上，物理学家是参照空间来理解物质的，如说它是在空间中存在着的东西，而其本身不是空间；或者说，它是穿过空间的东西。但如果我们继续追问，从本质上说它是什么？我们被告知的要么是，这是一个非法的问题，要么是，我们根本不知道（且也不予关心）它是什么。我们在物理学中能得到的东西是关于物质的以运动为中心的功能主义（一种行为主义），因为物质就是在对诸如此类的力做出反应时，以这样那样方式行动的东西，在这里，行动就是运动，而它本质上由什么构成这一问题依然故我。

这便为有形而上学头脑的人走进来，提一些旨在填补描述空白的建议提供了条件，如他们也许可以说，物质本质上所是的东西是心理性的，就像泛心论的学说所主张的那样。物质的内在本质是"经验"，而物质的功能属性可为物理学的专门定

---

[22] 可参阅本书第 2 章及后面诸章。

义来揭示。这类观点被广泛认可表明的不过是，物理学对物质是什么老是沉默不语，只是不厌其烦地说它在运动过程中做了什么。比如说，我们被告知，大自然的基本构成要素是振动的弦，但当我们追问这些弦本身究竟是什么——它们由什么构成——时，我们听不到真实的答案，因为它只会说，弦就是产生振动的东西。但甚至当物理学家向我们讲述关于他们所创造的壮举的精彩故事时，我们仍可问，物质事实上是什么？物理学安然忽略这些问题的理由明显是，它只关心运动，而且我们即使不过多思虑那个在运动的东西的内在本质，也能谈论和测量运动（至少是这样假定的）。只关心运动让我们得到的是关于物质本质的一种选择性的、局部的观点。在这种观点中，别的属性消失在背景之中了，或者说完全被抛到了九霄云外。㉓

头脑冷静的物理学家可能会回答说，这些关于物质内在本质的问题属于形而上学，不属于实验科学。他大概会解释说，物理学关心的是操作性定义，而这些定义明显与物质做了什么有关，与它在本质上是什么无关。物理学如此沉迷于运动的理

㉓　如果坚持说我们应知道的是运动是什么，且我们有关于运动的清晰而独到的观点，以至它通过了可理解性和明晰性方面的检验，那么答案就会是，事实并非如此。我们没有关于运动本质的适当的概念，只有结构性描述，以及一些哲学上不可靠的理论和对它的作用于心灵的认识。因此我们不能这样为关注运动辩护，如断言：运动是黑暗大海中的透明的绿洲。这自然等于说，我们有关于运动感觉的清楚而独特的观念，我们对这些感觉的本质有完善的认知。这样一来，就可假定，我们可用运动感觉来替换运动，将它作为物理学中首要的解释项。但这显然是唯心主义的谎言。

由仅仅在于，运动就是物质所做的事情，而操作主义的物理学一定会关心物质所做的事情。这样一来，电极就可根据吸引和排斥来加以定义，质量可根据惯性力来加以定义。我认为，我所设想的物理学家基本上是对的，因为物理学要成为一门实验科学，就必须坚持操作主义，而操作主义会导致对运动的青睐，但我不认为，这说明了物质的内在本质问题没有意义或是空洞的。它表明的是，物理学不是关于物质的完善的科学（或研究）。要完善物理学，我们就有必要做形而上学的工作，或研究我们所说的这样的任何课题，它们是经验物理学所遗忘的但又值得继续关注的课题。例如我们必须用内在的或构成性定义去补充操作性定义。或者说，如果我们的努力不能成功，那么我们就应承认，我们真的不知道关于物质本质的全部真理，我们知道的是物质在运动中做了什么，而不知道它是什么。我不赞成的假定是，关于物质的、没有出现在物质的运动理论中的一切都是不真实的。我反对的是那被称作关于物质（或电荷等）的"运动功能主义"。

　　我可这样尽可能直白地表述这个问题，世界在本质上是由运动或仅由运动构成的吗？或者说，物理学关注运动是它的据说是作为经验科学的地位所必需的操作主义的产物吗？我们能发现的物质宇宙的本质只是运动吗，或者说物理学因为自我强加的（但可能被证实的）方法论限制而只选择关注运动吗？我之所以倾向于后一观点，完全是因为一定存在着能运动的某物，这就是说，不可能出现"无承载者的运动"（bearerless motion）。"物质本身是什么"这一问题并不是无意义的（这不　95

是说它是可回答的）。我们真实知道的事情是，物质不是空间，这是一个深刻的原则问题，但是对于物质是什么我们尚未找到肯定的答案。[24] 运动对于我们居住于其上的世界来说肯定是极其根本的，但运动在物理学中的突出地位不仅纯粹根源于存在着物质载体这一事实，而且也源于它的方法论要求。正是物理学的方法论扭曲了关于物理宇宙本质的图景。

因此我认为，物理学中正经历着一种以运动为中心的双重收缩，这本质上是认识论顾虑的一个结果，正是这顾虑导致了物理宇宙本质的歪曲的图景。这双重收缩是，第一，有对相对运动概念的限制，而这又根源于证实主义的各种假定，如非相对的运动也是事实，尽管它可能是不可识别和难以理解的。运动作为客观的存在，不只表现为相对位置的变化。第二，对运动本身的关注根源于对操作主义的方法论承诺，因此如果操作定义能使如此定义的现象可被测量和可被观察，那么它们便会让注意力游离于那如此被定义的东西的内在本质。但那个本质作为实在的构成仍是存在的，尽管很难对它获得彻底的了解。除了这些认识论和方法论的限制之外，物质和运动中有更多的东西允许我们去欣赏。事实上，物理学给予我们的是关于物质

---

　　[24]　即使如此，我们也必须当心，正如我在第 1 章所提出的，物质有根据说是空间中的一个裂缝，因此是空间所采取的一种形式。有些物理理论在基本层次并没有找到物质与空间之间的严格的区别。不过，如果有什么是清楚的话，那就是，致密的物质不同于空洞的空间，因为物质肯定不是空的。即使物质能溶入到场中，而场渗透在一切空间之中，但不能由此说，物质与空洞的空间没有区别。物质是占据空间的东西，而空间是为物质所占据的地方，这一点至少看起来是有根据的。

的有偏见的观点，就像行为主义给了我们关于心灵的有偏见的观点一样。毕竟，20世纪心理学中的行为主义部分受到了物理学中布里奇曼操作主义的影响；后者作为引导人们认识世界本来面目的向导，像行为主义一样是有缺陷的。在对物理学方法怎样歪曲它所呈现的世界图景做出诊断的过程中，哲学是大有用武之地的。㉕

---

㉕ 对于一学科所选用的诸方法怎样扭曲它关于它的主题的观点，这里有一种一般性的看法。方法决定了实践者对于他们探讨范围内的东西什么为真或什么重要的看法。这一特点在经济学这样不太可靠的社会科学中是司空见惯的，但它同样也适用于物理学，因为物理学的形式和内容既反映了被采用的方法，也反映了那个主题的客观本质。心理学曾因为它的（错误的）方法论限制而忽视了它自己的严格的主题；也可以说，物理学对它的实际主题（在一定程度上）也是置若罔闻的。这主题是，空间中物质对象所组成的这样的世界，它独立于心灵、独立于方法、独立于测量，受制于客观力量，一致于客观规律。物理学用它的精选的方法透镜观察世界现实，而这些方法不可避免地刻上了人的观点的印记。这世界不只是作为客观事实存在着，因为它永远以它的普遍而丰满的形式表现自己。我不怀疑有这样的世界，我也不怀疑物理学能提供关于它的精确的（但只是局部的）观点；我的看法是，对于那超然的世界本身如何运作，它具有什么样的真实、客观而根本的本质，物理学的方法是不能描绘出完全的图景的。

# 第4章　运动、变化与物理学

　　著名历史学家和物理学哲学家马克斯·贾马尔（Max Jammer）在他为《哲学百科学全书》所写的"论运动"的词条中说："物理科学中运动概念的主导性角色对哲学提出了极其重要的问题。物理学的——近代物理学亦无例外——所有工艺流程、规律和公式为什么都从根本上涉及了运动？甚至静力学（研究平衡和失去运动的科学）中的问题为什么都要根据虚构的运动和虚拟的速度来加以解决？"（第399页）[①] 我认为贾马尔在这里提出了一个极好的问题，接下来，我打算对之展开我的回答。

　　贾马尔显然是认为，物理学中所说的普遍存在的运动既真实又令人惊诧。我赞成这里所说的两点。之所以说它令人惊诧，第一是因为物理世界从表面上看包含着比运动多得多的属性；物理世界显现出来的丰富多彩性远胜于运动。例如世界充

---

①　该文见保罗·爱德华兹（Paul Edwards）编的《哲学百科全书》（*Encyclopedia of Philosophy*）（伦敦：麦克米兰，1967），第5—6卷。可把这一段与第3章注 ⑳ 援引的罗素的《哲学的问题》中类似的一段话加以比较。

满颜色、声音、形状、大小，即所有的第一和第二性质。构成
物理世界的远不止运动着的无定形的质量，然而物理学却只
沉迷于运动。物理学让自己狭隘地关注运动的规律而不及其
余。第二，在物理学的理论中心，它只关注几种力，当然还有
规律、原因、解释伴随的变化。存在的不仅有吸引力，它涉
及的是质量影响下的、在空间中运动的抛射物，另外还有电磁
力，它涉及的是空间中传播的波，最后还有所谓的强力和弱
力。量子世界和经典世界分别服从不同的原则（这里有真正的　97
统一性问题），这些原则在本质上大相径庭，如在一个世界是
辐射，在另一世界是引力。然而所有这些变化最终都表现为运
动，因为所有的力都把自己表现为运动，而运动才是经典世界
和量子世界中共同的东西。人们习惯于认为，不同形式的力有
不同类型的结果；微观世界在某种较深的层次尽管不同于宏观
世界，但最终存在的只是一种运动或另一种运动。自然界的各
种力都以统一的方式起作用，如让物体在不同时间穿过空间。
物理学是关于位移（displacement）即空间位置变化的科学，所
谓位置变化即从一个地方移动到另一个地方，仅此而已。根据
物理学，一切物理量都以运动的形式表现自身，尽管基本的量
多种多样。物理学是一种一元论，因为它认为一切与运动有
关。这就是它的令人惊诧之处。

　　但是物理学也有其真实性。质量在引力作用下在空间中运
动，如下降和转圈，电磁波从一个地方传递到另一个地方，粒
子绕着别的粒子旋转，粒子自旋，粒子释放和吸收，光子以最
大速度运行，量子跃迁，旋振动电荷在吸引力和排斥力的作用

下转化为运动。正如每个哲学家都知道的那样，热就是分子运动，确切地说，是分子在空间中的运动。昼夜交替根源于行星的运动。潮汐是由月亮在与地球发生关系时的运动所引起的。物质宇宙正在空间中膨胀。星系飞驶而过。黑洞把物质吸进它们之中。即使是看起来最静止的对象都隐藏着一个充满着疯狂蠕动的微观世界。物理学和天文学永远都在发现你认为不会运动的事物在运动。在物理学中很难想象这样的事物，它从根本上说与运动及其形式、速率没有关系。

对于这一理论的普遍性有两种可能的态度。第一种态度是认为，这种理论的普遍性仅仅是一种历史或方法论的产物，因为它来自于科学思维的历史，而这种思维又是从运动学开始的，运动学关心的是从几何上定义的对象在空间中的运动。或者说，理论的普遍性来自于物理学所独有的方法论操作主义，其特点是根据事物的可测量结果即最显著的运动来定义事物。另一态度是认为，我们这里有关于世界深层结构的反思，而运动是这个世界的内在本质。从本体论上说，运动构成了事物的终极本质，因此物理学所做的工作就只是发现和记录这一基本现实。在存在就是在运动（或能够运动）。这样一来，运动究竟是我们在研究物理学时观察世界临时所用的精选的透镜，还是世界在一切地方客观所是的东西？物理学的以运动为中心的特点是它的狭隘性或它的形而上学貌似逼真性的标记吗？正如贾马尔正确指出的那样，这是一个具有重大哲学意义的问题。

我打算论证的是一种居中的观点，尽管我的观点在精神实质上更接近于两个选择中的第二个选择。我不认为，所有事

实，甚至所有物理事实，都是（或可还原于）运动事实。但我 98
认为，所有变化从根本上说可归结为运动的片断。我肯定不相
信物质可还原为运动，因为物质是能运动的事物，而非运动本
身。对于各种物理属性，我也不打算倡导这样的还原论立场
（在后面，我将会回到心灵与运动这个论题上），它认为所有属
性都同一于运动属性。但所有这些说法都一致于所有变化可归
结为运动事件这一假定，因为变化的机制永远都是运动。我对
我的观点的表述是，所有变化都由运动构成，或随附于运动，
无论如何，运动总是变化的根源。即是说，每当对象发生变化
时，这变化都是由运动本身或它的部分所使然的。而所有变化
又都是位置（或诸部分）的变化。我们可把这一理论称作关于
变化的位移论（Displacement Theory）。[②]

　　这个论点听起来很激进，类似于古希腊前苏格拉底式的一
个奇思妙想（"一切都是运动"），但它实际上是很容易得到认
可的。以形状和大小为例，如果一对象改变它的形状和大小，
那么它的组成部分就会改变位置，如它会从它的初始状态进到
一个有特定体积的空间中。如果你把一球体压成一个椭圆形，

────────────

　　[②]　变化可粗略地定义为事物在时间中获得了新的属性（当然对什么样
的属性可算作新属性是有一些必要的限制的，例如如果一对象从我思考午餐的
世界进到了我在其中思考晚餐的世界，那么这对象就没有发生变化，就像远
离我的星系中的对象那样）。不能明确肯定的是，所有真正的变化都来自于适
当的对象所具有的位置的变化，这就是运动所是的东西。这是基本的形而上学
命题，而非关于"变化"一词的琐碎的语言分析。《牛津英语词典》把"变化"
规定为"使之不同"或"变得不同"，这是简洁的、令人惬意的；但这个定义
并没有说，所有形式的变成不同的东西都可还原为位置的改变。

你便让这对象改变了它的空间位置，如让它上下移动，靠得更近，同时让两边向外延伸。相应地，构成对象的粒子会穿过空间，占据不同的位置。让一个对象变大，比如说往里面充气，显然就是让对象的诸部分在空间中向外扩展。

或者再来考察生物的生长，如植物或动物的生长。不难理解的是，外来的粒子或能量运动到有机体内部，并在那里得到加工，进而就会产生出新的形式和体积，即在空间中的膨胀。例如，血液的循环不过是这样一种形式的运动，即让物质的碎片重新获得位置，当心脏泵血时，血液循环就会为心脏的运动所维系，而这本身又是一种运动形式。对象由粒子构成，而粒子又恒常地处在运动之中，并导致形式和质料的变化。由地震、爆炸、海浪和风所造成的各种变化都不过是构成要素所具有的位置的变化，因为一组粒子的运动发生了变化，接着另一些粒子就会受到干扰，这一般是由简单的碰撞所造成的。打碎一个对象不过是在空间中让它的部分彼此分开。恐龙的灭绝本身是分子在空间中的再分布，据说是由大流星的运动和撞击所致。物种的整体的进化像物理宇宙的发展一样，其实是粒子进入了新的位置，因为从进化论上说，没有粒子的某种形式的旅行（自然选择就是一种粒子配置机制），地球上什么也不会发生。你身体中的原子无疑经历过万世千劫，走过了漫长而曲折的历程，如从一个地方移动到另一个地方，在这里是一个古老的兔子的一部分，在那里是史前蟾蜍的一部分，直到最后，它们（比如说）进到了你的左耳叶。宇宙的历史就是由这些史诗般的历程所构成的。历史就是粒子在到处运动（或它们的随附

99

发生）。我们之所以都到了这里，是因为原子在过去的某个时候沿着一些方向发生了运动。（这不是说，生物学定律可还原为运动定律；我说的不过是生物变化的基本的物理机制。）

也许有人会驳难说，颜色的变化不能归结为位置的变化，因为当苹果从绿变红时，它用不着运动，它的组成部分也是如此，它只是躺在树上。但是颜色的变化与对象表面的反射性有关，而这显然可看作是，光谱的各部分通过空间传回到观察者的眼中，同时显然与那对象表面的纹理的内在改变（化学色素的微观变化等）有关。如果有人质疑说，即使没有内在物理的变化，对象的颜色外观也能变化，因为观察者的眼睛在记录相同光线长度时也会变化，那么明确的回答是，观察者的大脑和视网膜一定发生了变化，而且这也可看作是那些器官的微细部分的变化。尤其是，大脑的行为是由离子在突触间的运动构成的，而这显然是一种运动。心理状态的变化总与这样一些微观运动密不可分。③

化学相互作用涉及的是元素的结合和分离，而这又正好是

---

③  心理－物理随附性的标准论点可重新表述如下，若没有大脑构成部分的运动的变化，就没有心理的变化；如果两个主体的发生在大脑中的运动没有不同，那么他们在心理过程或状态上就不能有不同。如果两个大脑的粒子构成方面以及粒子怎样运动方面实际上是相同的，那么它们的意识状态也一定是相同的。如果我从有一个想法过渡到了有另一想法，那么这一定是因为我的大脑中的物质发生了运动，如突触间有离子流动。血液流向大脑的不同的部分，这种变化恰恰是血液在静脉和动脉中的运动。这种专属运动的随附性，比起通常把"大脑状态"作为随附基础的观点来说，看起来是一个更基本、更有争论的论断，因为断言心灵状态应该如此依赖于粒子的运动，似乎是极有争论的（请记住，电脉冲是电子沿着导体的运动，而这是神经纤维不会做的事情）。尽管如此，该论点似乎是真实的。

原子部分的空间上的重新排列；结冰和融化这样的过程其实就是构成元素遭遇了运动的变化，如这些元素分别有减少或增加。很难想象这样的物理过程，它不依赖于某个层次的位置变化。能量本身就是从一个地方到另一地方的运动，同时驱动宇宙一起运动。所有的物理变化要么是对象的运动，要么是对象内部的运动。宏观的变化要么来自于宏观的原因，要么来自于微观的原因。就宏观而言，运动的作用一般是显而易见的，比如说，一个对象出现，接着撞到另一个对象。就微观的情况而言，运动的作用就不能为肉眼所见，因此我们往往忽视它。比如说，细菌的运动并不像入侵的军队那样，当它们在血液中泛滥时能明显地引起可知觉的疾病。不管怎么说，微观的运动尽管不可见，但像宏观的运动一样是强有力的、无处不在的，而且是我们通常观察到的大量变化的原因。如果我们能像明显知觉到宏观运动一样知觉到微观运动，那么我们也许用不着去劝说人们相信，一切变化都由运动所支配。

无论如何，上述区分是没有形而上学基础的，因为它不过是我们的偶然感觉和现有技术的反映。宇宙的运动并不能被客观地区分为宏观和微观的运动。④ 微观实在所包含的距离可能

④ 宏观与微观的整体的区分显然有人类中心论的性质，因为它依赖于我们用感官所知觉的东西。没有什么东西内在地是微观的。原子相对于它们的基本构成，如质子、电子、中子等来说是宏观的，而行星相对于星系而言则是微观的。整个物质宇宙相对于无限空间（如果有这样的事物的话）来说是微观的。宏观的东西和微观的东西都不是自然类型。因此所谓的微观运动与宏观运动在类别上没有什么不同，仅从大小上说才有其不同罢了（当然，这两种运动因为有不同的作用力，也可能有区别）。

很小（即使这是一个人类中心论的描述），但其运动量仍可能是
巨大的，因为它们中有如此众多的东西在运动。这里的要点在
于，不存在两类本体论上的运动，即宏观运动和微观运动，而
只有运动，正是它促成了我们所观察到（或没有观察到）的所
有变化。世界也许让我们有这样的幻觉，即并非一切变化都基
于运动，例如变色龙颜色的变化就是如此，但对于更敏锐的眼
睛来说，运动的作用显而易见。对于幼稚的心智来说，从夜晚
到白天的变化似乎不依赖于运动，好像到了早晨天就亮了，但
只要仔细审视我们就会得知，这种变化根源于光子从太阳到达
地球的运动，老化、生锈、脸红、成熟、加热、硬化、死亡、
雷声等均莫不如此。我们已认识到，所有这些变化都伴随着某
个地方的由某物完成的位置变化。用哲学的行话说，所有变化
都随附于位置的变化。既然运动是位置的变化，因此我们就可
得出结论说，所有变化都可还原为唯一的一种变化，此即变化
一元论的命题。

　　如果所有变化都根源于运动，那么变化的速率也会受到相
应的影响。运动从一个地方到另一地方所花的时间，以及发动
运动所花的时间，都会产生种种限制。比如说就热而言，热的
变化率既取决于分子花了多长时间让它们的运动发生改变，又
取决于这些分子完成运动花了多长时间（越快，就越热）。变化
不会是瞬时的，因为有惯性必须予以克服，有距离必须予以跨
越。没有什么事物的速度有光速快，更不用说无限的速度，因 101
此变化一定会受制于这种对质量运动的限制。我们可以预言，
变化倾向于渐进，而不是突变，因为运动本身需要花费时间，

例如空间中的位移就是一个时间过程。尽管变化本身这一概念不是时间性的，例如我们能设想即时的变化，但位置变化的基本过程在本质上是时间性的。有机体的生长很缓慢（按人类的标准），但生长要出现，必须经历的运动却是相当多的。甚至地球为太阳照耀也花了相当长的时间，因为光从太阳到地球（大约）要花 8 分钟的旅程。章鱼可能突然表现出一种变化，如从一种颜色和纹路转变成另一种颜色和纹路，至少对肉眼来说是这样，但这之所以发生，仅仅是因为导致这种变化的是色素和分子的有限速度。如果粒子以无限速度从一个地方运动到另一地方，那么变化就可能是瞬时的，但这个世界的严峻事实是，这样的事情是不可能发生的。要想让新的事物发生，我们必须耐心等待物质在空间中悠闲地通过。而运动必然会消耗时间，因此变化也必然要花时间。

　　空间在变化中的作用也很突出，其表现是，若没有空间，就不可能有变化出现，因为运动只是空间位置的变化。⑤ 变化总要动用空间资源（特别是要利用我先前所说的空间的可入性）。这对于我们称作运动的变化再明显也不过了，但它对更一般的变化也终归具有根本性。因为变化要发生，空间就必须为具体的实在连续占领其不同的位置。对象要发生变化，它们（或它们的部分）与空间就必须有变化的关系。这样一来，时间

---

　　⑤　我们这里能够看到一个反笛卡尔二元论的轮廓，即心灵可变化，但空间中物质部分的运动不是其原因；非物质实体没有能在空间中运动的组成部分，因为它没有广延。这样一来，当心灵与运动这一唯一的变化之源如此被割裂时，笛卡尔该如何说明心灵的变化呢？

和空间就进到了变化的核心之中，因为变化依赖于运动（而运动应根据时空来定义）。变化之所以发生，是因为空间在不同时间接纳了新的进驻。

存在着不运动的事物吗？如果有这样的事物，那么我们就有望说，这事物不变化。例如数字不运动，因为 2 不会从空间的一个位置进到另一位置。它也没有能在空间中完成位移的组成部分。数字无法定位于空间中，甚至也不是运动的候选项。而且数字是不变的。如果数字能变化但不能运动，那么我们就有一个反例，但问题是，数字不是这样。空间也是类似的，它不能运动，因此也没有变化，当然不完全如此。空间的各部分不能穿越空间，而且这些部分明显不会发生变化。事实是，当一个新位置被一对象占据了时，空间就进到了与物质的一种新关系之中，但不会由此产生内在的变化，因为"变化"纯粹是关系性的。[6] 在静　102

⑥　第 1 章的敏锐读者将会在我这里所说的话与那里所辩护的理论之间发现不一致之处。我在这里说的是，物质穿过空间的运动不会让空间发生内在的改变；而在那里，我主张的是，运动会毁灭空间的连续的区域，这些区域是为运动着的对象所占据着的。但有两点值得注意，（a）毁灭一个空间部分并没有在那个部分引起一种变化（如我不会通过将你彻底毁灭而改变你）；（b）当运动着的对象离开空间部分时，那空间部分又立即重新出现，如绝对不变地突现出来。另一潜在的反例是由广义相对论提供的。这里的问题是，巨大物体进入一空间部分不会改变它的曲率吗？这难道不是空间中的内在变化吗？这的确难以评说，但从字面上理解，空间的弯曲就是一种运动（这不同于牛顿所主张的：空间的任何部分都不会运动）。如果质量让空间中的线由直变为弯曲，那么这就是空间线条中的一种运动。但我承认我仍不清楚：空间的弯曲究竟根源于什么？至少在日常意义上，空间不会为出现在它之内的东西所改变，因为事件和对象在曾容纳它们的空间不会留下任何痕迹，空间区域的历史不可能从它现在的本质推论出来。

止的空间是不可能有任何变化的，而且空间本身不能运动。如果空间的部分能运动，这当然是不可能的，那么它便从属于变化，但如果不是这样，那么它就是不变的，且（大概）是永恒的。力场也不能改变空间本身，因为场在某个时间弥漫于空间，然后又会停下来这样做，但基本的空间在本质上是不可改变的。空间不像物质，没有可运动的部分，空间不过是那使某物成为真正的变化主体的条件（而不是与事物建立的新的关系，即不是所谓的"桥梁变化"）。物质对象是变化的范例，它们也是在空间中运动的东西，因为这些不是偶然关联在一起的特征。

　　该如何看待心理变化呢？其变化也与运动着的质量有关吗？至少乍一看，似乎很难明白怎么是这个样子。假设我的思考从哲学转向了冲浪游戏，这是我的构成部分的重新定向的运动吗？这显然引出了心身问题和二元论难题。即使不细致讨论这类问题，我们也能明白，不管心理变化在本质上究竟是什么，但它在包含着运动的大脑中肯定有其关联物（correlate），而且如果我把这种关联物理解为心理变化的机制，那么我们就能得出结论说，运动也是心理变化的基础。（笛卡尔在原则上是一个关于心理变化的机械论者，即使他同时是关于心理本体论的顽固的二元论者。）即是说，我们能让我们限制在随附论之内，坚持认为，所有心理变化都依赖于大脑的运动，如离子跨过突触，如此等等。大脑中若没有这样的运动发生，就不会有任何心理上的变化，且相同的运动只会产生相同的心理变化。诱发电位（electrical potentials）诱发大脑中的粒子运动，而没有这样的运动，心灵就是静止的。你可试试，看能否在你的大脑处在运动冻结的情况下让心理发生变化。没有大脑原子的振动，即没有皮质的东西从 A 运动到 B，就不会有思维发生。因此神经科学告诉我们的是，脉冲从大脑一部分传递至另一部分。为什么是这个样子，如粒子运动为什么与意识息息相关？这些自然是十分令人困惑难解的问题。但这实际上就是大脑起作用的基本方式，它与任何其他物理对象如运动的粒子是一样的。[⑦] 毕竟，大脑的生长由于本身在本质上与运动密不可分，进而会导致心灵的发展，因此我们得知，这类心理变化依赖于运动着的物质层次的变化。心灵的变化像别的一切变化一样都根源于基础物质中的位置的变化，尽管这样说可能是神秘的。

103

　　这里的观点有助于解释笛卡尔所碰到的相互作用问题。无广延的心灵与有广延的身体的相互作用为什么那么困难？因为身体的变化根源于运动的出现，而这些作用怎么会影响（或被影响）不做这些事情的事物？那没有空间和运动的事物怎么能与那在本质上属于运动物质的事物发生因果关系？身体上的变化一定是它的组成部分的位置变化，但说事物能影响没有空间部分且原则上不能作为运动的某物，却似乎是不恰当的。运动

---

　　⑦　我们可以这样描述心身问题，即大脑中粒子的运动怎么能产生意识，而其他地方粒子的运动却没有这种作用？沿着神经纤维运行的电子怎么能产生意识，而沿着其他类型的导体运行的电子却不能产生意识？这两种情况中的运动难道不是相同的么？同样的原因不应该有同样的结果吗？是什么使得大脑中电子的运动如此不同？既然粒子四处游走和振动，而不仅仅是在大脑中，那么是什么使其在大脑中的运动和振动如此独特？（泛心论者在此将看到自己观点的一个惊人的证明，这就是，所有的粒子运动在大脑内部和外部都伴随着意识，否则人们就必须承认这情形是异常的。）

只能引起更多的运动，但在笛卡尔看来，心灵是不能运动的实体。当然，根据笛卡尔对心灵的设想，大脑能运动的部分不可能与心灵中的思想发生碰撞。我们肯定不能认为，一物对另一物的作用能像引力那样，因为思想既无质量又无位置。根据笛卡尔的二元论图景，相互作用是不可理喻的，因为大脑中的运动没法影响非空间的、无运动的心灵中的过程。⑧

如果我上面所说的是对的，那么物理学如此沉迷于运动的理由就清楚了，这就是，它首先是一种关于物理变化的理论。既然所有变化都以运动为基础，因此一种关于变化的令人满意的变化理论就只能与运动打交道。这与说物理学是关于物质的本质的理论判然有别。正如别的地方已论证过的，物理学事实上并没有告诉我们：物质是什么，因此几乎不能说它是关于物质本质的成功的理论。如果它是一种关于物质变化的理论，那么它就只需要关心物质变化的本质，而不需研究能变化事物的本质；位置的变化是物质所经历的最根本的变化。如果是这样，那么物理学的操作主义就开始有其意义了，因为变化就是104　发生了的事情，即某物所做的事情，因此在物理学中强调操作

---

⑧　笛卡尔可能是想将心灵从机械论中拯救出来，但代价是，他牺牲了关于心理变化的理论，这是因为他认为，心灵与大脑的相互作用是不可能的，心理实体本身没有能运动的部分。他大概一定会求助于纯粹未被解释的心理变化。这有点类似于这样的问题，即既然上帝有非空间的构成（即他没有可运动的部分），因此上帝怎么会发生变化，——除非上帝不被认为能变化。但心灵在所有时间都有变化，而且笛卡尔没有说明这是怎样发生的。当然，身体发生变化也不能以这样的方式。他大概想说的是，心灵真的没有变化。它们有变化，纯属幻觉。但这似乎是行不通的。

就完全是合情合理的（"不应问电子是什么，只应问它做了什么！"）。在物理学中，起点（和终点）都是行为（deed），而行为就在于从一个地方到达另一个地方。运动是物质做事的方式，即物质让变化发生所用的方式，因此如果物质变化就是你的核心关切，那么研究运动就是再自然也不过的事情。但是如果你对物质本身感兴趣，如想知道物质在本质上是什么，那么运动似乎就变得不那么重要了（难道不能有静止的物质吗？）。运动对于物质而言是外在的、偶然的（不是本质的一部分），但运动对于物质的种种活动（activities）来说则不大可能是外在的、偶然的。因此在我看来，物理学之所以专门研究运动，是因为它一直以关于物理变化的理论表现出来，而所有的变化又真的可归结为运动。⑨ 物理学关心的其实是宇宙怎样从一种状态进到另一状态。这个问题不同于宇宙本身是什么类型的事物这一问题。运动是宇宙在时间进化中所用的方式，因此研究这种进化的科学将是关于运动的科学。这样一来，物质将只会被看作是运动的自主体，不管这自主体可能是什么。

---

⑨　你大概会回应说，物理学也关心物质的构造、结构，以及物体向组成部分的分解，如从分子到原子再到基本粒子的分化。这不是对变化和活动本身的关注。确实是这样，但构成这些构造的实在本身可根据运动来设想，即是说根据它们怎样与空间中的别的实在的相互作用来设想。比如说，电子被理解为这样的东西，它们以某种方式围绕着原子核而运动，按照某些定律，将别的粒子引导过来、排斥出去，同时还有各种吸收和衍射的属性。电子是可以根据它的"运动轨迹"来定义的。它的电荷明显可根据它对别的粒子的运动的作用来理解。因此物质结构可设想为能运动的各部分的组合，可这样加以表述，即它是一种有流动性的构造，亦即倾向于做出运动的结构。如此设想的结构完全是由关于运动的观察决定的。原子中没有静止不动的东西。

关于变化的位移理论有一有趣的结论，即宇宙从根本上说是不变的。位置的变化是变化中的一种非常小的变化，例如当一个对象——比如说粒子或人——从一个地方运动到了另一个地方时，这个对象中就没有什么东西是完全由于位置的变化而内在地发生变化的。变化完全是外在的或关系性的。这对所涉及的位置和占据着位置的对象都是适用的，因为就其本质而言，没有什么变化了，只在它们之间的关系中才有变化。位置的变化是"桥梁变化"。由此可以说，如果所有变化都是位置的变化，那么所有变化从根本上说就仅仅是关系的变化。所有内在的变化都是相对于这里所说的对象的各部分的关系而言的关系性变化。比如说，形状的变化就内在于对象，但它根源于纯属关系上的变化，因为运动的粒子本身不会改变形状。在一种意义上，形状的变化是表面现象，它依赖于与位置变化结合在一起的构成要素中的形状的恒常不变性。事物的最终组成部分只会改变它们的位置，但这足以在它们构成的东西中引起内在的变化。

因此，说运动是所有变化的根源就等于说变化在本质上不是内在的，或者说不是不可还原的内在的东西，因为所有内在变化都表现为关系变化。因此宇宙在它用什么方式变化时遵循着节俭原则，即它总是从最少的东西中取得最多的东西。宇宙对变化是很保守的，即它尽可能少地发生变化。从根本上说，一切都保持原样，即使事物从一个地方到另一地方到处乱窜也莫不如此。运动中存在着巨大的能量，但是在引起内部变化时，它却是很懒惰的。我们在宇宙中看到的所有新奇特性，如构

105

型、颜色、质地等方面的新奇之处，都是不变的粒子采取了新路径的结果。所有内在变化都随附于关系变化，特别是随附于与空间的变化着的关系（或者如果你只相信相对的运动，那么可以说是相对于别的对象的关系上的变化）。经验世界比柏拉图想到的世界更加柏拉图化，即只有很少的永恒流变。从根本上说，事物即使经历了大量的运动，但总是保持不变。正是恒常不变性产生了无常多变性，而这得益于运动。

有这样一个问题，即变化对运动的依赖性是否是我们在做经验研究时所发现的一个关于宇宙的偶然事实？或者说，这种依赖性是否有某种先天必然的地位？存在着这样的世界吗，在其中，位移理论是错误的，内在变化的作用无处不在，而运动并不是变化的普遍根据？这样的世界能无矛盾地、不费力气地加以描述，但它真的是可能的吗？变化对运动的依赖会达到什么样的形而上学深度？它是实在本身的基本结构吗？我倾向于认为，它有深厚的形而上学基础，但要为之建构一个论证又绝非易事。

首先，如果变化依赖于运动这个命题在我们的世界具有普遍和系统的有效性，但又只有完全偶然的地位，那么就是十分令人奇怪的事情，因为它几乎不可能是一个意外。尽管我们的世界存在着五花八门的实在、力和规律，但所有的变化最终都与运动息息相关，这表明这里有某种不可避免性，好像宇宙要情不自禁地这样做。第二，似乎可以合理地怀疑，这种观点的保守本质具有形而上学的重要性：运动之所以是变化的基础，是因为它例示了纯关系变化这一原则，即在最根本的层次不存在内在的变化。假设基本层次上的内在变化是不可能的，这也许是因为它是不可解释的，那么让内在变化出现在较高层次的办法就是利用运动的本质，而运动允许宏观的变化，即使在基本要素中没有内在变化。所有内在变化都是从基本层次的非内在变化中派生出来的，因此我们不必面对宇宙基础层次的真实变化这样的事实，而且作为运动的变化是允许这一点的。这样一来，我们就能根据运动来解释变化，而不一定非要把变化看作是原始的事情。对于复合对象层次存在的内在变化来说，根本的变化没有必要有其可能性。运动允许这样的事情发生。现在不清楚的是，别的什么东西能保证变化的守恒性。尽管我对于内在变化为什么不具根本性找不到确切的根据，但我认为，它是一种具有某种力量的直觉，且让变化依赖于运动是避免假

106　定它的一种办法，也许是唯一的办法。[10]

　　有这样的命题，即也许是因为那种机械力的守恒，因此变化总以运动为媒介。如果该命题有先天的构成，那么这便有利

---

　　[10]　形状或大小的变化一定离不开组成部分的运动，这是因为与空间占据的关系发生了变化，如那物质一定从这里移动到了那里。但颜色的变化似乎不必然依赖于运动，因为没有最初的粒子的运动，颜色就不会出现吗？没有这样的可能世界吗，在那里对象自动从红变为蓝，同时在那个世界不存在任何运动？从逻辑上说，这听起来是不可能的，而给人以奇怪的感觉，因为这意味着对于颜色变化不会有任何解释。但是当对象基于基础的运动而发生变化时，在那里就没有必要出现奇迹般的事情，这大概是因为在最基本的层次没有内在的变化。位置变化并不是内在的变化，如果它能解释内在的变化，那么就没有必要假定奇迹般的东西。但是颜色的剧烈的变化由于不是凭借任何事物中的运动的任何变化，因而似乎是奇怪的，这与我们在现实世界看到的颜色变化形成了对比，因为这些变化与运动，与微细部分的重组有关。

于说明哲学中这样一些众所周知的例子的地位，如"热是分子运动""光是光子流"。它们被认为是后天必然的事例，且后天这一特点被认为无可争辩。我不想怀疑，这些命题是通过经验而发现的，但我们现在的思考让我们想到了它们的认识论的一个微妙的图景。试考察与热、光（或与水的结冰、沸腾等）有联系的特征变化，比如说，温度的上升和下降，光落入了一个黑色的表面。如果所有的变化都根源于组成部分的运动，且这是先天的真理，那么我们便先天地知道，这些与热、光有关的各种变化一定包含有某种形式的（隐蔽）运动，如热由某物构成，这某物以提高温度的方式运动；光一定由某物构成，这某物同样是随着光照变化而运动的。假如说，我们不是先天地知道，什么样的特定的运动在起作用，以及在起作用的是什么样的实在；但我们知道，潜在的机制一定与一种或另一运动有关，因此，由"热是（某种）运动"表述的命题便是先天的。

水的结冰和沸腾也大致相仿，因为水一定有其组成部分，它们大概是隐藏着的，当这些变化发生时，它们就以某种方式运动，即使这些运动部分的明显的本质有待经验的确证。这是重要的知识，且来自于似乎有先天理由的哲学命题，这理由即使不是无可置疑的。我们或许应当放弃关于先天和后天的传统认识论的二分法，转而强调说，这些变化中所涉及的运动来自于最一般的原则。这不是说，即使没有关于热可能是什么的任何先天知识，我们也会碰到热是什么这样的问题。因为我们知道，变化一般与运动有关，以至于在这样的特殊情况下，唯一的经验问题是，由于我们所具有的什么样的组成部分而会出现什么样的精确运动。运动促成变化的作用不只基于由归纳得到的那些特殊事例，而且来自于关于变化之可能性的更一般的思考。如果我关于变化的强制性守恒的看法事实上是对的，那么107　这至少是这样。⑪

　　这里也有这样的进一步的问题，即位移理论是否在逻辑上蕴涵着原子论。我曾肯定地用原子论术语阐述过这一理论，这是我们的世界观的根深蒂固的组成部分（我所说的原子论是广义的，包括场论）。如果所有变化都依赖于运动，必要的话，依赖于隐蔽的运动，那么我们又必须有能运动的实在，这些实在是能变化的对象的组成部分。比如说，植物要生长，植物就必

---

　　⑪　经验和理性在这些情况下的密切结合远大于先天和后天所允许的通常的二分。某些知识既有强烈的理性成分，同时还有经验的构成——这是物理世界的非常一般的特征（例如守恒原则、运动和变化之间的相互联系、物质和空间之间的明显差异）。康德曾用过先天综合的范畴，但其实最好是用“理性－经验”这样的概念，在这里，理性和经验的相对的作用可能有程度上的变化。例如理性有时的作用较突出，但有时是经验的作用较突出。这些是直接的历史性或区域性的事实。我们关于热是分子运动的知识有两种构成，如理性告诉我们，热一定包含着某种运动，因为所有变化皆如此；而经验对于确定有什么类型的运动、运动是什么又必不可少。正如我在第5章将表明的，惯性定律有突出的基于理性的构成，即使它要受到来自经验的检验。物理学似乎充满着如此混合的情况，如理性和经验紧密连在一起。常用来说明先天和后天知识差别的事例不属于这灰色地带，如分析或数学的真理，关于单个具体事实的真理，或关于自然规律的真理。但似乎存在着许多事例，在里面，旧的二分法太刻板、太简单，比如高阶的物理学原则就是如此。下一章将讨论这样的论题，如静止对象在没有受到外力干扰时仍会继续静止，这样的命题是什么样的真理？它既不像“单身汉是未结婚的男子”“2＋2＝4”，也不像“泰晤士河流经伦敦”“引力遵循反比平方定律”。从直觉上说，它似乎既会受到理性的支持，又会受到经验的证实。

须有（或要获得）能运动的部分，即使不能用肉眼来分辨这些部分。在这种意义上，变化的本质让我们在进行任何详细的实验探讨之前（这难道不是德谟克利特所想到的那个观念吗？）就转向了关于事物的原子论概念，至少转向一种分体学的概念。不过，目前尚不清楚的是，这里所说的部分像原子典型地所是的那样一定是离散的。我们在坚持说物质在结构上连续但不由离散的、空间上分散的要素所构成这一点时，难道不能接受运动着的部分产生了变化这一观点吗？例如当一对象改变形状时，它的部分就会在空间中运动，但这些部分像几何学部分一样，与相邻部分保持着连续性。我们可把一个球体压缩成一个椭圆体，进而使它的组成部分以彼此相关的方式运动，但不能由此得出结论说，这些部分是离散的、独立的。这可能是因为这里的物质没有间隙。连续的物质难道不能有弹性吗？运动着的部分这一观念并不一定能推出运动着的离散部分这一观念。因此我们目前的原子论图景（或德谟克利特的图景）并不来自于变化的本质，即使一种较弱形式的原子论是这样看的，它认为组合（但连续）的单元在几何学上是各不相同的，能在空间中穿梭，进而引起变化。

宏观层次的湮灭就是对象分解成它们的组成部分，进而这些部分在空间中四处飘散。这是一种运动形式，对应于这里所说的变化。但是这些部分本身又怎样呢，即它们是怎样毁灭的？如果所有变化都是运动，且湮灭就是变化，没有部分就没有对象，那么那些对象怎样终止其存在呢？事物不可能仅仅由于运动而终止其存在；它一定会分解成相互远离的部分，进而 108

不再结合为整体。但物质的终极构成成分不可能有这样的作为，因为它们没有部分。因此结论是，它们不可能被毁灭。更准确地说，终极的粒子要么是永恒的，要么能通过部分的运动之外的某种方式毁灭，而这又与我们的观点相悖。我强调的是，终极部分的不朽性在物理学中一般是被认可的（这常常得到守恒原理的支持），比如说，光子绝不会不存在。[12]我的观点是，基于我一直在列举的一般性理由，可引出上述结论。假设终极的实在是弦，若它们没有部分，那么我们就能说，只有它们所从属的变化才一致于它们的振荡模式（即一种运动）。它们不能终止存在，因为它们没有相互远离的且能分散的部分。因此所有变化，包括湮灭，都是运动这一观点便意味着，存在着具有永恒性的原始要素。这同时也意味着，内在的变

---

[12]　可这样加以简化，即光子的质量或能量不能被毁灭，即使个别的光子可能被别的粒子吸收。即是说，光子的材料不可能被毁灭，或者说任何别的基本粒子的材料不会被毁灭。我认为，构成一个光子的一束能量在哲学家的意义上是一种个例，因此这个个例是不朽的。构成这材料的原初的粒子是否真的会毁灭，是一个棘手的问题，因为这不同于以某些相互作用的方式改变它的形式。不管怎么说，物质的基本组成部分（我们不妨把它们称作能量束）是不朽的，它们是个别的，而非共相，是时空中的具体的居民。这是导论中述及的那些明显事实中的一个，它们常常被报告为世俗的事实。但可这样考虑，即在空间中存在着发出响声且以最大加速度运动的特殊个体，它们发生碰撞，到处跳跃，不断改变方向，就像光一样，它们将永恒存在。没有什么事物会终结它们在空间中旅行式的存在。它们在今天可能是光子，明天又可能成为电子的组成部分（以高能的形式），但它们真的是永恒的。强大的太阳可能在眨眼间消失，但（稍微简单一点说）光子会是永恒的，如从宇宙的一端抖动到另一端，并保持它的存在。人的生命相较于光子的生命不到一纳秒长。光子像空间本身一样是宇宙的固定装置。光子（即能量束）的生命像上帝一样长。

化总是表面的。从根本上说，事物没有变化，它们会永远继续下去。

当我们回到我们先前关于运动本质的讨论时，[13] 最后有一点不能不说。我一直坚持认为，变化由运动构成，但在本部分我对运动是什么并没有说什么实质性的东西。在前一章，我详细地讨论了运动的本质，发现说相对运动和绝对运动都有欠缺。我的结论是，最好的观点应为，运动就是我们不知道其是什么的东西。"运动"一词指的是某种真实、客观的东西，但对于它可能是什么，我们没有任何好的主意。运动是一种自然的神秘现象。现在我可把这一思路与这里的论证结合起来，进而提出，变化由运动构成，但运动是神秘的，因此变化也是神秘的。如果我们真的不知道运动是什么，即我们对它的内在（非抽象）本质没有任何肯定的概念，那么我们也没法把握变化的本质，因为变化可还原为运动。赞同关于变化的位移理论的牛顿主义者会认为自己理解了变化的内在本质，因为他以为自己知道运动内在地是什么，可理解为什么；对于赞同位移理论的莱布尼茨主义者也是如此，因为对他来说，运动就是相对位置的变化。但是有这样的人，他们认为这两种观点都不令人满意，且怀疑运动与物质一样都属于神秘现象的一边。对于他们来说，明显的结论是，变化对理智是不透明的。换言之，我们对变化本质的唯一的了解是由物理学

109

---

[13]　请看第 3 章。

所获得的关于运动的纯结构的、数学的构想所提供的。[⑭] 根据那个构想，我们能对运动做出测量，并为它提供规律，但我们并不能说明它的内在特征。如果这一章所说的是对的，那么这个结论就能推广到我们关于变化的构想之上，如可以说，我们尽管有测量和规律，但我们事实上不知道变化究竟是什么，即是说，我们不知道变化根源于什么。这是一个相当大的空白。[⑮]

_____

⑭　我们可以认为，我们对于运动的认识比我们实际得到的要好一些，这是由视觉把运动呈现给我们的方式决定的。但正如我在第3章所论证过的，这不是一种合理的观点，因为没有理由说视觉暴露了运动的真实本质。不过，我们仍倾向于认为，我们对变化的理解比我们已有的理解要好一些，因为我们认为运动是在感性知觉中显示给我们的。不过，如果运动是模糊的，那么变化也是这样。"变化"一词指的是这样的过程，它的本质是我们没有把握到的，因为它指的是运动，且我们并没有理解运动。我们对相对位置的变化有一定的了解，这融入了我们关于变化一般所依据的东西的概念之中，但正如我在第3章中所论证的那样，相对位置的纯粹变化并不是运动，因此这真的没有为我们提供关于变化的正确的观念。如洛克所说，我们只有关于变化的"不适当的观念"，或更准确地说，我们只有关于变化机制的不适当的观念。变化是因为运动的神秘的过程而发生的，因此它本身也是神秘的。

⑮　请允许我在这里再做这样的澄清，即我们能定义变化，因此我们对这个词的意义不是一无所知。粗略地说，它指的是在时间中获得的新的属性（如"变成了不同的东西"）；但这并不意味着，我们已认识到，变化事实上根源于什么。如果这里的论证是对的，那么我们也知道变化由运动所构成，但这超出了这个词的意义。我想说的是，我们不知道变化的本质，因为我们不知道运动的本质，即不知道运动本身究竟是什么。（也有这样的问题，即我们是否知道时间的本质。）我们知道变化根源于运动，不管运动可能是什么，但我们没法填补这里的空白，形成关于运动的说明。如果绝对运动是可理解的且是正确的，那么我们就能说运动是什么，但那个理论最终以失败而告终。在"定义"一词的词典意义上，我们能定义"变化"和"运动"这些词，但根据这个事实不能得出结论说，我们已知道这些词的所指是什么。对于客观实在的本质，不能允许我们的语言能力在我们身上培养错误的认识安全感。

# 110

# 第 5 章　惯性定律

　　牛顿的运动第一定律说的是，静止的物体一直会静止，除非有外力加于其上；匀速运动的物体仍会处在匀速运动状态，除非有外力加于其上。用牛顿自己的话说："每一物体会保持它的静止状态或沿直线的匀速运动状态，除非加于它的力改变了那种状态。"（第19页）[①] 牛顿是这样解释该定律的，"抛射物会保持它们的运动，只要它们不为空气阻力所阻碍，或不受引力作用而向下运动"（第19页）。上面所提到的两种力，即空气阻力和引力引起了这样的幻觉，即运动不会自然保持不变，但是若没有这两种力，运动便会保持不变（不同于亚里士多德的看法）。牛顿上面那句话中的后半句在传统观点中被认为至关重要，前半句则是自明的。更明确地说，它说的是，若没有加速或减速，沿直线匀速运动的对象会继续沿直线而匀速运动，直至永远，除非有外力作用于其上（如果一对象在力的作用下一

---

　　[①]　参阅《原理》，"公理或运动定律"。页码均附在文中。

开始就沿弧形路线运动，那么一旦取消了那种力，它就会沿直线运动，即它不会保持弧形轨迹）。从直观上说，对象会保持它现在的运动，除非有某物阻止了它。方向或速度的改变离不开外力的干预。这意思是说，在宇宙中，如果没有外力，而只有运动的物体本身，那么运动会永远畅通无阻地继续下去（假如空间没有边界）。

111 　　作为一个推论，这个定律还有这样的意思，即保持运动的倾向不依赖于质量，因为不管一对象的质量有多大（要么非常轻，要么非常重），它仍会继续处在运动状态之中，除非它被阻止这样运动。质量能决定的是，在改变运动（比如说，从静止的位置转向直线运动）时需要多大的力，但质量不会影响对象在没有外在作用的情况下保持运动的能力（一个较轻的对象会像一个较重的对象一样继续运动，反之亦然）。② 其实，这个定律一无例外地适用于物质宇宙中的全部质量，包括适用于最小的粒子。物体阻止运动的变化与它们的质量是成正比的，但物体只要开始运动就不变地保持其运动的倾向。物体并不都有相同的惯性，但它们都是一样被装配好了的，进而能保持它们的

---

　　② 我们倾向于认为，重的对象的运动比轻的对象的运动自然要慢一些，因为它的重量抵消了最初的推动力，但事实上它会像轻的对象一样保持其运动。地面上的观察也表明，非常轻的对象像羽毛一样自然会很快地慢下来，但事实上这恰恰是由于空气所产生的摩擦力。适当地进到没有阻力的空间中的一根羽毛会像子弹一样继续运动。一个对象只要有力施加于其上，不管质量怎样，都会从静止状态转向运动状态，且会以相同的速度继续运动，从最重的金属到最轻的花粉都是这样。引起运动状态所需的力量之大小与该运动的维持无关。

运动状态。运动就其本质而言，是一种即使没有外力（甚或内力）帮助也能源源不断释放出来的活动。

牛顿的思想拒绝亚里士多德的运动观，正因为如此，这一思想才被认为具有革命意义（笛卡尔和伽利略已明白了其基本观念）。亚氏认为，运动是一种自然地散发的活动，例如一静止对象在没有外在干涉的情况下自然会处在静止中，而运动的对象随着时间消逝会失去其运动状态，不管有无什么事物来干扰它。这一观点能得到日常观察的支持，如球体沿着平面滚动，箭射入空气之中。事物似乎会自发耗尽其动力。而伽利略、笛卡尔和牛顿认为，这些效应根源于摩擦力和引力，于是，他们在空洞的、自由的空间中考察运动的事例。在亚氏看来，保持事物运动的东西是经常得到更新的力，最初的力会消失，除非得到补充；但在牛顿看来，保持运动用不着力，只有外加的力才能阻止运动（或让它加速）。正如我们所说的那样，亚氏认为逐渐减弱的运动是自然的，而牛顿认为保持恒定运动是自然的。对于牛顿来说，力的不在场是匀速运动的基础；对于亚氏来说，力的在场是匀速运动的必要条件。在牛顿看来，连续运动是不费力的，对于亚氏来说，情况则相反。这些显然是有深刻差异的观点，反映了他们关于因果关系和变化的基本原则。现在一般认为，牛顿对亚氏的否定是正确的。

所有这些都是大家足够熟悉的，而我将追问的是，惯性定律有何地位？它来自于哪里？亚氏认为，它明显来自于日常观察。他对地球上的事物如何运动的描述大致来说是正确的。但

从理论上说，他对它的理解是错误的，他误解了那些基本原
112 则。牛顿是怎样知道这一点的呢？他不像亚氏那样诉诸观察，
而注意到，对象一直保持运动，除非阻止它们运动。确切地
说，他的改进表现在概念方面，例如他做了关于无摩擦的空洞
空间和零引力的思想实验，进而得出结论说，在如此这般的条
件中，对象会保持它的运动状态。他之所以没有现实地做这样
的实验，仅仅是因为在地球上没法进入没有引力的空间。

这样一来，惯性定律常被用来解释天体和地球上物体的被
观察到的运动，当然会辅之以各种力的作用。对牛顿再明显不
过的是，一旦你对它做出思考，惯性定律就一定会得到坚持，
因此亚氏的观点就一定是错误的。关于牛顿的三大定律究竟是
经验性概括还是先天性原则，一直存在着不同的看法。一种感
觉是，它们不只是纯粹的（通过归纳概括的）经验观察的记录。
事实上，当牛顿阐明他的定律时，他是在"公理或运动定律"
的标题下加以阐释的，他这里说的仿佛是数学的确定性。对
此，彭加勒尖锐质问道：

惯性原则既然不是先天真理（牛顿似乎肯定这一点），
那么它是实验事实吗？但是有人从实验上研究过摆脱了每
种作用力的物体吗？如果是这样，怎样知道这些物体没有
受到任何力的作用呢？这是因为它离别的物体太远因而不
能从它们身上经验到任何可感的作用吗？然而它离地球的
距离不比它被自由地抛到空间中的距离远。每个人都知道，
在这种情况下，由于地球的引力作用，它会受到引力的影

响。（第 66—67 页）[3]

根据表述牛顿定律的命题，关于先天与经验的古老的二分法也许太过粗浅，但我认为我们能弄明白，为什么一直有人觉得牛顿定律中至少有一种先天的构成。特别是，第一定律似乎来自于对情境的分析，而不是来自于新的经验发现。一旦你理解了牛顿所说的话，那么你便会认可他的定律，因为它依据的是理性。我想探讨是，为什么会是这样，例如惯性定律为什么让我们觉得是自明的（一旦它被准确予以理解）？事实上，它的第一部分即关于静止之保持的断言似乎是自明的（对亚氏大概也是这样）；但第二部分也不例外，只要它被清楚地加以阐释，那么它就有无可辩驳的外观。它与把引力、距离、质量关联起来的反比平方定律形成了鲜明对比，而这个定律让我们看到，它完全是经验的，而没有先无的自明性。这一定律也许是来自于强迫人们立即同意的、更一般的形而上学原则吗？

为了消除这个定律的合取的形式，我们可以重新对之做出阐释。我们需要坚持的是，物体的运动状态依然不会改变，除非有外力加于其上。在这里，我们引入了关于运动状态的一般概念，它包括静止和匀速运动，很显然，我们让它建立在了变化观念的基础之上。运动的变化包括加速和减速，以及方向的改变，即除了沿直线的匀速运动之外的一切。由此，我们可以

113

---

③《科学与假说》。彭加勒坚持的是关于牛顿定律的"保守主义"观点，这是关于先天原则的一种实证主义的替代品。

说，运动的变化离不开外在的原因，即让它得以产生的力量。亚氏认为，没有外力的出现，运动之变化也会发生，但牛顿告诫我们，没有外在的某物使之变化，运动不会发生改变。运动的改变离不开外在原因，但运动的恒定性则不是这样。换言之，运动的恒定性不需要解释，但运动的改变则需要解释。还可这样说，运动的恒定性对物体来说是自然的，而运动的改变则不是。对象在不同时间保持相同状态其实是对象在放任自流状态下所做的事情。一对象的运动状态如果不是恒定的，那么它一定受到了干扰。一对象仍会继续恒定地处在静止之中，除非作用力发生了改变。只要运动中的对象没有什么来阻碍它前进，那么它就会一直保持相同的运动。可以说，运动的恒定性是宇宙的被默认的状态，一直会保持，除非受到了对抗力量的干扰。恒定性不需要维持性的原因，而变化则离不开颠覆性力量。

为了让惯性定律继续更加一般化，我已对之做了不厌其烦的阐释，同时强调恒定性和变化性概念。接下来的一步显然是要弄清，我们是否能在这个定律中放弃对运动的诉求，而又不偏离真理。如果是这样，那么更一般的原则就是这样的，即属性的恒定性用不着解释性的、起维持作用的原因，但属性的变化则需要。换言之，对象会保持它们的本质，除非有外力来干扰。更直白地说，事物不会变化，除非有外力使之改变。因此惯性定律是这个更一般原则的一个特例，同时它继承了这一原则的形而上学和认识论地位。

但这个一般原则是真实的吗？这个问题有点蹊跷。试看质量，除非有外力来干扰，如把对象分成碎片，对象会保持其质量吗？回答是肯定的，质量被保存在对象之中，除非有某物来改变它。对象不会自动失去其质量，就像它们不会自动失去其运动一样，因为质量一定在它们里面。事物不会随着时间的推移而自动变轻，就像它们不会随着时间的推移而自动变慢一样。再看一个物体在自由空间中没有任何（来自于外和内的）力作用于它的运动，它会随着时间推移而失去质量吗？我认为，绝对不会。因此我们能这样表述关于质量的第一定律：除非有压力作用于物体，物体便会一直保持它们的质量。它们不会变轻或变重，除非有某物，例如空气的摩擦力，使它们变轻或变重。这似乎是显而易见的，不需要有实验的验证（即使可列举许多例证来支持这一命题）。

或者还可考察形状和颜色：除非有力来干扰物体，否则它们不会在时间中保持这些属性吗？自然，到处有力在无情地施加干扰，正像在地球上，摩擦力和引力这样的力会阻止对象的自然运动。一对象被压碎或受到挤压，从而丧失原有的形状；另外，只要对之涂画，它会失去它的颜色；或将它放到阳光下，它会褪色。但是如果将对象放在一边，如放在没有力的环境中，不予理睬，就像在地球上从没有发生过一样，那么这些对象就会保持它们的形状和颜色，即不会自动失去这些属性，就像它们有终结自己的存在和本性的倾向一样。若没有某种独立的自主作用让其发生改变，那么方形或红色的事物就不会在时间中让自己失去这些性质。因此不只运动有保持自己存在和本质的倾向。持久性就是规律，除非有外

114

力的干扰。牛顿可能这样表达自己对亚氏的否定，如果你认为质量、形状和颜色不会自动发生改变，那么你为什么如此肯定运动会自动发生改变？运动为什么是属性保全这一一般规律的一个例外？

这里，我们有必要做出一种限制。有的人可能会质疑说，质量、形状和颜色的某些变化根源于对象内在的东西；并非所有这样的变化都受外力的影响。在对象中，难道就没有这样的内在力量，它们让该对象失去质量、形状或颜色吗？破坏恒定性的敌人难道不能就在它的大门之内吗？可以肯定，变化的某些原因可能存在于对象的空间界限之内，就像一对象的粒子经历了能量的振荡或位置的改变一样。章鱼难道不能凭内部力量改变自己的形状、颜色和轨迹？④ 化合物难道不能由于内部而发生爆炸？行星有时不是由于巨大的内部动荡而被摧毁了？人在穿越空旷的空间时，难道不会在没有来自外部压力的情况下随着时间推移而发生剧烈变化吗？很显然，这些事情都是可能的，甚至是现实的。

但应注意的是，这样说也完全适用于匀速运动的事例。牛顿定律一般是参照这样的"外"力来加以表述的，即与对象的运行路线相互作用的外力（牛顿本人常说"外来的力"［impressed forces］，他想到的主要是来自于外部物体的引力），但完全有这样的可能，即对象的运动由于某个发生于内部的事

---

④ 它也能改变它的质量，比如说吃掉它的触须，就像人通过自我绝食而减少质量一样。很显然，你只要决定加速或减速，你就能改变你的运动状态，且这不是外部施加的力量的结果。

件——比如说内部爆炸——而发生改变。一种力能由它内在的东西释放出来，进而使运动变慢、变快或改变方向。因此承认"外"力一定是一种方便的松绑，而这样做又没有违背该定律的核心思想。很显然，该定律真正想说的东西是，运动的变化离不开某种相互作用，而且这相互作用可以是一对象与它自己内在的一部分或更多部分之间的相互作用。这就是说，运动的变化离不开新的力，即除了让对象开始运动的力量之外的一切东西。一旦运动开始了，这个新力"之外"的东西就是多余的。如果新的力从对象内部产生了，那么这个力就会恰到好处地影响这对象的运动，因为这种力没有必要来自于从空间中消失了的对象。亚氏认为，最初的力自然会消耗掉，因此运动的变化不需要额外随附发生的力；牛顿则认为，最初的力的作用会无限期地存在，只有在某种新的力出现在那场景中时才会消失，不管这新力是来自于该对象的空间界限之内还是之外。这里的基本观点是，运动的变化离不开最初让对象运动起来的力之上附加的力。如果不出现附加的力，运动的恒定性就会发生。⑤ 115

　　但我们现在能明白的是，我所述及的其他守恒定律也需要做类似的修改。一对象之所以能改变其质量、形状或颜色，可

----

　　⑤　如果没有力发动运动，即如果对象生来就在运动，那么该定律说的便是，对象的运动只会随着力的施加才发生改变。不管匀速运动是怎样起源的，不管这运动是否要借助力，运动的变化都离不开某种新的表现为力的东西，因为任何对匀速运动的偏离都需要有一种力在那偏离发生时起作用，当然亚氏不这么看。

以肯定那是因为一种内生的力，但任何这样的力与拥有原来的质量、形状或颜色没什么关系，因为这样的力是某种附加的、"外在的"东西。这里的关键点在于，拥有特定的质量、形状或颜色并不是某种能内在地消散的东西，好像它的内在本质中刻上了有效期限。物体确实能从内到外发生衰变，这相当于有一种来自于内部的力在起作用，但这不是它的属性本身的问题，因为属性本身有以任何方式减弱或转化或改变的倾向，如亚氏所说的那样，匀速运动的属性就是如此。这对于一般的属性来说大概是显而易见的，因为它们并不包含消灭自己的程序。

牛顿看到的是，匀速运动的属性没有不同，如它也固有持续存在、一直如常、不会消失的倾向。这对于静止这一属性来说也是再明显不过的了，因为静止本身并不是不安于运动，而运动本来是能动的（或者我们如此认为），因此更令人吃惊的是，它的存在是持续的，除非有外力予以剥夺。根据这样的解释，牛顿的看法是，匀速运动像质量和形状一样不包含毁灭自己的种子，如果不受到有力的破坏，那么它就会保持其恒常性。正像宇宙中孤立的物体（它内部的力量不会变化）不会改变它的质量或形状或颜色一样，匀速运动也不会改变它的运动状态，即使它以每小时百万英里的速度行驶，即使它像十个太阳一样重，且在过去50亿年里一直处在那种运动状态，匀速运动也会如此。如果我们用粒子说明这一点，那么我们就可省掉关于内生力量的限制，如说基本粒子不会改变它的质量或形状或匀速运动状态，除非有某种（空间上的）

外力干扰了它。[⑥]

　　如果这是看待物质的正确的方式，那么惯性定律就可从更一般的恒定（perseverance）定律推演出来，进而我们可把这一定律称作"无原因的恒常性（constancy）定律"。直白地说，除 116 非对象受到外部原因的作用，否则它就会一直保持它的属性恒常不变。换言之，属性的恒常性是定则，是默认条件，除非对象屈服于外在影响（请注意，我们对"外在"必须像前面所强调的那样小心）。再换一种说法，变化总是由外在的原因引起的（相对于能变化的东西而言）。从宏观上说，宇宙会保持它的属性的恒常性，除非对象间存在着相互作用，除非有力加之于事物（要么从外，要么从内）。宇宙有保持其相同性的根深蒂固的倾向。只有当有力量使之改变时，它才改变。基于这个一般原则，我们就能把牛顿第一定律作为一个特例演绎出来，如果是这样，它是来自于一个更加一般的、有形而上学基础的原则（不是来自于对运动对象的日常经验观察）。

――――――――――

　　⑥　这表达了关于一般规律的这样一种新的阐释，即物质不会改变自己的属性，除非有作用力让它这样做。物质事物的实体，不管它究竟是什么，它总是这个样子，即它自然保持它通常例示的属性。因此物质不是凭它的本质而反复无常，或渴望改变，它倾向于恒定、稳定和同一。物质在本质上是保守的，总想维持它原有的风貌。延展、固态、惰性、引力、抵制变化，这都是我们称作"物质"的东西的神秘本质（参阅第 2 章对物质的神秘性的相关讨论）。物质只有在受到了力的作用时才发生变化，否则它会一直固守它已经具有的属性。在另一可能世界，构成物体的材料也许自然是变化无常的，不用新的力量就能改变它的存在方式（亚里士多德或赫拉克利特所说的物质就是这样）。但我们所熟悉的古老物质早已过时了（而且我是从最好的方面理解这一点的）。因此惯性定律反映的是我们所拥有的物质的内在本质（但我们并不知道这本质是什么）。

事实上，这一原则完全有理由获得一种先天的地位。基本的直觉是，恒常性是自然的，用不着特别的解释，而变化则离不开某种原因和解释。变化总是由于一种理由而发生的，但恒常性恰好是它本然地保存自身的本质。我们可以说，大自然从构成上说是惰性的，这就是惯性定律得以成立的原因。用拟人化的方式说，运动着的对象总喜欢一直做它们正在做的事情，极其厌恶变化，只是在做别的事情时，才有对外来的压力的需要。要放慢（或要加快），就需要有变化，而变化又离不开能量，因此大自然不可能受到什么打扰。这是这样一种最少行为原则，即保持相同比经历新的变化要好，从而将能量的消耗降低到最小，即使没法避免这些讨厌的、执意让其不得安宁的外力。对象本身是保守的东西，只有在与别的对象相互作用时，才被唤醒，进而走别的路。惯性定律反映的是自然的构成上的被动性，亦即自然的这样的倾向性，若没有适当的原因，它总倾向于保持不变。⑦

现在可能有人抱怨说，运动恒常性的事例与我引述的别的形式的恒常性之间存在着严重的不对称性。似乎可合理地说，质量、形状和颜色的变化离不开外在的原因，而它们的恒常性

---

⑦　在这里，我清醒地知道我经常用不同的词语来重复表述相同的思想。我这样做是基于自觉的哲学方法论而有意为之。我相信，哲学的明朗常常来自于反复的说明，因为人们需从不同角度去理解某一观点，以便完全走进去。人们需要对有关观点做反复的思考，努力寻找最恰当的语词或新的语词。只是接受了该观点还不够；还必须融会贯通。这就是释义在哲学中为什么如此重要的原因。这也是不同时期的哲学家为什么总会用不同词汇重新表述同一观点的原因。重复就是好（如果重复正确的话）！

是一种默认的状态，既不需原因，又不需解释，这恰恰是因为
这些恒常性并不涉及任何形式的变化。但是就匀速运动而言，
运动的相同性实际上是位置的变化，因此对象在以均匀速度运
动时会随时间变化而变化。这种变化足以证明，主张匀速运动
是本体论恒常性的一个事例的观点是错误的。如果那对象改变
了位置，那么这里就有不需用外力来解释的变化，因此有用的　117
原则不可能是，恒常性不需要解释。事实上，运动状态本身没
有变化，但对象显然是随着运动而改变位置的，然而这又用不
着任何原因或解释。比如说，形状的恒常性并不涉及任何别的
东西的变化，而运动的恒常性只涉及位置的变化，因此这些情
况是大不相同的。如果是这样，我们就不能把一种情况理解为
另一种情况。可以说，运动的例子之所以如此有趣和奇特，显
然是因为它涉及了一种不需要力量就能发生的变化，即位置的
变化。

　　对这一反对意见可提供两种回答。第一是，运动的状态仍
是恒常的，而且这状态就是在未受阻的运动中得到保存的东
西，因此我们能坚持说，那个定律是恒常性不需解释这一原则
的一个例子。以特定的匀速而运动的属性就是对象在改变位置
时得到保持的东西。对象会继续保持该属性，除非有外力闯进
来驱赶它。但是第二，位置变化是一种非常特殊的变化，即它
是一种关系性（或桥梁性）变化。对象本身不会由位置的变化
而发生改变。如果对象的内在属性在时间中变了，同时又没有
外在的（或附加的）力加于其上，那么这真的是十分奇怪的
（可以说是不可能的）事情，因为这意味着一种自发的、无根据

201

的内在转变。这真的不同于质量、形状和颜色的事例，不适合放在这个论题之下。

位置变化并不是内部变化；它纯粹是与空间区域之关系的变化。亚氏根据连续更新的力解释了以匀速发生的位置变化，并假定说，即使是这种纯关系的变化也需要有一种力来引起它。但牛顿则说，位置的变化不需要得到任何连续施加的力的维持，因此有些变化是自然发生的，用不着注入新的力，因为这些变化涉及的是纯关系的变化。这绝不是说，恒常性不需要解释，而变化则相反，因为有些变化显然也不需要解释。

然而，牛顿所说的意思不是，某些内在变化在没有解释的情况下也会发生，正如我曾说过的，这是相当卓越的见解。确切地说，这里的变化完全是（所谓的）关系上的变化，即是说，对象不会在改变了位置时真的发生了变化，它只是改变了与空间及别的对象的关系。从内在方面说，那对象仍是相同的。因此我们可以这样重新表述那个一般规律，如断言：所有内在变化都需要有外力，而匀速运动的事例并不涉及内在的变化。这个例子真的不同于下述的情况，即一对象会随着运动而改变它与别的对象的空间关系，但是这类"变化"不需要这样的外力，即为了解释它而将作用力加于第一个对象的外力。对于所有内在变化都需要一种力来予以解释这一主张来说，这显然不是一个反例。因此惯性定律尽管讲到了时间中的位置变化，但并不是下述论断的一个反例，这论断是，任何事物不会有内在变化，除非有一种力让它发生。因此，我们仍可以说，第一定律的基本原则是，恒常性不需要维持的力量，但（内在）变化则总离不开力的加持。

　　我先前曾说过，静止的恒常性比匀速运动的恒常性被认为 118
更令人惊诧。人们觉得，对象自然地处在静止之中，而连续运
动则离不开某种努力（effort）。但不清楚的是，这不同的态度
若不考虑摩擦力和引力的作用是否还会得到继续坚持。在地球
上，静止的对象是受摩擦力和引力的制约的，同时有自己固有
的惯性，例如使之留在原地不动是由所有三种因素共同决定
的。这也适用于地球上物体的被观察到的运动。但一旦我们以
理想化方式摆脱了摩擦力和引力时，静止就像连续的匀速运动
一样似乎成了不确定的，如一旦不考虑摩擦力和引力，要让事
物钉在原地不动，可能就需要有一种外力，正如亚里士多德所
设想的。其实，静止的事例就像自由运动的事例一样，在两种
情况下，只有物质的惯性本身在阻止运动的变化。自动地从静
止的位置开始移动初看起来就像自动改变匀速运动状态一样可
行——不多也不少。仅只关注地球上的情况会引起这样的幻觉，
即静止不知何故比连续匀速运动更稳定。事实上，两者都同样
根源于自身同一的原则，即对象维持它们的运动状态——零或
非零，除非有某物出来让它们发生改变。适当地加以考察，两
种主张的任何一种与另一种说法一样都不是自明的。说对象在
空洞空间中不能开始自己的运动，是不可靠或不可理解的，就
像说它不能凭自己改变它自己的运动方向或速度一样。两种说
法都不符合现实的情况，而且是牛顿第一定律所否定的东西。

　　此外，从相对运动的观点看，两种情况之间不可能有根本
的不同。牛顿本人相信有绝对运动，因此对他而言，静止和运

动之间肯定有根本的不同，但对于那些只承认相对运动的人来说，它们不可能有不同。根据这一观点，一切事物相对于自己来说是静止的，相对于其他事物来说就是运动的。因此不离开静止的位置就是在保持匀速运动——相对于某种被选择的静止坐标而言。根据相对的观点，从根本上说，没有一种运动状态是静止匀速运动的一个实例，因此两种情况的保持都是一样的。即使是对于那些相信绝对运动的人来说，不得不承认的是，哪些对象绝对处在静止中，哪些绝对在运动，这些都不能根据观察来推论，因为只有相对运动才能被观察到。对于任何特定对象，我们无法判断的是，该对象的运动变化究竟是离开绝对静止的状态，还是已在进行之中的绝对运动的变化。再者，静止与运动的差异不能像人们想象的那样加以断定。因此如果我对静止情况所做的分析是合理的，那么对匀速运动事例的分析也一定是这样，即两者都是自然的恒常性，它们的保持用不着别的刺激作用。

惯性定律说的是，自由运动的物体会沿直线永远运动，既不会沿圆形，也不会沿椭圆形。亚氏认为，天体运动自然是沿圆形运动；牛顿对行星椭圆轨迹的解释依据的是引力的外在力量（加惯性），而不是行星运动的内在本质（没有引力，地球就会偏离它绕太阳运行的轨道，开始它的穿越宇宙的直线旅程，除非有新的力量加之于它）。但是可能有这样的一个宇宙吗，在里面，惯性定律说的是保持圆周运动而非直线运动？为什么不能有这样的情况，即自由运动的物体自然地表现为圆周运动甚或某种"之"字形运动？为什么是直线运动？回答是，只有直线才不会发生方向的改变。如果一物体经历的是圆形轨道，那么它时刻要变化它的方向。只有沿着直线运动才不涉及方向的改变；因此圆形轨道即使在没有外力的情况下也包含着方向的变化（这对于"之"字形轨道来说，就更加明显）。方向变化之所以离不开外力，显然是因为它是物体的运动状态中的一种真正的变化，而这是为惯性定律所排除的。圆周运动像加速运动一样为惯性定律所排除，例如，若没有外力的作用，这些运动都不能得到维持，因为它们都涉及运动状态的改变，要么是方向上的，要么是速度上的。只有沿直线的匀速运动在没有外部支援的情况下也能得到维持，沿圆周的加速运动则不能这样。

这证实了根据恒常性和变化所做的分析，表明了什么需要解释，什么不需要解释。直线意味着没有方向的变化，这实际上就是根据持续的恒常性所做的分析所要求的东西，而任何变化、任何解释都没有这样的需要。还有，既然直线是两点间最短的距离，因此惯性定律告诉我们的便是，运动自然会以最经济的方式发生，例如大自然喜欢让对象通过尽可能短的路径到达新的位置。这是我前面提到的大自然保守性的一个表现。要维持圆周运动，大自然就要允许物体通过迂回路径到达新的地方，这显然就是时间和力量的消耗。直线能满足大自然渴望经济节俭的要求。

牛顿和亚里士多德之间的不同可用什么事情需要解释、什么事情不需要解释来加以表述（在这里，这涉及对力的诉求）。在牛顿看来，沿直线的恒常匀速运动不需要解释（如用不着连续施加力量），而运动的变化，包括方向或速度的变化，都需要解释。在亚氏看来，匀速运动需要解释（即要有连续施加的力），而运动的变化不需要解释，因为最初的力随着时间推进消耗掉了。对于亚氏来说，放慢运动速度不需要实际的作用力来抵消正在进行的运动，因此是自然的，不需要解释；而对牛顿来说，运动变慢是一个确定的事件，离不开外力的作用。事实上，亚氏认为，运动的变化（至少是其中的某些形式）不需要解释，而运动的恒常性则需要；牛顿的看法恰恰相反。这实际上是这样的问题，即什么被认为合理，什么被认为不合理，如什么是自然的，什么是人为的，什么是自动的，什么是由外力决定的。也可说是这样的两个问题，一是事物由于自己、按照内在的本性做了什么？二是这些事物受到了什么样的外在力量的作用？我们还可这样表述，牛顿告诉我们的是，运动的物体自然比亚氏所假定的以及日常观察所表明的更活跃，即它们的自然状态不是不动，而是永远处于活动中。如果说亚氏认为物质的自然状态是达到静止，那么牛顿说的则是，物质有永远保持运动的倾向。运动对于牛顿比对于亚氏更符合物质的本质。因此，牛顿的第一运动定律尽管听起来很简单，但极大地改变了哲学的整体面貌。

　　牛顿发起（在伽利略和笛卡尔的帮助下）的转向有什么更重大的意义？我的看法是，正是牛顿将本体论的恒常性置于自然的心脏地位，即是说，这中心不是变化而是永恒性。他让永恒、不变成了物理世界的基本原则，因为只要力不跑进来干扰物理世界，实在就会自然表现为这种状态。事物自然地保持其相同性，即使像运动这样活跃的东西也不例外。它们不会自己做出改变。在这里，他超越于赫拉克利特，而一致于巴门尼德和柏拉图。根据赫氏的观点，自然永远处在流变中，即使没有外力的驱使，事物也会自动地凭其本质而处在变化中。没有什么是一成不变的，存在必然表现为变化。今天在这里的东西明天（或一秒钟后）就消失了，没有什么事物常住不变。对于亚氏来说，运动在本质上是变化着的现象，而变化则是运动固有的，是运动的组成部分。运动一出现，立马就自动消失，除非有某物支撑它并让它保持下去。但牛顿在流变之下看到了连续的次序，认为运动只要不被阻挠，就是永恒的、始终如一的。它的本质就是保持同一不变。它之所以变，仅仅是因为有外部的种种作用。相互作用是运动中的变化的根源，而不是就其本身来看的运动。

正如我已说过的，这可看作是不变性的更一般原则的一个结果，因此宇宙可看作是根本不变的——即是说，在宇宙的构成要素的相互作用之前就是这样。这就好像宇宙中的物体和过程想保持恒常不变，但又必须应对各种难以控制的相互影响的作用力。不过，对于赫拉克利特和其后继者来说，宇宙的存在充满着剧变和反复无常的内在狂热，例如事物好像会想变就变。在牛顿看来，各自孤立（isolation）可防止变化，但对赫氏而言，各自孤立则不是避免变化的避难所。根据赫氏—亚氏的观点，生长和衰变具有根本性和构成性，但在牛顿看来（一致于巴门尼德和柏拉图），它们是表面的、偶然的。在这里，我们能看到，这是围绕物理学的基本规律而出现的一个最大的、最古老的形而上学分歧，这也是我为什么花这么多时间来讨论它的原因。

刚说的事情对衰老、死亡以及别的衰落过程都有影响。一般认为，这些是纯粹的时间过程的自然结果，即物体的不可避免的退化和灭绝。在亚氏看来，物体绝对会磨损，就像运动会损耗一样。要永生，一定得有某种超自然的干预，如神圣力量的运用，而这不是人类生存或动物和植物的自然命运。但从牛顿的观点看，这是看待它的错误的方式，根据关于衰老过程的最流行的科学，这类看法也是错误的。确切地说，衰老和死亡根源于生命有机体所承受的作用力。除非有力来阻止，否则有机体就会继续永远活下去；从本质上或从构成上说，它们不是可朽的，至少在一特定意义上是这样。死亡并不是生命的不可避免的结果；死亡并不内铸于生命本身之中。如果所有（内部和外部）的干涉力量都远离生命有机体，那么生命便可永恒，就像运动物体在没有干扰的情况会永远运动下去一样。某物一旦存在，它便会继续存在，直到有某种外力出来阻止它。运动、质量、形状、颜色和生命都是这样。如果没有别的东西来干涉意识的存在，那么它也会永远继续下去。[8] 就其本身而论，

121

---

⑧　不过，如果意识本质上是一种变化过程，那么它要让这过程继续下去就需要有力的连续作用，因为意识在存在就是它在变化。因此，意识的持续存在的条件就像战争的条件一样，如只有世界以适当方式保持变化，战争才会持续下去，因此要使战争得以继续，就需要有新的力量；战争不会自我推进（试考察，一旦开战，战争就会继续下去，除非有外力来阻止）。严格地说，若承认一个关于意识的类似的观点，那么我们就只会看到，意识的静止的时间片断在没有阻止性的外力的情况下会持续存在到永远——就像在 t 时具有一个特殊的视觉经验那样。假设大脑在 t 时处在 C 构型下，再假设 C 在 t 时实现了有意识状态 S，这样一来，如果 C 因为没有外力干扰而继续无限期地存在着，那么 S 就同样会无限期地继续存在下去。如果大脑由于没有外力干扰（转下页）

事物及其属性会自然持续存在（persist），它们不会自然消灭。这就是得到适当泛化的惯性定律。从形而上学上说，包括有意识有机体在内的一切事物都有让它们的存在状态持续存在下去的倾向，除非受到了有害力量的作用。

很显然，若没有某种变化过程起作用，那么就不会有什么事物发生，即没有事物能获得存在的特定状态，因此变化对存在的开始是必不可少的，但是一旦存在的状态得到了，那么就没有什么东西对它的维持是必要的，除非它要避开外部的破坏性力量。不朽性就其本身而言，隐藏在每一存在状态之中，即使变化对那状态得以存在一般是必不可少的。事物之所以不再存在，不是因为它们本身所是的东西，而是因为它们之外还有各种力存在。除非有某种有作用力的东西产生出来以阻止那属性，否则物体会继续例示它的属性。这正好就是例示的本质。

如此泛化的惯性定律说的是，如果没有外在的影响力，那么一切事物都可以不朽，不只直线匀速运动是这样，而且事物的每一别的属性都会这样。属性自动地停止例示，这绝不是属性的本质。属性的一切变化都根源于这些属性之外的东西的作用。只要完全的隔绝是可能的，那么它就能确保普遍的恒定。122 被泛化的惯性定律断定的是，事物内部存在着根本的持久性。

---

（接上页）而在不同时间处在稳态之中，那么意识也会这样，假设某些大脑状态对意识是充分的。同样，如果我们在特定时间终止战争，那么整个状态就会继续，除非有一种外力来干预——即使战争本身结束了（因为战争是一种变化过程）。如果我们在特定时间终止意识，那么那个时候的意识状态就会在没有外部干预的情况下继续下去——即使意识本身结束了（根据假定，"意识"指的是变化过程）。（对于生命的持续存在也能这样说。）

永恒性镌刻在每个事实中。⑨

最后要强调的是，正如前面两章讨论过的，惯性定律既然涉及运动，就一定继承了关于运动的认识论的晦涩性。如果相对运动和绝对运动都没有说清真正运动的本质，那么牛顿断言的、会持续的匀速运动就不属于这两种运动中的一种。只要坚持关于"我们不知道其是什么的东西"的结构主义立场，那么就有这样的结果，即按惯性定律持续的那种属性就成了神秘的属性，其本质是我们没法把握的。我们知道，不管这本质是什么，它毕竟被保存下来了，但对于它根源于什么我们则没有清楚、具体的看法。它所根源的东西超出了它的数学属性和它对于我们感官的作用。因此惯性定律是关于这样的某物的自明的、先天的真理，它对我们从本质上说是神秘的。

---

⑨ "镌刻在"的意思不是，它不能被消除，而是，要予以消除，就需要有那事实之外的某物来发挥作用。如果放任不管，那么那事实就会无限期地持续存在下去。正如我们所说的，每个（非过程的）事实都是"局部永恒的"。因此牛顿的第一定律（最后一次予以重复）说的是，直线匀速运动有局部性的永恒性。

# 第6章　质量、引力和运动

　　质量与运动有两方面的关联。第一，引力与质量成正比关系，而且引力在引力场内决定了物体的运动，如质量越大，引力越大，进而在被作用物体中所引起的运动也越大。引力的牵引力直接反映在被作用物体的运动之中。第二，质量决定了惯性，所谓惯性即是在让物体从静止或从匀速运动状态开始移动时所花费的力的量度。一物体的质量越大，把运动加于其上就越难。因此质量决定了引力和惯性，而这两方面又都可根据运动来定义。

　　在引力和惯性这两者之中，后者更直观。一对象包含的质料越多，要移动它就越困难，因为存在的质量越大，要克服的惯性就越大，例如如果每部分都有一定程度的惯性，那么可以肯定，存在的部分越多，这些惯性的总量就成比例地越大。要想移动特定的粒子，我们（一般）需要移动与它结合在一起的别的粒子。如果有更多粒子需要移动，那么这将变得越发困难。但是引力规律并不是直觉上自明的，如特定物体中的质量的增加怎么能让别的任意距离上的物体发生不同的运动？一物体的质量为什么真的能决定另一物体的运动？既然体积不能这样，或者说形状不能这样，因此物质的纯粹的量为什么有这样的戏剧性作用？（因此我的问题不能这样用广义相对论来回答，即质量引起空间弯曲，但为什么是这样？体积或形状难道不能做同样的事情吗？）

惯性显然依赖于质量，但引力对质量的依赖性似乎是任意的。物体质量在这里的增加为什么会影响那里的物体的运动？
124 这不是牛顿最初担心的穿越真空的超距作用或引力作用的神秘本质；更基本的问题是，一种量级与另一量级似乎并没有内在的关联。一对象也许能通过某种跨空间的力影响另一对象的运动（如一个地方的扰动会引起另一地方的扰动），但是对象的纯粹的体积怎么可能有这样的影响？质量作为纯粹物质量的静态度量，怎么能引起远距离对象的运动？这种结果与那种原因似乎无关。那种原因是迟钝的，而结果却是加速运动，前者与后者有什么关系？当一对象在引力的作用下向地球加速运动时，它经历的是剧烈的运动变化，而地球的质量仍是静止的、没有变化的（能变化的只是距离）。简言之，一对象中的纯粹的物质量怎么能对远距离的不同对象的运动产生作用？

为了回答这个问题，我们也许需要对物质的本质形成更好的理解，但正如我在别的地方已论证过的，我们并不知道物质是什么。[①]然而，我这里关心的是另一个问题，即惯性与引力

---

① 参看第 2 章。牛顿似乎赞同这一点，他说："我们迄今一直用引力来解释天上和海里的现象，但我们还没有为这种力指定原因。没有（转下页）

之间的具体关系问题。这关系是这样的，物体的惯性越大，它的引力便越大。这意思是说，它越难移动物体，它在别的物体上引起的运动就越多。这可能会让我们觉得奇怪，因为如果一个运动的物体与别的物体发生碰撞，那么它的运动就会因受阻而放缓，而这是因为第二个物体的惯性作用，且与它的质量成正比。但正是这质量使别的物体离开它们原来的轨迹，当它们进入那物体的引力场时，引力场就会让它们加速。如果一物体撞击地球，那么这物体就会慢下来；如果它进入地球的引力场，那么它就会加速。相同的质量会引起别的物体的加速和减

125

（接上页）疑义的是，它一定来自于渗透到了太阳和行星中心的原因，其力不会受到一点削弱；它之有作用，不是由于它作用于其上的粒子表面的量（像力学原因通常起作用那样），而是由于粒子包含的固体物质的量，正是这些粒子将引力的功效传播到四面八方，直到极远的距离，当然会以与距离成倍增加的比例递减……但直到现在，我还没法从这些现象中找到这些引力性质的原因，而且我也没有提出任何假说；因为不能从那些现象中推论出来的一切想法常被称作假说；而假说不管是形而上学的还是物理学的，不管是关于神秘性质的还是关于力学的，在实验哲学中都没有什么地位。"（《原理》，第 442—443 页）后来的科学哲学家常引证这段话后面的句子（即"因为"之后的句子），认为它们表达了对终极原因的厌恶，以及对实证主义的预期。但前面的句子表达的则是牛顿想要表达的意思。他说的无疑是，引力的原因包含在构成物体的质料中，用我们今天的话说，这种力一定有其"范畴根据"。他直截了当地说，他对这种真实原因是无知的，并承认，由于没有关于它的知识，因此他对引力的说明是不完善的。他之所以"没有提出任何假说"，不是因为他不相信终极原因，而是因为他不知道如何根据表现引力原因的现象去接近这种原因；如果不能从现象中推出原因，那么这些原因在经验科学（"实验哲学"）中就没有地位。不是因为它们不存在，而是因为它们的本质只是一个推测，这当然是一个纯认识论的观点。我认为这一段话清楚说明的是，牛顿相信引力的秘密隐藏在物质的内隐本质之中。（而且正是在这一被引证的段落之前，他表达了他这样的信念，即物体的"内在实体"是我们无法知道的。）

速。一物体本身包含根据惯性测量的运动越小，它借引力作用产生的运动就越大。太阳运动的倾向之所以比地球小，是因为它有更大的惯性，但太阳引起的运动比地球引起的要大。换言之，物体的运动倾向与它产生的运动量成反比，如一物体的运动倾向越小，那么它在别的物体上引起的运动就越大。正如我已说过的，这似乎很奇怪。引力定律告诉我们的是，如果你增加物体的惯性（通过增加它的质量），那么你就会让它在别的地方产生更多的运动；如果你让它慢下来，那么你就会让别的事物快起来。只要你减少它的运动倾向，那么你肯定会发现它让别的事物有更多的运动。这就好像它在运动中失去的东西，会在别的物体中出现。

我们能让这一点变得更好理解吗？或者说，它是宇宙的客观的、我们在经验中发现的事实吗？我的假说是这样的，即引力上相互作用的任何系统的运动总量是恒定的。假如有两个物体，它们在空洞的空间中保持一定的距离，但有相等的质量，假如它们有相同的惯性和引力，运动会出现在它们之间，假如其他情况相同，那么它们就会以相同的速度落到对方之中，如在它们原来位置的中间会合。假如我们说，运动的最终的总量是 m，这是移动的距离和速度的总和，再假设我们取一个质量的一半，并把它加到另一个之上，这样我们便既使第二个物体的惯性加倍，又使它的引力加倍，同时使第一个物体的这两个量级减少一半。但是所产生的运动量是相同的，因为由更大质量的物体的惯性而导致的运动损失将会由受到了引力作用的较小物体（它现在的惯性比以前小）的运动增加来补偿，因此其运动总量仍是 m。更大的物体比以前走得更近、更慢，这是因为它的惯性增加了，但更小的物体则走得更远、更快，这是因为它的惯性减小了。

如果这是对的，那么与惯性定律结合在一起的引力定律说的就是这样有趣和雅致的事情，即在任何引力相互作用中，运动量是恒定的（总质量的模恒常性［modulo constancy］）。当物体的质量增加时，它自己的运动就会有所减少，但可增加别的物体的运动量。总之，有一种运动的守恒在起作用。比如说，黑洞会引起周围物体的巨大的运动，因为它会迅速吸引它们，但相应地，它自身不会运动——它在原动力方面获得什么，它在运动能力（move-ability）方面就会失去什么。同样，像微尘这样的质量极低的物体会有非常小的引力，但也有非常低的惯性，因此它很容易运动，但不能进行远距离的运动。

如果我们在物质开始组成为恒星、行星等之前考察宇宙，那时它是相对同质的气体，那么会发现它在那时的运动比后来的好像要少一些，正是在后来，大而致密物体便开始拉动周围的事物。我们不难想象，物质粒子处在气态时会维持平衡状态，而又没有各种明显的轨迹和我们今天能看到的下落。[2] 例如尽管总的质量恒定不变，但运动看起来好像随时间推移而增加。不过我要阐明的观点是，根源于合成、与引力结合的、被提 126

---

[2]　或者说，运动对于每个气体粒子来说可能很微弱，即使因为粒子的数量可能有非常大的运动总量。由于粒子如此之小，因此我们看不到什么运动。在物质结合为像星系一样的、有非常大的质量的物体时，我们不可能观察到各种壮观运动的出现。尽管如此，运动的量仍能守恒。

升的大尺度运动与形成混合体的粒子一方的运动（至少是倾向）的减少又是一致的。物体质量越大，其惯性就越大，因此构成它们的粒子比它们处在自由状态时更难运动。既然引力和惯性借质量而有关联，因此不可能让引力增加，而不让惯性增加。这意味着，物质的运动在它推动别的物体的力量得到提高时会减小。我并不是说，一块物质的现实的运动在它的引力提高时必然会降低，因为它可能连续地处在静止状态。我要说的是，运动的倾向会下降。物体的运动潜力就是在质量增加时仍保持恒定的东西。当粒子存在于更大质量的物体内部时，它比它作为更小质量物体的组成部分时或处在自由状态时倾向于更小的运动，这是由整体的惯性所决定的。当然，那个能包容的物体由于引力作用，则能在别的物体中相应地产生更大的运动量。一物体要在别的某物中产生更大的运动，其本身就必须更加缓慢。

有人可能会质疑说，我迄今所说的一切都不过是在假设，质量应根据惯性来定义，所谓惯性即是物体的不运动的倾向，但是我们难道不能根据物体移动别的物体的能力（而不是被它们运动）来定义质量吗？因此我们就能说，质量越大，一物体对别的物体施加的力便越大，进而它移动它就变得更加容易。如果一物体靠在另一物体之上，那么它就会按与它的质量的比例关系引起运动，即是说，它会在不同程度上克服别的物体的惯性。对于这个质量定义，我看不出能提出什么原则性的反对意见；问题只在于，这个定义是否改变了我一直在阐述的观点。现在我能说的是，质量的增加实际上会增加整个运动，这是因为那个物体（借助接触）有在别的物体上引起运动的更大的倾向。

　　因此当我们提高引力时，我们也能提高由物理接触而引起的运动；因此这里有运动量的净增加。如果一物体在质量上翻倍了，那么它的引力也会这样，此外，它通过碰撞或别的接触形式引起别物运动的能力也会成倍增长。换言之，由超距作用力引起的运动，以及由接触引起的运动，在质量提高时都会相应提高。两者直接是成正比的，而非相反。让物体更难运动的事物，在提高质量时，也能让它们借助接触移动别的物体变得更加容易。事实上，人们可以推测，即使这两者都消失了，但运动的整体的（或局部的）量在质量像以前一样提高之后仍保持相同，因为在惯性方面失去的东西在借接触而运动别的物体的力量方面又会重新得到。

　　如果是这样，那么质量的增加就会导致总运动量的增加，因为它们由于引力以及借接触所增加的运动力而增加了运动。不过，基于接触的运动力由于质量而出现的增加与由于惯性而造成的移动能力的丧失之间存在着正相关关系。所有这些形式的运动都是相互关联的，例如运动力越大，移动性就越小，但引力越大；而引力越大，移动性就越小，但运动力越大；移动力越大，运动力就越小，且引力也越小。质量就是这样的东西，它借助接触可增加运动力，同时借助引力可增加运动，但借助惯性则可减少运动。所有这三种运动都是彼此的函数。基于一种运动的信息，就能推论出关于其他两类运动的信息。例如如果你知道一对象的移动（即它的惯性的程度），那么你便能推论出

127

**217**

它的借接触而有的运动力和它的吸引力。

我想澄清的主要观点是关于两类运动的相互关系的，一类是释放引力的物体的运动，一类是受到引力作用的物体的运动。这些运动之所以不是独立的，是因为它们都受到了质量的制约。存在着远距离的运动，它是由引力引起的，同时还存在靠接触而出现的运动，它是惯性的表现（惯性自然也表现在物体对引力拉力的抵抗之中）。我一直想阐释的就是这些相互关系，目的则是想让人们理解引力定律的完整的意义。

这里不妨再这样重复一下要点，即一物体越是轻易地借接触而移动另一物体，那么它越容易借引力移动另一物体；它越难借接触（或借引力）移动另一物体，那么它就越难借引力移动另一物体。我们这里看到的是，以质量为媒介的两类运动之间所存在的整体的关系。因此，引力定律所表达的一般的、基本的真理是，一类运动通过定律而关联于另一类运动。于是，我们能利用这一定律，根据关于一特定物体的局部运动属性（即根据它的惯性）的信息去预言远距离物体的运动。如果你知道一物体很难移动，那么你便知道，它能轻易移动别的远距离的物体；在这里，存在着一种明确的数学关系。我们可以这样表述反比平方定律，即惯性的引力效应随距离呈指数衰减。事物离得越远，给定物体的惯性增加其运动的速度就越小。两物体分得越开，一物体的放慢的行为对另一物体的激发行为的影响就越小。例如只要我们知道太阳和地球的距离，那么我们就可根据太阳运动的相对缺乏来预言地球的放肆的（profligacy）运动。引力定律说的是两物体的有关运动之间的反比关系，以

及力与距离间的反比关系。一事物越不容易受外力（不管什么
形式的力）作用而运动，它就越容易引起别的、离它很远的事
物中的运动。③

---

③　我这一部分的方法论是，通过重新表述而形成一种阐释（也可参阅第
5 章）。我努力阐释引力定律，以便让它的全部意义明确起来。我不认为我所说
的对于物理学家是新颖的，但作为哲学家，我觉得它对重新表述这一定律是有
启发性的，以至于能说明它关于全部运动状态的结论。我认为这是一种概念分
析，即揭示一命题的全部内涵。这样的工作是十分有意义的。

# 128

# 第 7 章　电荷：一个案例研究

休谟曾把因果关系描述为宇宙的黏合剂。这个隐喻即使很有名，但并不完全恰当。黏合剂能让砖石结合在一个稳定、静止的整体之中，而因果关系则不过是让事物变化和流转，因此它其实是宇宙的油。黏合剂是可见可触的实在，因此我们有关于它的"各种印象"，但它极不同于因果关系，即使是休谟所理解的因果关系。但电荷有更好的名称来完成这里的描述，如可说它是物质事物中的凝聚原则，是能让粒子凝聚在一个稳态的整体中的东西。尤其是，电子和质子间的吸引力就是让原子得以稳定、让化学键结得以发生的东西。电子并不是孤立的现象，它能构成闪电，能给人类的设备供电，可贯穿在一切事物之中。日常的事物是电中性的，但这仅仅是因为构成事物的带电粒子处在平衡状态。事实上，每个事物内都跳动着电荷。因此一点也不奇怪的是，对电力以及与它有关的磁力的研究现在成了物理学的主要内容，且已经有非常先进的理论来详细解释它的规律。例如我们已知道，电荷是量子化的，且遵循守恒定律，以及遵循库仑定律、高斯定律和麦克斯韦方程组；该理论自然也有大量的实际应用。对于带电粒子如何起作用，以及物质如何通过电子起作用，我们也有许多知识。因此若能知道电荷究竟是什么，那就太好了。成为带电荷的东西究竟是什么意思？当一物体从中性过渡到带电，它经历的那个变化的本质究竟是什么？它最终的状态是什么？当一物体从圆形变为椭圆形时，我们知道这变化根源于什么，这是一个简单的几何学问题，但开始拥有电荷意味着什么？　129
什么是电力？

　　我们自然得转向物理学教科书。在杨和弗里德曼（H. D. Young and R. A. Freedman）主编的长达 1700 页的《大学物理学》教科书的所谓的"电荷与电场"的一章是这样开始的：

　　　　电磁相互作用与有被称作电荷的属性的粒子有关，这属性像质量一样具有根本性。正像具有质量的物体能通过引力而有加速度一样，带电荷的物体也可由电力而加速。当你穿着鞋通过地毯、接着伸手去摸门把手时，你会感觉到耀眼的电火花，这火花是根源于你的指头与门把手间跳跃的带电粒子（闪电是更大范围内的一种类似的现象）。电流，比如手电筒中的电流，便携式 CD 播放器或电视机中的电流，都完全是流动在电线中以对电力做出反应的带电粒子的流。甚至有许多力让原子结合在一起以形成固体物体，还有一些力会阻止固体物质中的原子相互穿过［这就是不可入性所是的东西吗？］，这些力从根本上

说都是根源于原子内的带电粒子间的电子相互作用。（第792 页）①

请注意，即使没有关于"电磁相互作用"是什么样的相互作用的先天说明，我们也能直接过渡到电磁相互作用这一概念。到今天，这些作用成了有奇怪名称的相互作用。我们得知，来自于某种被称作"电荷"的东西的力能加速对象，这是这些对象的根本特点。换言之，某些相互作用包含某些粒子运动，常被称作"电的"，这样一来，我们便有一个被称作"电荷"的属性，它是能说明这些交互运动的力的根源。

我们自然可以问，这些被称作"电"的事物实际上究竟是什么？它怎样引起与被称作"电荷"的事物有联系的力？电是一个表示我们所看到的、能引起相互作用的一切东西的、没有描述性内容的名称吗？力显然是有作用的，我们挑选"电"一词来称呼它，接着假设这力是由一种我们选择称作"电荷"的

130

---

① H. D. 杨和 R. A. 弗里德曼：《大学物理学》（*University Physics*）（纽约：培生，艾迪森韦斯利出版社，2004），第 11 版。正如我顺便要强调的，作者随意地确信，物质的不可入性是排斥性电力的结果，这是十分可疑的，可参阅该书第 1 章。他们不是认为，不带电荷的中子因此完全是可入的吗？他们不是认为带电物质构成的粒子由于有足够的力因此能相互重叠（当你要让它们加速时）吗？一个具有更大电荷的粒子比另一有更少电荷的粒子有更大的不可入性吗？如果电荷非常低，他们会认为那种粒子更容易穿透吗？空间可入性的理由是它们没有电荷？他们会认为物理学的什么结果能确保物质的不可入性正好根源于排斥性电荷？能相互吸引的粒子会是什么情况？就他们而言，这难道不恰好是一种（可疑的）形而上学吗？我们承认电荷的作用是要借排斥力让粒子分开，但这是与物质的不可入性有关的唯一的东西吗？它占据空间这一基本事实又该怎样看？

属性或量产生出来的。我们能本着同样的精神有选择地说"引力荷"（gravitational charge），它指的是能引起我们所观察到的引力的属性，进而，我们进一步就会发现，这属性实际上是质量。但迄今为止，我们只有概括我们所看到的相互作用的标签，这些相互作用是由我们决定称作"电"的力所驱动的，进而我们假设，这力的基础存在于我们决定称作"电荷"的一种属性之中。正如目前所解释的那样，这两个概念没别的内容，我们只是用它们来概述观察结果。"电磁相互作用"这一观念纯粹是由对运动的观察促成的，可看作是引入电力和电荷这两个观念的基础，但不能根据我们已认识的像引力这样的力来加以说明。电荷这一概念不能根据粒子在空间中的某些排列这类事情来定义，或者说不能用基础性粒子的形态或粒子的扰动或某种这样的范畴属性来加以定义。电荷只能理解为能产生某种特定的加速模式的东西。我们可观察这种模式，但请注意，它不属于已被认识的那些力，因此可假设有一种新的量，并认为它是这新的力的各种表现形式的基础。

迄今为止，电荷的概念一直完全是根据它的效应即特定形式的运动来定义的。杨和弗里德曼由于认识到迄今一直被提供的理论的薄弱性，因此便进一步把电的概念与这样的经验关联起来，这一经验是作为他们的学生的读者再熟悉也不过的，如静电的火花，闪电的闪烁，通过常用电器的"电流"（"噢，我理解了！"）。这不是说，这些事例能真的让人深刻理解电的本质，但它们至少把被引入的理论概念与各种被认为广泛拥有的经验关联起来了。于是，作者便开始重新谈论带电粒子和电力，而没有进一步阐释这些事物实际根源于什么。在这一段文字中，他们真的向读者介绍了物理学家谈论所用的方式。这里唯一确定的事实是与这个被称作"电"的事物有联系的那类特殊的运动。其余的只是纯粹的贴标签而已。

该教科书接着是这样解释和阐述电磁理论的基本概念的，"古希腊人早在公元前 600 年就发现，当他们用羊毛摩擦琥珀时，琥珀接着就会吸引别的物体。我们今天则说，琥珀获得了一种净电荷，或已成为带电的东西。'电'一词来自于希腊文的 elektron，指的就是琥珀。当你穿着鞋通过尼龙地毯时，你就成了带电的人了，你还可让梳子穿过你的头发而让梳子带电"（第793 页，原文中标粗的字体意在强调）。这一段话也是有用的（尽管它没有指导意义）。请注意作者是怎样小心地写作的，"我们说"物体已成了带电的，好像承认了一种约定，而不是在描述这里的属性是什么。再者，我们还从中得知，"电"一词纯粹来自于表示材料（琥珀）的词，在这种材料中，古希腊人看到某种奇怪的事情发生了，即这种材料受到羊毛摩擦时新出现的那种奇怪的吸引力，因此这里没有可填充那幅图景的有启发意义的词源学内容。[②] 我们可再次尝试把这个概念与学生们可能熟悉的那类事物关联起来，比如鞋子和梳子，以具体说明我们决定称作"电荷"的事物的可观察的种种结果。

131

---

② 试想，如果英国人在摆弄羊毛的时候最先发现了电，并称这种新的力为"羊毛"，那么许多教科书就有被写成"羊毛"的很长的一章，进而按惯例讲述"羊毛的相互作用"。如果是这样，我们会倾向于认为我们知道电真的是什么吗？我们难道不会暴躁地问，这个被称作羊毛的东西究竟是什么？

接下来的演示将进一步描述摩擦皮毛和丝绸对塑料和玻璃棒所产生的影响，并注意这些对象的吸引和排斥属性的这样的变化，即有些对象吸引了别的对象，而那些相同的对象又抵制别的对象（带电玻璃棒相互排斥，而带电玻璃和塑料棒则相互吸引）。因此我们可观察到摩擦的行为可同时产生吸引和排斥作用，进而我们可假设，成为"电荷"与获得产生这些不同结果的倾向或力有关。教科书作者得出结论说："这些实验以及别的类似的实验表明，实际上存在着两类电荷，一类是用毛皮在塑料棒上摩擦出来的电荷；另一类是在玻璃棒上用丝绸摩擦出来的电荷。富兰克林（1706—1790）建议把这两类电荷分别称为正负电荷，随后，这些词便流传开来了。塑料棒和丝绸有负电荷，玻璃和皮毛上有正电荷。两种正电荷或两种负电荷是相互排斥的，只有正电荷和负电荷之间才有相互吸引"（第 794 页）。概念解释，即关于电的本体论，就这样结束了。后面跟着的是方程式、定律和计算，以及这些概念向基本粒子的推广。

这里的措辞即使不太直接，但很明确，富兰克林基于有关观察做了这样简单的约定，即认为我们可把电荷的二元性称作"正"与"负"，这些"名称"（而非描述！）现在仍很流行。他完全可以做出相反的约定。如果是这样，那么我们现在就可说电子有正电荷，质子有负电荷。这些标签完全是约定俗成的。他同样能说，用毛皮在塑料棒上产生的电荷是"红电荷"，用丝绸在玻璃上所摩擦出的电荷是"蓝电荷"。进而我们能说，"两个红电荷或两个蓝电荷相互排斥，但一个红电荷与一个蓝电荷相互吸引"，或者说，"同色的相互排斥，不同色的相互吸引"。或许更具启发性的是，他完全可以发明两个新词或符号，只让它们起标记的作用，不带有被推荐的描述性内容。"正"与"负"的二分法纯是语词性的。这里的认识论情境最好用这样的直陈形式来表述，"有一种力，我反复地说是［＝电］，但表现为两种形式，我分别把它们标识为 A 和 B［＝正电荷和负电荷］"。促成这个言说体系的是对与别的事项有关系的相同事项上的吸引和排斥的观察，对这些事项，我们是有清晰的描述性概念的。③

132

　　这样的看法很容易引起误解，它认为正负电荷的话语意指的是某种物理实在，具言之，负电荷说的是某种量的缺失，而正电荷说的是这个量出现了。有些作者甚至说"负电"或"正电"。但这样说显然是错误的，因为就两种电荷都包含有（非零）的能量而言，都是"正的"，所谓的负电荷像正电荷一样也是有效力的、基本的（正如红电荷像蓝电荷一样有效力）。这不是说，在将负两个苹果加到正两个苹果上结果为零的意义上，这两类电荷之和为零；而是说，两个"正"电荷（负与正）达

----

　　③　如果我们把握了运动的本质，那么我们至少能这样做，参看第 3 章。我们真正知道的是，被戏称为"电"的那些运动（不管它们是什么）并不是我们戏称为"引力"的力的结果，因为那种力并不能产生这些运动；因此我们应为前一类运动假定一种新的原因。我们知道运动来自于不同的力，即使我们不知道运动本身究竟是什么，或那些力从何而来。还须注意的是，如果我们看到了更多形式的结果，那么我们就必须假定更大范围的力，不只是假定与物体表面成直角的吸引力和排斥力，还要假定不同角度的吸引力和排斥力，以及沿曲线或直线路径的吸引力和排斥力。对于这些五花八门的运动的原因，我们需要有几个新的名称。正是我们所看到的这种运动类型制约着我们归之于世界的力（牛顿曾表明，地球和天体的运动真的属于相同的类型，因此在说明它们时，我们就只需要一种引力）。不存在通向大自然的各种力的"直线路线"。

到了一种平衡的状态，以至它们以一定的方式推和拉，也不会有什么事情发生。这不是说，像桌子这样的中性物体其内没有电能，因为它在电的方面不是死的，相反，它有许多，只是这些力是相互对立的。这就如同一只手用同样的力推另一只手一样，而不像两只手软绵绵地并排放着。负电荷粒子之所以能吸引和排斥，这取决于与它搭配的东西，而且正电荷粒子也能这样做，因此物理实在是没有区别的。这不是说，所谓的正负电荷是不同物理类型的电荷，因为它们执行的是相同的吸引 / 排斥行为，只是选择了不同的搭档而已。电荷的两种"类型"能产生相同类型的加速度，因此它们在内在物理本质方面没有什么不同。把它们标记为"正"和"负"不过是我们所用的一种方便手段而已，其目的就是要记录我们观察到的各种相互作用，这些相互作用要么是吸引性的，要么是排斥性的。二分性正是来自于这里，而不是来自于两类电荷的物理本质。

我们说同极性电荷相互排斥、异极性电荷相互吸引，也是一种方便的说法，因为我们可以说相反的话，同时又能与事实保持一致。为什么不说相互排斥的粒子有异极性电荷？它们对于对方显然没有亲和力，因此说它们是异极性的不是更自然的事情吗？相互吸引的粒子因为它们的亲和力自然可以说有同极性电荷。"同极性电荷相互排斥、异极性电荷相互吸引"这类陈述并不是经验的发现，而是一种语言学的约定。这不是说，我们已考察了相互吸引的物体，进而发现它们的内在属性根本不同，而那些相互排斥的粒子在属性上被发现是相同的，特别是，我们没有从经验上发现，相互吸引的一对电荷有内在不同

133

的本质，而相互排斥的一对电荷有相同的本质。这里的命题不是把特殊属性关联起来的经验规律，而是记录我们观察到的各种运动的笔记性规则。有正电荷不同于有质量，而有负电荷却是没有质量（试比较"负质量"），或没有别的物理属性。有正电荷或有负电荷就像有质量一样，即是有一种特定的物理属性，但这里的不同并不是真正的物理上的不同。④

为了明白这里所说的话的意思，我们有必要后退一步，回想一下一些事实。例如，引力永远是吸引性的，因此我们不会看到一对巨大的物体拧在一起，而另一对则相互分开。引力有一种单一的效应，因此我们只用一种力就差不多够了。由于同一种粒子同时有电力和磁力，因此既是能吸引的，又是能排斥的，这取决于与它配对的是别的哪一种粒子，例如电子和质子排斥同类的粒子，但吸引不同类的粒子。这里的确存在着一种双重效应。我们之所以说两类电荷，是因为我们观察到了单个粒子中的两种运动，如它要么吸引另一粒子，要么排斥另一粒子。如果我们只看到一种运动，如吸引，那么我们就只能说一种电荷（就像我们对引力所说的那样）。我们不能无限制地问，特定的粒子究竟是吸引的粒子还是排斥的粒子，因为它总有这两方面，这取决于我们把它与什么东西配对。因此我们不能说不同的粒子有两种力，如吸引力或排斥力，而必须承认，同一个粒子有两种倾向。正负电荷的二元

---

④　我们可以说，这种不同是关系性的，而非内在的，例如电子以不同方式关联于别的电子，这不同于它们与质子的关系。质子与别的质子的关系，质子与电子的关系可如此类推。但是电子和质子并没有可称作"负"和"正"的不同的内在物理属性。

构想就是这么来的，而不是来自于对粒子内在结构的审视。通过说特定粒子有一种电荷，正或负，红或蓝，A 或 B，我们就能概括这样的事实，即它以不同方式与别的粒子相互作用，如吸引或排斥。我们只需要一种概述这一事实的方式，这事实是，被引起的运动有不同类型，如吸引的或排斥的。如果引力的作用是类似的，那么可以说有两类"引力电荷"，即正的和负的引力电荷。

基本的事实是，给定的粒子都有两种倾向或力，即吸引力或排斥力。哪种倾向得到激活取决于进入它的力场的粒子。如果我们把粒子归结为两堆，一堆带正电荷，另一堆带负电荷，那么我们就能这样概括这里的事实，即如果同极性电荷合在一起，那么我们就会碰到排斥力，如果异极性电荷合在一起，那么我们就会碰到吸引力。但这个描述只说了这样的事实，即给定的粒子只有我所述的两种倾向。一些电子倾向于排斥别的电子，但吸引质子，质子除了细微的变化之外也是这样——这里的事实就这么简单。所有关于正负电荷的话语只是一种记录这一基本事实的方式。除此之外，再没有别的描述性或解释性内容。尤其是，我们过去肯定没有通过如此谈论正负电荷而将（所谓的）电力的机制具体展示出来，因为正与负的区分纯粹是方便的、约定性的规定，迄今关于"电荷"的言词不过是表示支撑我们所看到的相互作用的东西的一个标签。⑤

不妨把引力、质量与电力做一比较。只要一物体对别的物

134

---

⑤ 过去有这样两个标签，即"玻璃（vitreous）电"（或正电）和"琥珀（resinous）电"（或负电），如此称呼是因为它们与玻璃、树脂有关，但很显明，这没有触及电的本质，它只是把那种神秘的力与两种跟它有关的材料关联起来了。

体释放了吸引力，那么它就有引起远处物体运动的倾向或力。假如把这一倾向称作 G，于是就可根据制约引力的定律来对之做出说明。如果我们问，什么是 G 的基础，或它的范畴基础是什么，那么我们就会得到一个熟悉的回答，即质量，比如说，引力的大小与物体质量成正比。关于是否具有质量，是有一个独立的标准的，这就是独立于它的引力效应——即惯性。因此我们可以说，一物体由于它的质量因而有 G，质量是引力的"机制"，即引起那种力的属性。（这自然没有消解关于引力的种种问题，因为它并没有说清质量怎样起作用才产生出了引力，但我们至少能说明一有引力的物体的这样的属性，即它是产生那些引力运动的倾向的基础。）

但就电荷而言，那里不存在与质量一致的东西。有电荷不过是有在别的物体上产生某些加速度的力；不管怎么说，对于电荷是什么，除了说它是这种力之外，再也看不到任何说明。我们不能说，粒子由于有这样的属性 C 因而有一种电荷，这属性是那倾向的基础，那倾向来自于它，就像我们对质量和引力所说的那样。尽管曾有这样的真实发现，即质量是决定引力作用的变量，但我们尚未发现什么产生了电磁力。电中性就是不在附近物体上产生任何运动的零倾向，而带电荷（或正或负）则是指有根据某些定律引起邻近物体运动的力。但如果我们继续追问，这力根源于什么，那么我们将会空手而归。如果我们谈论的是宏观的物体，那么我们自然就能涉及构成粒子的电荷，甚至认为总的负电荷就是电子有对质子的优势，而正电荷则相反。但当我们追问电子有负电荷意味着什么时，我们能说的只能是那种倾向，即电子倾向于排斥电子，吸引质子。对于引起了那种倾向的电子究竟是什么，则没有什么可说的。

在这里，我们面临着一个困难的形而上学问题，即上面所说的倾向是本体论旅行的终点吗？或者说，它一定根源于有电荷物体的某种范畴特征吗？这不是某些定律是否要被看作原始定律的问题，尽管我认为有些一定是这样。它是这样的问题，即物理实在是否根源于纯粹的倾向。我认为，不能是这样，但我不想在这里讨论那个熟悉的问题。⑥我只想强调，质量和引力之间存在着不对称性，通常关于电荷的谈论只是对某些由定律制约的倾向的概述，尽管它给人挖掘很深的印象。物理学教科书说的好像是，相互作用的物体之所以像它们通常那样运动，是因为有或正或负的电荷，而这又让人觉得，这些教科书已经形成了关于独立于这些运动的电荷的概念。

但有电荷只能简单理解为有引起邻近物体运动的能力，这里并没有任何进一步的描述性说明。用电荷解释电磁运动从根本上说不过是一个催眠式的解释，即什么也没解释。它告诉我们的充其量是，运动都是由我们称作"电力"的（即与琥珀有关的）力引起的，不是由我们称作"引力"的力引起的。如果我们想知道电磁运动的原因是什么，那么我们得不到任何解释。因为我们现只有概括了各种与观察有关的特定形式的加速度的概念设置。电磁像引力一样是按反比平方定律起远距离作

135

_____

⑥　要想了解最近对它的讨论，可参阅昂格尔（P. Unger）的《世界上的各种力》（All the Power in the World）（牛津：牛津大学出版社，2006）。昂格尔和我都承认物理世界有神秘的特征。

用的力，因此有与牛顿万有引力相关的一切神秘性质。但是它又不同于万有引力，例如对于它的因果力我们似乎没有任何独立的认识，我们不知道它的吸引和排斥的倾向来自于粒子的什么样的内在特征。它只有引起某些运动的能力，在这里，这种力不同于引力所具有的力，因此这些定律在两种情况下是大不相同的。引力对粒子是极其微弱的，因此不会在它们之间引起可观的吸引；但相比而言，电磁力在粒子之间极其强烈，这是值得庆幸的，不然的话，原子和固体物质都没法存在。不过，对于电磁力的常见解释往往掩盖了电荷的本体论地位和认识论地位，以致我们仿佛处理的是作为电与磁相互作用之基础的可识别的实在。如果我是对的，那么电磁理论的诸概念就其本身而言在本质上是倾向性的，仅仅只是编纂了我们所观察到的各种特定的运动。因此我们并不知道电究竟是什么，只知道它做了什么。对于它的内在本质，我们没有得到有信息内容的描述。[⑦]

　　然而，电一定是某种事物，不然的话，大自然就成了一种无支托的纯倾向的网络。如果电荷与质量、旋转甚或形状成正比，那么情况就不同了；这样一来，我们就可以列举这些属性作为似电荷的倾向的根基。但电荷并不依赖于别的已知粒子的属性，因为它具有根本性。这里的问题在于，电荷不是根本性

136

---

⑦　因此电荷作为一种未知的某物与物质、运动一道占据着自己的地位。我们只能根据它的可测量的效果形成关于它的操作定义。电荷就是有如此这般作用的一切东西，即能引起物体的某些可测量的运动的东西。我们关于电荷的知识纯是构造性的，即倾向性的、功能性的、数学性的。然而，在这种粗略的描述后面，某种具体的实在是存在着（一定存在着）的，即是说，"电荷"是表示（非倾向的）自然种类的名称，只是这自然种类的真实本质逃离了我们的视线。

的，但又不是无条件的，即是说，"电荷"一词要么只是（所谓的）电磁相互作用的被观察到的运动的简写，如果是这样，它就没有增加任何解释作用；要么指的是"我们不知道其是什么的东西"，而这不知道的东西真的能解释这些运动（要是我们知道它该有多好），如果是这样，那么在那里就有一种物理实在，但对它的本质我们一无所知。换言之，它要么是没有根基的倾向，要么是极度不可知的东西。我赞成后一说法，像在这本书其他地方所说的那样。如果是这样，电磁理论就是片面的、不完善的理论。直白地说，我们所拥有的电荷概念不过是一种挥挥手而已，不管与之有关的定律如何严谨和发达。我们真的不知道宇宙的黏合剂是什么，对它我们没有确切的描述性概括（像休谟对因果关系所说的那样）。我们所得到的是我们在别的地方所说的关于电的功能性理论，而非关于它的构成性理论。[8]

---

[8]　一般认为，电是一种流体，因为它沿着导体"流过"。我猜测，这幅图景有魅力的部分原因在于，它对被称作"电"的神秘材料提供了某种具体的把握。我们之所以知道流体是什么，是因为我们每天都有关于它的经验，因此如果电是一种流体，那么我们便有关于它的存在方式的某种模型。但撇开别的反对意见不说，这种流体模型在它面对个别粒子时，对我们没有任何帮助作用，例如电荷粒子可像水沿着水管往下滴一样，沿着电线流动，但说单个电子有电荷又是什么意思？我们尽管可以知道电荷怎样从一个物体进到另一物体，那就是借助流动流进去，但我们仍然不知道电荷究竟是什么。我们知道的是电荷所产生的吸引和排斥作用，我们尽管能根据与人的推拉行为的类比来理解这一点，但我们仍不知道这些力根源于什么。我们只会形成这样的心理图画，即粒子周围有某种"辉光"，这也许是幽灵般的火花，或一种奇怪的闪烁的炽热。或者说，如果我们接触那种粒子，我们就会认为那是我们所遭遇的触电，但这样的说法对于电荷的客观本质并没有增添任何认识，因为它只是被放到由我们的无知所造成的空白中的不相关的材料。

电还有一个进一步的、对引力没有任何影响的谜团，那就是，电磁力既能吸引又能排斥。我认为，人们并没有理解这是多么的奇异和悖谬。以一个电子悬浮在空间中为例，如果另一个电子接近它，那么它就会用力把它推开（据说是"因为"两者都有负电荷），如果一个质子过来了，这个电子就会把那质子拉向它。因此电子由于它的单一本质而能实施两种作用力。奇怪的是，如果你是一个入侵的电子，那么你并不能经验到第一个电子所释放的吸引力，只能经验到它的推斥力。如果你碰巧是一个质子，那么你就觉察不到弥漫在空间中的推斥力，在这里，你经验到的是吸引力。如果两种力都在那里，那么每个粒子怎么不会同时经验到两种力？这就好像，一个电子在感觉到附近某一点的另一个电子时，它就切断了吸引力，而当一个质子进入这个电子的作用范围时，它又好像切断了排斥力。因为它为了适当地起作用，如（像夜总会的看门人一样）把某些拉近、把别的推开，它必定"知道"，什么样的粒子在它的附近。引力以平等的态度对待每个事物，如吸引一切有质量的事物，不再有不同标记的、带电荷的质量之间做出分别。

但奇怪的是，电磁力是不公平的。假设在一个电子的电磁场中任意取点 P，该场在 P 不带任何粒子，恰像空洞的空间，如果是这样，P 中隐藏着什么力？是吸引力还是推斥力？我们不能说，如果它是质子，它就吸引，如果它是电子，它就排斥，除非我们能确定是哪一种粒子占据了 P。撇开这一点，我们只能说，P 有产生两种运动的倾向，即同时能推开和拉近。或者我们应该这样说吗，即那个力在 P 的方向是不确定的，直

137

到有特定类型的粒子占据了 P？但是如果是这样，一个存在着
的力场在它的起作用的方向上怎么会是不确定的呢？如果你是
一种粒子，那么那个场会把你推开；如果你是另一种粒子，那
么那个场会把你吸引过去，不管你的质量、旋转、形态等是什
么。其实，只有成对粒子才能说是电磁力的例示，因为单个粒
子就其本身而言似乎完全无法确定它是吸引的，还是排斥的。
既然粒子的同极性仅只意味着有相互排斥的倾向，异极性只有
相互吸引的倾向，因此我们这里没法解释电磁场为什么以那样
的方式起作用，即它作为一种纯粹的事实为何同时既吸引又排
斥（否则是不确定的）。这是一种非常有趣的力，就像《怪医杜
立德》（*Dr. Doolittle*）的双头怪物普什米普利 * 一样，与自然界
的别的都有吸引力的力根本不同。人们也许想问，关于电，是
什么引起了它的特殊的二元性？什么是既能产生吸引作用又能
产生排斥作用的电荷？但是对于电荷的构成本质，我们真的没
有任何真实的、肯定的想法，因此困惑依然如故。⑨

　　在说明电磁相互作用时，常见的是如下四个描述层次，（1）
只有一种作用粒子，比如电子或质子；（2）只有它的电荷或电

---

　　* 《怪医杜立德》是美国的一部喜剧，普什米普利（Pushmipullyu）是里
面的动物的名字，就是那个双头动物。——译者

　　⑨ 黏合剂本身似乎也具爆炸性，因为它同时是分散和内聚的源泉。电荷
是什么？一个我不知道其是什么的东西既排斥又拉近，即对被作用物体有对立
的作用。别的力为什么没有这样的二重本质？吸引力总是在拉近；它完全没有
排斥的形式。如果太阳吸引地球但推斥土星，那么我们会怎么想？如果吸引力
有时让物体从地球上飞上去，有时把它们拉下来，那么我们会怎么想？这是非
常令人困惑的，难道不是吗？但电荷总做这件事情，既推斥又拉拢。它为什么
不能做出确定的选择？

荷的程度，就像电压仪这样的常见仪器测量到的东西那样；（3）只有围绕电荷粒子的场；（4）只有被作用的粒子，它同时有自己的电荷和场。电荷一般可与场区别开来，因此这里的图景是，电荷引起场，场进一步在被作用的粒子上引起运动。杨和弗里德曼说："我们首先设想，物体 A 作为它携带的电荷的一个结果，不知何故改变了它周围的空间的属性。接着有物体 B，它是它携带的电荷的一个结果，感觉到了空间在它的位置怎样被改变了。"（第 806 页）即是说，空间中的场是由带电荷的粒子的出现产生的，而场又把电荷的作用传递给了另一些粒子。但不清楚的是，我们是否能在电荷与场之间做出区分？或者说，那个区分应该如何做出？怎样让有电荷与有场在物理上

138　区别开来？物体的质料显然不同于它周围的引力场，但应该怎样把电荷与它有联系的场区分开来（我这里说的不是粒子本身，而是它携带的电荷）？有电荷难道不能直接等同于场吗？是什么阻止我们这样说？这样说有意义吗，即一个质量同时有"引力电荷"和引力场？

　　事实恰恰在于，这是一个本体论的抉择，由于这抉择完全是基于思维节俭之类的考量而做出的，因此这事实足以表明，我们对于电荷本质的认识是多么的贫乏。我们也许应说，就我们所知而言，电荷和场是同一的。但如果它们是这样，那么电荷就不能引起场。我本人欣赏的观点是，电荷是我们不知道其本质的粒子的一种内在的局部的特征，因此电荷能引起场。但我们现在对电荷的了解如此贫乏，因此在这点上很难形成什么断言。不管怎么说，坚持同一论几乎没法化解电荷所充满的疑

团，因为电磁场同样也是令人费解的。它们只应从纯倾向的角度来加以设想吗，如把它们描述为没有范畴根基的反事实，或者说相信它们是具有内在本质的物理实在？[10]

我倾向于后一观点，但如果是这样，我们又必须承认我们并不知道它们的本质是什么。整个问题充斥的是困难和模糊，这同时表明我们对我们称作"电荷"和"场"的事物的本体论地位的理解是何等的贫乏。事实上，我认为，物理学家只是观察到了一些形式的相互作用，进而决定称它们为"电的"相互作用，然后再假定一种属性，他们把它标记为"电荷"，同时引进与之有联系的"场"，最后制定控制这些相互作用的定律；这样一来，这些词语所指的对象究竟是什么最终便成了悬而未决的问题。当那些定律被证明可从数学上表述并被有力地预言时，这理论就被认为是可接受的，尽管它包含着认识论的鸿沟。他们作为科学家的工作就是这样做的。因此那理论便主要是方便的、约定性的东西，尽管表面上有反映经验定律和真实物理事实的外观。把它作为科学，自然没有什么错误，但坚定的形而上学哲学家（或反思性的物理学家）会在这里感觉到许多没法回答的问题（而且我假设，在实践的物理学家中，形而上学家并没有完全死去，尽管他或她可能受到操作主义

---

⑩　参看马克·兰格的《物理学哲学导论：局域性、场、能和质量》（*An Introduction of the Philosophy of Physics: Locality Field, Energy, and Mass*）（牛津：布莱克威尔出版社，2002），该书讨论了实在论和场。他赞成关于场的实在论，反对基于反事实的观点，我也是这样，因为场真的有相关的反事实范畴根据。

的打击[11]）。

139　　　因此可提出三个最终的观点。第一，我们多数人都碰到过电击，当然只是通过"静态"的方式。这可以让我们认识到，我们对电看起来是什么有一种直接经验，因此我们能通过亲知

---

[11]　这不是说，操作主义好像摆脱了内在困境，不管人们怎样把它看作是一种一般的哲学立场。它自诩的严谨性、清晰性、明确性应该被认为与空想的实在论形成了鲜明对比，但一经小心审视，它便很快土崩瓦解。以长度为例，这是操作主义观点的标准的、最好的案例，它认为，长度是用适当测量工具测量出来的东西。但那是什么样的测量工具？一根足尺或一条胶带可以测量较短的长度，但当碰到从地球到太阳的距离时该怎么办？在这里，我们必须用像光速这样的测量工具。因此长度概念在两类测量中不是模糊不清的吗？距离是用固定标尺测量的东西吗？用光速测量的东西是什么？智能能用几种不同的方法测量，因此有像测量方式一样多的智能形式吗？测量实际上是什么？测量的操作依据于什么？它是像在被测量物体旁放一个测量棒那样的物理操作吗？这类包含测量棒的物理操作也可得到操作主义的解释吗？如能对测量的物理事实做出测量吗？如果是这样，就有无穷后退。因此测量能被更好地理解为一种心理行为吗，比如说判断一个人有某种高度或正在计算太阳的距离？如果是这样，我们就是在根据心理概念解释物理概念的内容，就是在说它有与这连在一起的对心的依赖性，比如说物理事物有某种高度就是某些心理操作完成了或可得到完成。这听起来是极端错误的。或者说，测量应该纯粹根据数学来加以设想，如设想为将数字映射到对象之上吗？物理对象与记录它们大小的抽象实在之间有某种构成上的关系。但这样一来，我们又是在用抽象解释具体，即根据数学事实来解释物理事实。沿着这个方向出现了一种关于物理世界的奇怪的毕达哥拉斯式的柏拉图主义，它认为物理事物可还原为数学事物。明显的事实是，像长度这样的物理事物不同于运用仪器的身体行为，不同于长度认知的心理行为，不同于测量尺度中所用的数字。这种说法也适于质量、运动、电荷等。不管我们怎样设想测量，它都是外在于被测量的事物的，因此不能构成被测量的东西。事实上，操作主义的全部方案是险恶的人类中心主义的方案，因此最终是唯心主义的方案。测量就是人所做的事情；自然界不测量自己。物理实在作为独立的领域其本质不在于测量。操作主义的真理颗粒不过是，如果我们不能测量某物，那么我们就不能表述它的量的规律，而这是物理学发誓要做的事情，但这与物理实在作为自在存在本身的构成没有任何关系。

的方式知道它是什么。但这显然是关于那个问题的一种素朴的观点，因为我们所经验到的一切都是电对我们神经系统的作用结果，而非它的内在本质（只要把我们对热的经验与热的真实本质加以比较就清楚了）。这些经验并没有表明电本身、客观上是什么（相比之下，红的经验产生的是关于红本身是什么的知识，无论如何，是关于红的经验是什么的知识）。电荷可在人身上产生具有某种量的特征的经验，但我们不能认为这些经验暴露了电的内在本质，因此它们并没有填补我们上面所认识到的那种理论空白（就像关于热的经验没有告诉我们热是分子运动，或关于光的经验没有告诉我们光由运动中的光子所构成一样）。

　　第二，电静力学研究的是处在静止状态的电荷，而电动力学研究的是运动中的电荷。一般都知道，只有在运动的电荷才产生磁场；静电荷在磁上是中性的。自然界的基本的带电荷实在，如电子、光子，都处在恒常的运动状态，它们的磁属性也恒常是活跃的。但值得深思的是这里的经验事实的怪异性，如仅仅只是移动带电粒子怎么会在这里产生以前所没有的磁场？纯粹的位移通常不会改变物体的因果力，但在这种情况下，仅让一个粒子从一个地方移动到另一地方，却使一种新的因果力出现了，并具有特定的规律和原则。只要你考虑到这里的运动 140 一般被认为是相对的，那么这便显得特别令人困惑。某物是否被断定为静止的，从本质上说是任意的，这意思是说，磁场的产生只相对于别的物体，而不相对于被考虑的那个物体（它相对于自己而言是静止的，进而相对于自身而言在磁上则表现为中性）。另一方面，如果运动是绝对的，那么空洞空间中的纯粹位移就能产生新的力，空间中的孤立的物体是否有磁场取决于它是否处在相对于绝对空间的运动中。如果我们更好地知道电荷是什么，那么我们也许就能理解带电物体的运动怎样产生了磁场；实际上，这看起来是一种残酷的事实，而且也是一种反直觉的事实。毕竟，人仅仅通过运动不会更聪明，或不会成为更好的运动员。仅仅靠运动怎么能改变物体的因果力呢？

　　第三，电中性的物质团块是有其问题的。原子核据说是由带正电荷质子和中子构成的。带正电荷粒子自然会相互排斥（因此要靠"强力"才能不让它逃走），而中子没有电荷，靠近一个电子，不会有吸引或排斥这样的事情发生。因此从根本上说，大自然是由有电荷的粒子构成的，它们既相互吸引又相互排斥，而那些没有电荷的粒子则既不相互排斥，又不相互吸引。然而所有这三种东西都由物质构成，且具有质量和别的基本物理属性。中子似乎一开始就没有电荷，而电子和质子一开始就有电荷。但中子除了没有电荷之外，在所有别的物理方面都同质子一样吗？如果是这样，那么电荷就不随附于别的那些物理属性。这与我们所拥有的物理学似乎是一致的。但这仍然很奇怪，迫切需要解释，如是什么让中子没有定义质子和电子之基本特征的电荷的那种倾向？为什么电荷在大自然如此普遍存在却又不为中子这类特殊的粒子所具有？原子之能够结合在一起，几乎不会是出自"为了什么"，因为在粒子（或宇宙）的本质中完全找不到这样的目的论。

　　我们再次碰到了一个残酷的事实，或碰到了一个至少有残酷外观的事实。人们可以说，电中性和电荷之间的差别对粒子的行为至关重要，反映的是它们的某种内在本质，然而就我们所知，这种差异是很残酷的，如有些事物有发生电磁相互作用的倾向，而有些没有，仅此而已。从更广泛的观点看，神秘的事物也许是电中性，而不是有电荷，自然界的一般规则在中子的事例中似乎碰到了例外（电子和质子以茫然不解的眼光看待中子，因为它们认为它们自己的电荷状态是事物的自然状态）。无论如何，电子、质子和中子的三位一体成了一种非常杂乱和令人困惑的混合物，其神秘性不亚于我们所能想到的别的三位一体。成功的科学再一次与自然的神秘性并驾齐驱。关于电和磁的理论是人类知识中最令人称奇、最成功的领域，但它仍然掩藏着巨大的无知深渊。[12]

141

---

[12] 这就是我为什么在这一章加了副标题"一个案例研究"的原因，因为它旨在说明这样的一般性观点，即物理学的先进的分支，尽管浸透着严格的数学，且有广泛的应用，但仍缺乏对它自己的主题的真实把握。而且就电磁理论而言，因为它高谈阔论正电荷和负电荷、导体和场、偶极子和通量（dipoles and flux），因此给人以充满着真知灼见的错觉，例如这让初学者得到这样的印象，即物理学家完全掌握了关于电和磁的全部真理，进到了它们的内在本质。但事实上，我们关于电的知识是粗略的、凑合的，不过是倾向性的 + 数学化的 + 结构性的。它是一种空中楼阁，即一种漂浮在神秘的地基上的宏伟的构造。

# 142

# 第8章 两类科学

人们通常把经验科学自然地分为如下三类，即物理科学（物理学、天文学、化学、地质学、冶金学）、生物科学（动物学、植物学、遗传学、古生物学、分子生物学、生理学）和心理科学（心理学、社会学、人类学，也许还有经济学）。这三重划分图式为什么看起来是自然的？因为每门科学都分别用了一个特定的基本概念，正是这个概念规定了每门科学的范围。这些科学试图描述、解释、阐明的是这些领域的规律，即旨在理解这些规律。我们可用概括的形式把这些操作性概念表述为如下三类，即力、目的和心灵。例如物理学研究的是引力、电磁力以及别的制约物质运动的力；具言之，它给出的是制约这些力的、以数学方式表述的规律。生物科学是围绕目的或功能概念即目的论概念来组织自己的体系的。有机体以求得自己的生存和成功繁殖为目的，而身体器官有增进有机体的生命的功能。具体地说，心理学研究的是以各种形式表现出来的心灵，这些形式有，思维、情感、知觉、记忆等。诚然，心理学的那些组成部分是否能统一在一个题目——如意识或意向性或信息加工——之下，是有争论的问题。但很显然，关于心理的概念就是界定心理科学的东西。

可暂时搁置我们的三类宽泛概念（即力、目的和心灵）应怎样予以适当定义的问题，不妨先用例子来说明各门科学所关心的问题。例如物理学感兴趣的是电力、磁力；生物学探讨的比如说是心脏之类的功能（和起作用的方式）；心理学关注的例如是视知觉。这些更专门的概念，即电磁力、心脏、知觉，具体说明了有关科学打算要理解的经验实在的范围。它们都是有关科学组织自己体系时所围绕的概念类型。

我感兴趣的是，这些作为认知实在的概念究竟有何本质，以及它们的认知本质对于运用它们的科学来说究竟向我们表明了什么。更确切地说，我们关心的是，在使用这些概念时，人们具有什么样的知识。我的看法是，人们所具有的是两类极不同的知识，即一类是物理科学中的知识；另一类是生物科学和心理科学中的知识。由于尚没有公认的词汇能表示我想到的这种区分，因此我将引进这样一对技术术语，即"远（remote）知识"和"近（intimate）知识"。如果是这样，那么我的看法就可表述为，在物理学中我们有远知识，在生物学和心理学中，我们有近知识。随着论述的推进，这些词的意义会逐渐明晰起来。一般性结论是，物理学是认知上完全不同于生物学和心理学的科学，因为两类科学的独有概念根本不同。①

①　我们也能说，这些词的意义大不相同，其表现是，它们引入的方式、理解它们的条件以及它们的具体意义的形式都不相同。

在《物理世界的本质》(*The Nature of the Physical World*，1928)一书[②]中，爱丁顿(Arthur Eddington)曾讲到了"对于物理学基本实在的根本无知"，并把该门科学的命题比作卡罗尔(Lewis Carroll)诗中的几行"伽巴沃(Jabberwocky)"。[*]爱丁顿写道："未知的事物做的是我们不知道的事情"，这就像说，"是滑菱鲆在缓慢滑动，时而翻转，时而平衡"。他区分开了三类事物，"(a)心理映像，它在我们心中，不在外部世界；(b)外部世界中的某种对应的东西，它具有不可理解的本质；(c)一组指针读数，它们是科学能研究、并能与别的指针读数关联起来的东西。"(第254页)他接着说到了"物理学对于指针读数的限制"，以及神秘的、被赋予了模糊性的物理对应物。例如，"每当我们根据物理量来陈述物体的种种属性时，我们传递的是这样的知识，即它们是关于各种测量指标对于该物体的出现的反应，仅此而已。"(着重号为原作者所加，第257页)由此，"我们认识到，科学对于原子的内在本质什么也没说。物理的原子像物理学中的别的一切事物一样，不过是指针读数的一览表。我们赞同说，这种一览表附属于某种未知的背景。"(第

---

②　本书的基础是 A·爱丁顿爵士 1927 年的吉福德讲座，最先于 1928 年由剑桥大学出版社出版。它对 20 世纪初期的物理学发展做了极清晰和生动的说明，同时表现了突出的哲学敏感性。

*　刘易斯·卡罗尔，原名 C. L. 道奇森(1832—1898)，英国数学家、逻辑学家、童话作家。"Jabberwocky"意为"无聊的话、无意义的话"，是卡罗尔的自编词，是书中怪物的名称，像恐龙一样高大，被爱丽丝斩杀。见他的童话《爱丽丝梦游仙境》。诗中的许多词语是随意编造的。麦金引用这些诗句旨在说明，物理学表示物理实在的"电子"之类的词类似于卡罗尔胡乱编造的词。——译者

259 页）当物理学试图发现自然的内在属性时，"我们［物理学家］其实是像小猫围着它的尾巴一圈又一圈地奔跑一样，根本就没有进到世界的构成材料之中"（第 280 页）。爱丁顿得出结论说："把物理学翻译成'无聊的话'（Jabberwocky），这对物理学的物理基本实在的未知本质来说不是不好的提示；假如所有的数字即所有的测量属性都是不变的，这也没有任何影响。自然规律的和谐性是科学探索的目的，但这规律就来自于这些数目。我们能理解曲调，但不能理解演奏者。特林鸠罗（Trinculo）* 曾说：'这是我们捕捉到的曲调，它是由无人的图画所演奏的。'他这里指的可能是近代物理学。"（第 291—292 页）

144

罗素在《物的分析》（1927）③ 一书中坚持的是十分相似的思路。他说："对于物理学家来说，推测自己所研究的过程的具体特征是没有必要的。"（第 122 页）这是很幸运的，因为"我们并不知道物理世界的内在性质，进而不知道这内在性质是否不同于知觉的内在性质"（第 264 页）。相反，"对于物理世界唯一的合理的态度似乎是，对数学特性以外的一切持完全的不可知论"（第 210—271 页）。物理学关心的只是罗素所说的

---

\* 莎士比亚《暴风雨》中的弄臣的名字。——译者

③ 该书 1954 年由纽约的多佛出版社出版。罗素的著作在几十年中曾被主流分析哲学家广泛否定，当然现在得到了应有的评价。可参阅罗素的《哲学要点》（*An Outline of Philosophy*）（伦敦：乔治·艾伦与昂温出版社，1927）。在这里，他说："物理学是数学性的，不是因为我们对物理世界是如此认知的，而是因为我们知道得如此之少。我们能发现的只是它的数学属性。至于其他的东西，我们没有什么知识。"（第 163—164 页）

"结构"，即具体事物的纯形式方面，因而物理学完全是"抽象的"。他说：物理学只是在探索"物理的因果构架"（第391页），而置它的具体的血肉于不顾。"对于物理世界的那些作为数学规律的规律，我们有相当出色的认知，但我们不知道物理世界的别的东西"（第264页）。这就是我们关于物理实在的认知为什么不足以排除它的本质是经验的这一观点的原因（爱丁顿也是这样看的）。这就如同我们描述一组颜色时那样，我们只能描述它们的抽象的相同和不同关系，而没法把握具体颜色的同一性。在罗素看来，物理学从认识论上来说与它所指向的实在相去甚远，因为它不能借亲知或描述告诉我们，物理世界本身究竟像什么；它只能对物理现象中的各种似规律的关系提供数学的解释。

即使爱丁顿和罗素得出共同结论的方式似乎各不相同，但两人可能被认为知道了彭加勒在《科学与假说》（*Science and Hypothesis*，1905年英文版）[④]一书中对自己观点的早期表述，当然他们都不承认彭加勒的影响。在讲物理学方程时，彭加勒说：

　　这些方程表述的是关系，如果这些方程（在理论变化

---

[④]　我这里引用的《科学与假说》，是2009年由通用图书出版社（General Books）出版的版本。更标准的版本是1952年由多佛出版社出版的版本。这两个版本的翻译有某些有趣的差异，如我用的版本用的短语是"事物的基础"，而标准版写成了"事物的原因"。再者，我用的版本有附录"数学物理学原则"，我的第三段引文就出自这里，而标准版没有此附录。该书以其精辟的见解和科学的专业知识而著称。

了的情况下）仍是真实的，那么那是因为这些关系保持了
它们的真实性。它们告诉我们，现在像过去一样，在某物
和某种别的事物之间存在着如此这般的关系；我们以前只
把这个某物称作运动；现在我们则把它称作电流。这些称
谓不过是替代真实对象的图像，而这些对象的本质永远是
我们不知道的。这些对象之间的真实关系是我们能把握的
唯一的真实，其唯一的条件是，存在于这些对象之间的关
系与存在于我们被迫用来替换它们的图像之间的关系是相
同的。（第 100 页）

后来，在论及关于同一实验材料的多重解释问题时，彭加
勒说："也许有一天，物理学家对这些实证方法无法处理的
问题（如能否让机制发挥作用）失去了兴趣，于是将这些问
题交给形而上学哲学家。然而，这一天还未到来；人们不
会轻言放弃，让自己永远保持对事物基础的这种无知。"（第
130 页）

　　在一著名的段落中，彭加勒把宇宙比作一部机器，但这机器
的内在作用不为我们所知。他说："它（即这个宇宙）也是一台
机器，当然比所有的工业机器复杂，它的几乎所有部分对于我们
来说隐匿太深；但在观察我们能看到的这些机器的运动时，我们
借助这个原则的帮助能引出一些结论来，不管驱动这些机器的不
可见的机制的细节是什么，这些结论都会是真实的。"（第 145—
146 页）在这里，我们能看到我们称作物理学功能主义观点的萌

芽。[⑤] 彭加勒的观点可称作"关系主义"，它认为物理学只提供关于事物之间关系的知识，而让关系项的本质模糊不清、隐而不显。他把我们对本质的无知看作是理所当然的，进而设法解释物理知识怎么会仍是可能的，他认为，这是因为我们能对事物之间存在的关系做出断言，并把它们转化成数学形式。但我们不应对物理学没有告诉我们的事情，如"事物的基础"，抱有任何幻想。

这类观点现在以关于物理学的"结构主义观点"而著称，从始至终一直得到许多人的喝彩。[⑥] 我不想在这里对之做进一

---

[⑤] 粗略地说，它是这样的观点，即认为物理实在的内在本质尚未得到详细说明，而对它们的相互作用有描述，如那实在以这样的确定的描述模式得到了再现："该实在具有如此这般的原因和结果"。这种分析的形式化版本是对于理论之内容的拉姆齐语句表述，它由存在量化的变量代替常量。拉姆齐最先倡导对物理学理论做这种分析，当然没把它用于心理学理论。这是有充分的理由的，因为这种分析对心理学理论显然是错误的，我将在这一章论证这一点。对物理学的拉姆齐语句表述完全一致于彭加勒－爱丁顿－罗素的观点。

[⑥] 正如我在"导言"注②中所说，赫兹先于彭加勒表达了这一基本观点。但该观点在洛克、休谟和康德的著作中有明确的根据。这三人都致力于限定人类知识的范围，且发现了大量的无知领域。我特别欣赏 G. 斯特劳森对这一观点的表述，可参阅他的"真实的唯物主义"和"实在论的一元论"两文，见他的《真实的唯物主义与其他论文》。还可参阅迈克尔·洛克伍德和其他人（它符合斯特劳森将休谟解释为一个不可知的实在论者）。一般认为，沃洛（J. Worrall）最先把"结构主义实在论"的观念引入当今的科学哲学，同时承认彭加勒的影响，参阅他的"结构主义实在论：两个世界中最好的世界"（"Structural Realism: the Best of Both Worlds"）（载于《辩证法》[Dialectica]，第 43 期，第 94—104 页，1989）。我所宠爱的关于这一观点的简单表述来自于爱泼斯坦（L. C. Epstein）的明晰的《相对性的可视化》（Relativity Visualized）（旧金山：洞察力出版社，1997）一书。在讨论光的本质时，他观察到，在爱因斯坦提出狭义相对论的时候，人们不知道光是什么，接着，他温文尔雅地用括号加上了这样的插入语："（事实上，事物究竟是什么，这是不可知的）"。（第 23 页）尽管如此，他对相对论做了漂亮的阐释。

# 146

步的辩护，因为我的目的是采纳它，并彰显它的意义。但我将在对之做出阐释时略述己见。这观点的内容是，爱丁顿所说的那种无知一直困扰着全部基础物理学，如关于电磁、引力、原子、物质本身、时间、空间乃至运动的理论都受其困扰。因为所有这些语词真的是表述这样的事物的标记，它们的客观本质没有直接显现给我们，我们没有关于它们的肯定的概念。物理学告诉我们的是，谈论那些不可捉摸的"滑菱鲆"（slithy toves）*的数学语言，与之相关的还有一系列的定律，但在有关的理论中，我们真的拥有的东西是与别的测量连在一起的测量，用爱丁顿的话说，是精心设计的"指针读数"系统。他所说的、作为这些测量之"背景"的东西是隐匿的。只有在我们的测量工具上出现的被标记的量的结果才能直接为我们所知。甚至这些工具作为物理实在也有隐匿的、客观的本质。给予我们的只有数学，例如我们归属于测量工具的读数，而这完全是抽象的。⑦ 物理学由限定未知实在的方程所构成。因此我们不知道电子是什么，我们只知道它按照粒子物理学定律做了什么

---

　　*　卡罗尔的自编词，没有什么意义。——译者

　　⑦　我们自然知道未知物理量的心理效应。这种知识也许是这样的幻觉的主要源泉，这幻觉以为，对于这些效应的原因之本质，我们是有知识的，因为我们对物质作用于意识的效应有可靠的了解，因此我们会错误地推论，我们知道物质本身是什么。这种没有根据的推论是明白通畅的，即使不那么麻醉人，但也有其诱人之处。也能这样说，我们知道被指定为物理量的尺度的数学本质，但值得再一次强调的是，这不是说我们知道这些数学所指的事物的本质。正如罗素所述，我们借助对外部物理实在的环境或相关物的亲知，我们获得了知识，它们表现为心理的结果和数学的测量，但我们关于物理实在本身的知识仅仅是这样的结构性描述，它们把这些实在与我们熟悉的东西关联起来了。

（然而，在量子理论看来，这些又是非常奇怪的）。

爱丁顿称物理学中的知识为"符号性知识"，因为它只与关于事物的符号有关，而并未让我们进到事物本身的本质。我把这种知识称作"远知识"，因为它关心的是事物作用于我们感官的遥远结果（就像这些事物作用于我们的测量工具那样）。也可把这种知识称作"功能性知识"（在与功能主义有联系的意义上），因为它没有具体描述基本实在在本质上是什么，只说明了它们与别的未具体描述的实在的功能关系。它是对事物行为的数学表述，让我们游离于对事物内在特征的把握之外。更具体地说，根据物理学，物质由带电粒子所构成，但我们对电荷能说的不过是，电荷是由关于运动的一系列方程所描述的。在这里，这种（在原子层次）运动与（比如说）一只鸟飞过时我们所经验到的东西完全不同。这些理论术语像那些方程式一样没有什么描述性内容，理论术语出现在这些方程式中，仅仅是表示我们没有认识到的物理实在的名称。我们具有的比如说关于电子的那种知识，就像我们在看到人的脚印时所具有的关于那个人的知识一样，都仅仅是一种关于结果的知识。

一般而言，物理学的术语可被定义为"关于 F 的原因"，在这里，"F"从根本上说只能表现为指针读数或类似的东西。这就是爱丁顿为什么觉得能够做出下述断言的原因，这断言是，物理学让物质是否真的由心灵材料构成这一问题成了一个悬而未决的问题，因为这问题太不具体，因此可排除这样的假说。只要我们的指针读数的真实原因"实现了"适当的数学定律，那么这真实的原因就可以是任何东西。这不仅仅是说，物理学的实在是不可观察的，只能借推论知道其存在，而且，它们的本质不能为我们所知，所谓本质即它们内在地所是的那些事物。因此，物理学的核心存在的便是巨大的无知，尽管这是一种不会影响科学预言力的无知。我们能以数学的精确性知道我们的"滑菱鲆"在未来会做什么（这由决定论的限制性条件所决定），尽管我们对它们的"滑菱性"*根源于什么，它们的"鲆性"**实际是什么，茫然无知。

应当注意的是，这种结构主义的不可知论立场在本质上与拒绝关于人的知觉的素朴实在论没有任何关系（即使罗素有时认为有这种联系）。这不是说，我们没有或不能直接知觉到物理实在，因而只能通过推论知道它们的属性；这里不存在与关于知觉之类的东西的感觉材料理论的联系。我本人并不质疑这样的常识观点，它认为，我们能看到桌子、椅子等，因为这些事物也是物理学要关注的东西。而且对于如此被知觉到的物理对象，如形状、颜色、位置等，我们也能认识到许多真理。问题在于，我们是否能知道它们作为物理对象或作为物理学的对象的内在本质。

假设（错误地）我们真的不曾看到物质事物，而只看到了罗素所说的知觉对象，由此不能直接推论说，我们不能知道物质的内在属性是什么。我们也不能直接看到别人的心理状态，但我们确实能知道他们的内在特征，即这些特征是什么。问题不是，我们是否能"直接"知觉物理对象；这是一个关于我们所指称的东

---

\*　slithiness，slithy 的名词形式。——译者

\*\*　tovehood，toveh 的表示本性的形式。——译者

西的概念的问题，这所指要么是知觉上的，要么是推论出来的。如果我们生活在一个极其不同的物理世界之中，在这里，物质更像是按经典力学图式起作用的，或者说，在这个世界，爱丁顿、罗素式的泛心论是真实的，那么我们就能更好地看到这样的世界是可理解的，即使这个世界中的我们的知觉系统由于某种原因使物质成了不可直接被知觉的东西。由推理而来的知识并不一定就是纯结构性的东西，因为它依赖于知识所关于的东西。即使我们（正确地）承认我们的物质能直接被知觉，即是说它的成员能被看到和接触到，但不能由此说，我们对它的本质的理解能够暴露它的内在存在。从能直接知觉各种电荷（这是物质主要所是的东西）这一点不能必定推出对电的本质的理解。描述我们处在与物质事物而非感觉材料的知觉联系之中，尽管是正确的，但这并不能作为根据让人假设，我们的物理学让我们明白了物质事物在本质上究竟是什么。很显然，如果物质事物对我们的显现包含着关于物质看起来像什么的扭曲和错误，如在典型的"固体"物体中存在的大量的空洞空间（此即爱丁顿的一个主题），那么上述观点就特别明显。我们也许真的能观看和触摸物质的团块，但完全不能像科学所揭示的那样知道物质在本质上看起来是什么。[8]结构

---

⑧ 如果素朴实在论适用于人的知觉，那么它大概也适用于动物的知觉，因为如果我们没有看到感觉材料，那么猿和狗也不能看到感觉材料。但自然不能由此说，动物知道物质、运动、电等的本质。我们（和它们）通过真实地观看物质对象就能知道物质怎样显现出来，但这与知道物质在本质上是什么不可同日而语。智能的一种形式为了把握对象的内在本质，不一定要与那些对象建立知觉联系，例如可假定上帝能直接把握对象，但是我不认为上帝做了很多观看和接触事物的事情（因为他靠的是"理解"）。

主义观点关心的是对物理学理论术语的解释，而不关心我们的感觉是否把物质事物当作是直接对象。

物理学和心理学在认识论的可及性这一点上形成了鲜明的对比。相比于物理学，心理学作为科学是出了名的落后，因为它没有数学的精确性和预言力，对结构也没有深刻的分析。我们通过学校教育得知，物理学家对物理世界的知识比心理学家对心理世界的知识要多得多，这特别表现在规律上。在一定的意义上，这是对的，但同时也是极其错误的。

其理由在于，对于我们的心理状态，如有意识思维、情感、感觉等，我们确实知道了其内在本质。有这样一个老掉牙的观点，即有意识经验是不容置疑的，而且主体能接近具体的有意识状态的本质。[9] 我确实知道，疼痛是什么，观看红色、感到生气、想到天在下雨意味着什么。我有关于它们的近（intimate）知识，这就是说，我知道它们内在地像什么。我不只是会根据对它们的作用的知觉推论它们的存在，然后盲目地用源自拉丁语或希腊语的某个名称为它们命名（如把它们称作"电"）。它们离我们的认知并不遥远，它们不是隐变量，不是朦胧地隐藏

---

⑨　斯特劳森在"真实的唯物主义"（见前面的注释⑥）中对这一观点做了有力的阐述。但是，似乎每过一个世纪左右的时间，这一观点就需要重新予以发现。该观点告诉我们的是关于内省的力量的某种东西，而远非经验本身的本质，因为经验本身像别的任何事物一样并不是透明的。上帝既能直接知道电荷，也能直接知道有意识经验，就好像他能内省电荷一样。我认为，电荷和经验对于人的不对称性根源于内省应用于经验的方式，而不根源于应用于电荷的方式。尽管如此，经验如此这般，因此它能为内省所认知，而电荷大概不能这样被认知（在这里，存在着一些困难的问题）。

在背景之中，而是透明地显现给认知的。它们的原因和结果是什么，或它们的神经关联物是什么，这是一个推测的问题，但对于它们在本质上究竟是什么，我们是有很好的认识的（例如就像我知道几何形式一样）。表示心理状态的语词不同于前述的"滑菱鲆"，因为我们知道我们经验的同一性，即知道它们本身是什么。在这个意义上，我们的心理术语没有什么推测性的东西。[⑩] 我们不是借助指针读数和花哨的设备来认知心理状态，而只是通过拥有心理状态而知道心理状态。因此心灵并不是"我不知道其是什么的东西"。例如信念概念就极不同于电荷概念，因为我们是以极不同的方式理解这两个概念的。古希腊人发现了电，并给它安了一个名字，但若说他们发现了信念并安了一个名字，那就显得太奇怪了。前者是假定的知识，后者是直接的知识。

149

　　我认为这一点是众所周知的（即使不总是被认可）。我们可这样加以表述，我们关于心理现象的知识并不是纯"结构性"的，不完全是"抽象的"，在本质上不是"关系性的"，不局限于"功能"。彭加勒、爱丁顿和罗素关于物理知识的那些特征的

---

　　⑩　例如心理学陈述的内容就不能为拉姆齐语句释义所把握。人们之所以在功能主义的全盛期没法理解这一点，是因为他们坚持对心灵持第三人称视角，如把心理状态理解为用来解释可观察行为的理论假设。我对此的简明回答是，废话！我们并不是这样发明我们的日常心理概念的，如经过长期的努力，为着整理我们在别人行为中所观察到的材料，带着错误的出发点，通过范式转换和理论争论。这样说完全忽视了我们从认识论上关联于我们自己心灵的方式。十分令我吃惊的是，明显地阐明这一观点竟（仍然！）是必要的——这是意识形态强权践踏天真的判断力的表现。

阐释并不能推广到心理知识之上。从这一点我想引出的启示是不那么为人所知的，可这样予以表述，心理学作为科学依赖于这样的概念阐释，它们在种类上不同于物理学的概念阐释，例如心理学关涉的是我们知道其内在本质的事物，而物理学关涉的是其内在本质不为我们所知（粗略地说）的事物。在心理学中，我们知道我们正在谈论什么，但在物理学中则不是这样，尽管我们过去关于这些我们不知其内在本质的事物所说的话头头是道。在一种情况下，我们有近知识，而在另一情况下，我们只有远知识，或用前面的术语说，我们有关于心理现象的"适当的"观念，有关于物理事物的"不适当"的观念，再换种说法，我们有关于心理现象的"可理解的概念"，有关于物理事物的"不可理解的概念"（尽管有关于它的完全适当的、有预言力的理论）。⑪

当我们理解了物理学的定律时，我们在我们关于这些定律所制约的实在之本质的理解中就会碰到一条鸿沟，但当我们理解了心理学定律时，我们就完全知道我们的题材的本质是什么。例如我们知道电荷的定律，但我们却不知道电荷是什么，只知道其倾向。相比而言，当我们知道了制约信念和愿望的定

---

⑪　这些术语分别来自洛克和休谟。他们极为关心我正唠叨的那种比较，如我们能按其客观所是的样子把握的是哪些事物，我们不能客观加以把握而只能指谓的是哪些事物。关键的观点是，我们能对事物做出推论，或对它们做出思考，然而我们没有关于它们的严格描述的概念。它们存在，我们推论它们，但它们的本质不向我们敞开。可参阅斯特劳森在"大卫·休谟：对象与力"和"认识论、语义学、本体论和大卫·休谟"（见前面注释⑥中提到的论文集）中对休谟的讨论。

律时，我们对信念和愿望是什么则了如指掌。

150　　　我这里说的不是，我们关于心理现象的知识的认识论是完全清楚明白的，很显然，这也是一个疑窦丛生的领域。我的观点不是说，自我知识易于理解，或没有哲学的困惑。我也没有说，关于心灵的一切没有一点神秘性，确切地说，这里也有大量的无知，既有浅表的，也有深层次的。我的看法非常谨慎，我认为，我们的日常心理概念并未让我们处在对心理状态内在特征的无知状态中。我们的心理术语不仅指向了未知的实在，而且还表述了已知的实在。在这一点上，"物质"和"意识"两词是非常不同的，当然意识也具有物质被赋予的全部神秘性。⑫

　　　关于语言的研究，我们应当说些什么呢？它提供的是远知识还是近知识？语言学研究的是语法、语义和语用，旨在抽象出一般原则。假设我感兴趣的是名词，那么我清楚地知道它们是什么，我想这是因为我们在说出和理解言语时对它们有直接的经验。⑬它们不仅仅是被推论出来的实在，其本质游

---

　　　⑫ 即使我不知道物质是什么，但我知道物质怎样在感性知觉中显现于我。不过，下述说法是错误的，即使我不知道意识是什么，但我知道意识怎样在内省中显现于我。其理由是，意识的显现就是意识所是的东西（至少是其中一部分），但物质的显现不是物质之所是（甚至不是其中一部分）。你若不知道意识是什么，你就不知道意识的显现，但你若不知道物质是什么，那么你也能知道物质的显现。物质的现象与物质的真实面目之间存在着鸿沟，但在意识的显现和意识本身之间则找不到对应的鸿沟。

　　　⑬ 我们也应能借助我们的天赋语言知识即天生的语言能力去理解名词是什么。语言是人的特质，内在于我们，刻在我们的本性中。它不是这样的外部实在，其本质得像物理学的粒子或太阳系那样须通过我们的费力劳动才能被发现。例如我们有与语言范畴的有利的认识论关系，因为语法对我们是透明的，而（比如说）原子则相反。没有人会说，物理学（即理论物理学）是先天地被认知的。

离于我们之外，即仅凭它们的结果，我们是不能知道它们的。"言语的构成部分"不同于物质的构成部分，这是遥远的假设。意义（及语法）不像物质，因为物质仅仅是我们用来测量意义的"背景"，且是由我们知道不是什么的东西构成的。我们关于语言的知识绝对不是数学的、抽象的，不是方程的纯粹一览表，没有任何具体内容——此内容只与语言本身有遥远的联系。从认识论上说，语词的意义不同于粒子的电荷。意义像心灵，而不像物质、电荷（甚至不像运动）。从认识论上讲，语言的原子（比如说，专名和简单谓词）不同于物质的原子，因为前者是以本质的即原始的形式呈现于我们的，但像电子、质子这样的粒子是仅仅借助结构性属性而被概念化的，从根本上说，它们像力的中心，在这里，力是借抽象的测量而为人所认识的。

在心理学和语言学中，我们对我们所谈论的东西有具体而肯定的概念，但在物理学中，我们只有表示完全不知道的东西的标签。正如爱丁顿所说："我们的身体比我们的心灵更加神秘——它们至少会是这样。要不，我们就是借助物理学的充满循环图式的设置将这种神秘性置于一边，因为这类设置只能让我们研究它们的现象性行为，而无法认识其后的神秘性。"（第 277 页）值得强调的是，这一说法显然不适用于心理学和语言学（或社会学、经济学等），正如爱丁顿和罗素很快就强调的那样。我们知道经验就在它们的具体实在中，而不是作为测量的被推测的根源存在的；这类说法也适用于意义和语言的诸范畴。这并不是说，意义（或语法）理论是

151

容易的或没有什么困难——远非如此。这里说的仅仅是，这类理论研究的那些类型是我们极为熟悉的东西，如否定、合取、量化、指称、谓项、真、断言、命令等。我们关于这些事情的知识不是推测性的和遥远的，也不是仅凭效果和征兆的空洞标记。比如说，我们知道，"是"指的是什么，就像知道疼痛是什么一样，即使我们没有关于它的更好的理论；相比而言，我们并不知道电力的吸引是什么，尽管我们关于它的理论是深奥的。关于语言学的认识论完全不同于关于物理学的认识论。⑭我们对"意义"一词的理解不同于我们对"物质"一词的理解，因为前者指的是我们在其内在存在中所碰到的实在，而后者是关于我们不知道其是什么的东西、超出我们理解的东西的空洞的标签，其所指仅仅是诸表象的基础。用康德的术语说，意义属于现象界，而物质（真实的、独立于心灵的客观物质）属于本体界。意义就其存在而言毕竟依赖于我们，而物质显然是独立于心灵的实体，即先于人的东西，且是人存在的条件。物质不是心灵的产物，而是宇宙的原始的、基础性的材料。这就是我所强调的认识论的不

----

⑭　语言学家对隐藏在我们关于语言的日常理解中（我们心知肚明）的范畴做过阐释，但物理学家不只是阐明人们关于物理世界自然知道的东西，还试图解释隐藏的东西。物理学家必须超越已包含在人类知识中的东西，即使这些知识是心照不宣的。这就是为什么有必要引入完全新颖的观念的原因。在一定的意义上，语言学不会引入真正新的东西（就它试图阐释已存在的语言能力而言），而物理学不可避免地要引入新的东西，因为它超越了它已认识到的东西（化学、生物学、历史学等也是这样）。因此我们对语言的认知比对物理本质的认知更直接，就像理论家和普通人那样。

对称性。⑮

生物学为我们提供了一个有趣的事例。生物学属于认识论的大分水岭的哪一边？噢，它的基本的组织性概念究竟有哪些？这些概念有，功能、目的、设计、生存、选择、健康、繁殖、适应、生命。这些概念中值得直接注意的东西是它们与心理概念的密切联系。可以肯定，我们理解了这些术语，至少在最初是这样，而这靠的是意图、目的、康乐、选择、快乐、计划、自我等观念。事实上，对于有如此多的意识样式的有机体来说，生物学术语精确地映射到了心理学术语之上，例如我想活下去，关心自己的健康，以保持健康为目的，选择伴侣，想要有孩子，觉得幸福，等等。一般来说，我有种种目的，这些都与我的健康和最终的生存（即我的自我和意识的持续存在）有关。生物学目的论与心理学目的论相互关联，如我的机体的目的也是我自己的目的。因此适用于整个有机体的目的概念肯定也是心理学概念，进而继承了心理学概念的透明性。相应地，使用了这个概念的那部分生物学便表达了我在技术意义上所说的近知识，因为我们知道，我们所指称的那个属性是什

152

---

⑮ 我认为，对于社会学、人类学、经济学的理论范畴也可这样说，即使我把这留在别的地方去讨论。简言之，试考察整合、仪式和衰退这样的概念，它们是这三门学科的典型概念。这些概念之所以不同于电荷、运动或物质，是因为它们有清晰的描述性内容，且我们知道它们指的是什么。在问及什么是整合、仪式和衰退时，我们能给予完全恰当的回答（即使我们没有关于它们的有充分预言力的理论），即我们不会局限于空洞回答那是"我不知道其是什么的东西"。这些概念不是表示我们不知道其本质的自然种类的纯粹标签。我们关于它们的所指的知识不仅仅是纯结构的／功能的／数学的知识。

么，那就是，它就是有目的（愿望、意图、计划）的属性。我认为，生物学理论由以得到理解的典型方式依赖于这样的与心理学理论的同化，因此在其基础的层次不存在神秘感。这里，我们说的好像仅仅是这样的某物，它的内在本质游离于我们之外，就像在物理学中那样。如果生物学所说的目的只是日常心理学意义上的目的，那么生物学就属于心理学一边。例如动物中的亲代照看行为可根据这里的动物的目的和意图来加以理解。

不过，仅仅从植物的角度看，生物学中显然还有比这更多的内容。即是说，没有心理构造的有机体也要服从生物学规律，因为它们也表现出功能作用，甚至表现出目的、持续的生存、繁殖、生殖适合度等。目的论的东西超出了字面意义上的心理的东西。现在，这些概念都可以隐喻式地、自觉地加以运用，甚至根据文字范例加以拓展，但生物学家肯定相信，它们能这样加以定义，在这里没有隐喻的因素。最起码，我们能够把功能概念用于有机体的各部分之上，例如内部器官之上，这些部分肯定没有心理学意义上的目的。你其实可以明白这应该是什么样子，例如如果有机体组成部分的存在能用它对过去的适应或某种这样的状态的贡献来加以解释，那么就可以说有机体的那一部分有一种功能。⑯有机体的生存不绝对是有意识自

---

⑯　要做进一步研究，可参阅艾伦（C. Allen）发表于《斯坦福哲学百科全书》（2003）上的关于生物学目的论的词条。其中，赖特（L. Wright）和米利肯（R. Millikan）两人对生物学目的论做了开创性的重要贡献。

我跨时持续存在的问题（即我们所理解的我们人类自身的情况下的死亡的反面），而可以用非心理学的术语来加以理解，比如说，把这种生存理解为连续的生理完整性或类似的东西。植物毕竟也有生和死。

因此我们不妨承认，可以将心理学的全部含义从生物学的独特概念中清除掉，进而让这些生物学概念既能涵盖有意识的有机体和别的类型，又能涵盖有机体的组成部分。如果是这样，生物学就其认识论地位而言是类似于物理学还是类似于心理学呢？我认为，它与心理学更亲密，因为关键的组成性概念现在由于摆脱了与心理学的联系，因而能借助过去由约定而归之于它们的明确定义来加以理解。现在，功能概念常根据过去进化的成功之类的东西来界定，生存概念则逐渐远离关于心理持续存在的所有观念，而为生理完整性观念所取代。这不是说，在运用如此被定义的术语时，我们只是在简单、盲目指谓我们不能用电荷之类的东西来说明其本质的事物。我们都知道我们用这些词时指的是什么，因为我们知道生存或功能在新的配列中指的是什么。知道心脏有泵血的功能不同于知道电子有负电荷。[17]

153

⑰ 本书第 7 章包含有关于电荷认识论的详细讨论，在那里还突出了它的神秘特征。但生物功能并没有类似的神秘性，因为我们能理解执行一种功能的器官怎样对适应发挥作用，即我们能知道有利于有机体的东西是什么。与此相仿，我们也知道身体的各种器官是什么，如眼睛、肾脏和心脏等是什么。这些概念透明地呈现它们的指称，这意思是说，拥有这些概念能让我们说，这里的器官是什么，如眼睛是让有机体观看事物的器官（"眼睛"是功能性 / 目的性概念）。因此我们知道眼睛是什么，但就此而言，我们不知道电子是什么（电子不是功能性 / 目的性概念）。生理学和解剖学术语不是表示我不知道其是什么的东西的、有不可思议指称的术语。

　　但应注意，即使旧的心理学的残余意义附着在这些词语之上，但我们仍能得到我想要的结果，因为生物学显然与心理学结合在一起了，而与物理学无关。比如说，不管实际上怎样理解"健康"，但它在语义或认知上不同于"引力"或"电荷"，因为它的意义不是通过数学定律和盲目的示意来传递的。例如生物学的基本术语表达的是关于这样的事物的肯定的、可理解的概念，这些事物要么是我们可直接经验到的，要么是我们能明确加以定义的，而在物理学中，这些情况都不会出现。换言之，我们在心理学和生物学中拥有的不只是操作定义，而操作定义是物理学的专门术语所具有的唯一的描述性内容。因此一点也不奇怪，在某种程度上，物理学依赖于数学，而生物学和心理学则不依赖。⑱

　　分子生物学由于与化学关系密切，也许属于物理学一边，但这样一来，它就不会用生物学的专门术语，而直接成了化学的一个分支。遗传学可能是两方面的混血儿，即部分是纯化学

---

　　⑱　如果我们在没有阐释数学定律的情况下来设想物理学，那么我们将得到很糟糕的结果，它与我们所知道、所喜爱的物理学将形成鲜明对比。但在心理学、生物学以及语言学、历史学、地理学中，即使没有数学的处理，也能说出许多相当有趣的东西。物理学对它的题材的阐述不同于别的学科，因为它依赖于数学，这是它的有趣和有魅力的重要组成部分。相比而言，人文科学的有趣来自于它们的丰富的概念、它们的复杂的相互关系，而不来自于远程识别的变量之间的精确数学相互关系。因此物理学就学科基础而言受制于数学，而人文科学则不然。从特定的意义上说，没有这种关系是有利于人文科学的。如果科学家都是天生的数学愚人，那么物理学看起来将极为寒酸，但人文科学将像它们迄今所是的那样，充满相同的兴味。也许这样一来，心理学会成为科学的皇后！

（DNA 结构等），部分是目的性生物学（这个或那个基因的功 154
能）。就我的观点而言，这是对的，它仅仅只是表明，我提出
的认识论区分超出了传统学科的界限。如果基因一方面有生物
功能，另一方面在分子层次有电磁属性，那么它们就是部分透
明、部分不透明的。就此而言，它们极像从本体论整体的角度
所看到的大脑。大脑对我们是透明的，因为经验是大脑的本质
的一个方面，可由内省所觉知；但从物理上说，大脑像所有物
质一样是难以捉摸的，因为它是电荷与令人困惑的粒子的复合
体（正如量子理论让我们相信的那样）。

　　神经科学就其关注大脑的全部实在而言，包含两个分支，
一是经验科学，它深深扎根于直接知识之中；二是关于这些经
验的物质基础的科学，它体现了一般物质的所有不透明性。事
实上，经验和电性是大脑的两个突出属性，表现的是我特别明
确地强调的二元性，例如我们都恰到好处地知道它的第一类性
质是什么，但第二类性质留给我们的是巨大的空白（除了"结
构方面的"）。[19] 大脑有的部分是近知识的对象，有的是远知识
的对象，因为大脑同时有物理和心理两方面。如果我们问，我

---

　　[19] 我们如此习惯于"电"一词，以至我们往往忽视它的所指的难以捉摸
的特征。回想一下关于电的科学（在 19 世纪）开始确立时的知识状态，对我
们获得新的观点是有帮助的。在那时，所有的人都知道，电（和磁）是极其令
人困惑的，完全像反直觉的假定。这假定是新前沿科学的冒险，而非与日常生
活有关的东西（电灯泡、电烤面包机、电话）。有意识经验从来没有这样的新
奇性。电的发现是对自然界的一种令人惊诧的、新奇的见解，怪诞、诡异，且
充满争论；但经验完全不是这个样子。事实在于，我们仍不知道电在本质上究
竟是什么，尽管我们熟悉它的力量和表现。

们是否知道神经元的本质，回答一定有这样的某种复杂性，即一方面回答知道，因为神经元据说有心理的方面（如我们都知道我们的经验，而经验是神经元的属性），就大脑是具有功能和生存状态的生物实在来说，我们也有所知；另一方面回答不知道，因为它们也是物理学描述的对象，并从属于电磁力、引力、量子效应等。神经元同时是可了解的和不可了解的、可设想的和不可设想的，即是现象和本体的奇怪的混血儿，是一种最奇特的实在。这与它作为心理—物理关联的纽带地位是一致的。

从我们提出的这种分裂的图式中能引出什么结论呢？第一个结论是我曾预期过的，即物体比心灵更神秘，至少在关键方面是这样。我们完全不知道物体是什么，不知道它实际上、本质上是什么。但我们知道心灵是什么，知道它实际上、本质上是什么。物理学的无可争辩的成功也不应让我们无视这个事实。可以肯定，我们知道物质向我们感官的显现，但物理学已表明，这种表象离物质的客观真实性该有多么的遥远（现代物理学尤其令人惊诧）。物质的电磁理论决定性地证明了我们对物质的无知，这是因为我们关于电磁力的知识是极遥远的。场论的全部观念将物质的本质从知觉的王国清除出去了，场甚至是不可知觉的。粒子分解成了能量梯度，而能量梯度只能靠数学来理解。我们对物理实在的把握是功能上的，它纯粹通过它的效果来说话，而效果在很大程度上根源于测量。但是我们关于心理的知识不是纯功能上的，因为我们对有这些功能关系的事物有认知。从根本上说，物理学是一种黑箱式的、刺激－反应式的科学，如果我可以这样说的话；但心理学研究的实在的内在本质是向我们敞开的（基于 20 世纪关于心灵的思考，这里充满着讽刺意味）。存在于物理学家黑箱中的东西对我们是一种谜，尽管它的行为有数学的规则性（你放进相同的刺激，你就总能得到相同的反应）；但心灵是打开了盖子的透明的箱子，其表现是，我们能清楚地知觉到它的内容。[20]

这会让作为一种知识体系的心理学（语言学和生物学）优于物理学吗？在一种意义上我不得不承认，回答显然是肯定的，因为就心理学这个所谓的知识体系不包含无知的领域而言，它有其相应的优越性，而物理学藏有大量的无知领域（甚至对于它最有发言权的事物也是这样）。因此我们不得不得出下述如此令人不安的结论，即我们的最受推崇的科学并没有告诉我们，它的题材的真实本质究竟是什么！但是这样无知的大峡谷与最高的洞察力是结伴而行的，而这又是因为数学（和实验）方法在物理学中有极其成功的运用。我们尽管不知道电荷在本质上是什么，但我们明显知道它的数学的和因果的属性。其实，令人吃惊的是，我们对电子怎样起作用尽管有透彻的了解，但我们对它的本质却是那么的无知。这就如同我们对犯了罪的人的癖好了如指掌，但对这个人可能是谁一无所知一样。

---

[20]　在心理学的行为主义和机能主义时期，20 世纪心理学的全部问题在于，它无视和指责人的内省能力，其错误的动机是要让心理学成为"客观的"。但我坚持认为，内省是知识的真正源泉，比其他任何东西都更客观，例如它产生了罗素称作亲知的知识，这是特别有价值的一类知识。在物理学中，我们没有到达这种知识的优越的通路，这就是物理学的建立过程为什么如此漫长，如此困难重重的原因，也是它的假设的固有特征为什么如此模糊的原因。

这里我们可能碰到了被恰如其分地称作物理学悖论的东西，即它怎么同时既是有信息内容的又是没有信息内容的？相比较而言，心理学的情况正好相反，例如我们知道它关心的东西是什么，但对事物怎样起作用所知甚少，特别是对事物如何按数学规律起作用所知甚少。这里，我们碰到了这样的心理学悖论，即我们怎么能如此清楚地知道我们要关心的东西是什么，然而对它怎样起作用的所知却如此之少？在能轻易知道事物是什么的同时，为什么如此难以知道关于它的本来面目？换言之，在解释心理学陈述时，我们没有什么困难，能明确把意义和所指授予这些陈述，但在认识哪些心理学陈述是真的时，我们则很难取得进步；在物理学中，解释的问题似乎是局域性的，然而对我们有理由断言的那些陈述，我们是有可靠的知识的。例如众所周知，对量子力学就没有普遍赞成的解释，尽管它的预言是成功的；但是任何人在解释信念—愿望心理学时都没有什么问题，尽管心理学只有很弱的预言力。[21]可理解性与预言之成功在两种情况下似乎成反比。

根据我所倡导的二分法，科学实在论的问题看起来是十分

---

[21]　对信念和愿望自然有不同的哲学说明，就像对疼痛和视知觉有不同的哲学说明一样。但在量子力学中，解释的诸问题内在于那个领域，分歧发生于物理学家之间，这就不只是哲学上的差异了。在完全直接的意义上，我们知道我们所说的"信念"和"愿望"指的是什么，尽管我们对它们的分析有所不同；但在量子理论中，"电子""质子"即使在最基本的意义上也是模棱两可的，对于它们可能意指什么，人们有极为不同的理解（波粒二象性与信念、愿望之间没有对应关系）。

不同的。假如两类科学的术语都指称（具有因果力等的）真实存在，那么我们不妨在两种情况下都尽可能成为实在论者。然而在两种情况下存在着根本性差别，如在一种情况下，我们知道这些真实实存是什么，但在另一情况下则相反。有趣的事例是物理学，在这里，对于我们公认没有把握其本质的事物，我们怎么能心安理得地成为一个实在论者呢？我们可以试探性地说，物理学的唯一的实在论成分一致于它的结构方面，因为那是我们有清楚认知的东西（此即"结构实在论"）。但我认为，这高估了我们与物理东西的认识关系，好像只有我们能知道的东西（及其本质）才能被看作是真实的事物。

我想开宗明义地说，物理学的基本术语指称的真的是这样的真实事物，我们不知道它们的本质（也许不能知道），例如物质是真实的（像心灵一样真实），但我们不知道它在本质上究竟是什么（我们从不知道）。如罗素所说，物质不是抽象的，即使我们对它的理解注定是抽象的；不应认为它的真实性依赖于它对我们是多么地容易理解。尽管如此，就对物理学内容的实在论解释而言，物理学比心理学更不牢靠，而且对反实在论解释的压力更容易为人理解（这就是某些物理学哲学家为什么似乎倾向于极端的操作主义或工具主义的原因）。如果我们必须承认我们真的不知道电子是什么，只知道我们由以分辨它们或它们与别的粒子的关系的操作作用，那么相信它们独立存在就会让人陷入不安，但这样的事情不会出现在经验中。在物理学中，我们必须凑合着用不可知论的实在论；但在心理学中，我们则能更坚定地承诺实在论。在物理学中，我们的实在论必须是谦逊的，但在心理学中，我们有条件成为自信的实在论者。[22]

157　　这里是明确关注我的下述观点的合适地方，这观点是，两类科学之间的差异纯粹是认识论上的差异。我的意思不是说，经验比电荷或物质更真实，也无意于倡导哪怕一丁点唯心主义的东西。从电子的观点看，它对它自己有透明的本质，就像经验对我们有透明的本质一样。如果电子能思维，那么它就知道成为一个电子根源于什么。这不是说，电荷从本质上说比经验（比如说，与个体有关的经验）本身更难理解。我们之所以碰巧能接近经验的本质，是因为我们与经验有特殊的认识关系；我们不应假设，电荷、物质和运动不知何故是客观上不透明的。上帝知道这些事物的本质，就像他知道经验的本质一样，但我们不知道。因此物质的神秘性是主观的或相对的神秘性（没有什么是客观神秘的）。即使是深层次的或必然的不可知的东西，也有像最容易知道的事物一样的顽固的内在本质，这是因为认识论绝对不可能支配本体论。因此我是关于电荷的实在论者，就像我是关于有意识经验的实在论者一样。这里要说的是，我们对物理的真实本质一无所知，而不是，人们对之无知的真实本

---

　　[22]　如果这是不清楚的，那么我就不能在这里或别的地方赞成物理学或心理学的实在论，或反对各种形式的反实在论（工具主义等）。我这里只是在介绍我的立场，陈述各种选择和结论。事实上，我极度怀疑的是，存在着关于科学实在论的成功的论证，因为问题太具根本性，以至难以承认有论证所依据的根据。我只是记录了我的这样的相当明显的信念，即科学在努力发现实在的终极构成是什么，它们是怎样起作用的，我还相信，实在真的是由具有因果力和客观内在本质的隐元素所构成的。物理实在在任何意义上都不是人类的建构。但我自然不希望各种形式的反实在论者相信这样的断言！

质是不存在的。我的"结构主义"是认识论的，而非本体论的。

请允许我做这样的澄清，即在表述物质有自然神秘性而心灵没有这种神秘性时，我并没有以任何方式放弃关于意识的神秘主义立场。如果我们能根据经验来推论人类关于经验是什么（我们可以说它的同一性）的知识，那么经验的本质就不是一种神秘。在我看来，这里的神秘的东西就是意识关联于物质的方式。[23] 如果我们对意识本质上是什么有恰到好处的认知，那么我们就能理解这种神秘性，即是说，如果我们纯粹从功能上把握了它，那么我们就不会有太深的神秘感。总之，我的观点是，物质是神秘的，物质与心灵的关系是神秘的，但心灵本身是不神秘的（在这里，我打算说的是特定意义上的神秘性）。我想说的是，意识是一个并非神秘的事物，只是它神秘地关联于一种神秘性罢了。也许，关系上的神秘性根源于它所关联的事物的神秘性，但这是别的场合的论题。[24] 在这里，我的观点可  158

---

[23] 参阅我的《意识问题》和《意识与意识的对象》。在这两种理解中，"意识的神秘性"一词完全是模棱两可的，大概不应继续予以谈论。

[24] 那里的问题是，解决了身体的神秘性问题是否由此解决了心灵对身体依赖性的神秘性问题（突现论难题）。泛心论者之所以做出了肯定回答，是因为身体中渗透着心灵，甚至在它形成大脑之前就是这样。我不赞成这种乐观主义，但我认为身体的神秘性极有可能是心灵依赖于身体的神秘性的一部分。物质不知何故产生了心灵，它不是通过我们所知的物质的任何属性做到这一点的。它大概是通过我们不知的属性做到这一点的。或者，物质和心灵就是某种更深层的实在的表现。我们对此实在的本质一无所知。或者，不管事实是什么，不管神秘性怎样混杂在一起，好的赌注似乎是，身体的神秘性与它产生意识的力量的神秘性是有关联的。（自然，某物为什么神秘也是一种神秘。）

简述如下，当某人在使用"意识"或"红的经验"或"疼痛"或"想回家"等词时，他们想指称的东西并不神秘。

如果有这样的神秘性，即在神秘性中为什么有这样的不对称性——即心灵比物质更好认识，那么请允许我做更明确的阐述。当我们考察中等大小的物质表现形式时，物质不会让我们人类感到有什么奇怪，因为它们具有肉眼可识别的各种速度，且我们对光的本质也不会有太多的疑虑，因此，这里的知觉世界为物质的一般概念提供的似乎是坚实的基础。但这毕竟是十分狭隘的观点，一旦我们在另一些尺度上考察物质时，我们熟悉的概念图式就开始动摇，直至崩溃。例如只要在天文学尺度上考察物质，那么力就会迫使我们认为，这些事物以光速运行，万有引力超强，进而有这样的可能性，即在大爆炸的时候将所有的宇宙万物塞进一个狭小的、原子大小的区域，总之，所有这些事情便给中等大小事物组成的令人惬意的知觉世界带来了压力。但是真正令人不安的是这种小尺度，正如 20 世纪的粒子物理学充分显示的那样，原子这个存在层次颠覆了我们关于物质事物应怎样运行的那些宝贝的观念。这一剧变一点也不奇怪，因为我们关于物质的旧的、令人舒心的观念都来自于我们关于它的独特的观点；但这种观点没有任何优越性，因此在更小和更大的尺度上考察物质一定会让人惊诧不已。

但这种考察尺度上伴随的问题不会出现在心灵之上，因为这里不存在有偏颇的大小角度的观察问题。既然我们有关于物质的特定扭曲的知觉观点，因此我们没法理解物质的真实本质问题就一点也不奇怪——这里的不可理解性是意料之中的事情。但就心理现象（或语言和生物现象）而言，我们的处境则完全不同，因为在这里，我们恰好有发现真理的适当维度，即只要借助我们的正常的观点，我们就能通达心灵（或意义或有机体）的许多重要属性。㉕因此在这些情况下我们为什么能相当清楚地理解这些属性，就一点也不神秘。这不是说，我们能易如反掌地发现心灵怎样起作用，而至少是说，在把握心灵的构成属性时，我们不会处在天生不利的地位。物理世界的基本构成一定是基于我们关于它的不那么理想的观点而推论出来的，但心灵的基本构成则是借助常见的自我觉知而呈现在我们面前的。

还原论现在可能以一种不同的形式出现在我们面前。如果 159 还原论能将更大的困惑还原为更小的困惑，将无知还原为已知，将不可理解还原为可理解，那么它看起来就是有吸引力的，因为它有消除种种认识困惑的优点。如果所谓的还原理论比被还原的理论更加不透明，那么上述动机便随之烟消云散

㉕　心灵和意义会有许多问题，且问题都是真问题。其解决不能靠这些方法，如发明高性能的显微镜，或通过加速粒子让其进入大脑以检查衍射模式，或把它们分解成最小的组成部分（照字面理解）。心灵和意义之所以不会令我们困惑不解，是因为它们太小以至看不到，或太远，或与我们的测量工具令人困惑地相互作用。在某种程度上，研究物理学的困难由于我们有有利的观察点因此是很好理解和预言的。相比而言，从事心理学和语言学研究的困难就是令人迷惑的。这就是我们为什么需要对心灵和意义的不可接触性做出解释的原因（因为日常语言有误导性，而且我们对它们的研究时间不长，它极为复杂，等等），而在物理学中，方法论的障碍是显而易见的。尽管如此，在前一情况下，各种困难显然不来自于简单的认知遥远性，相反，我们离心灵和意义的距离要多近有多近。原子（作为原子）不在我们的鼻子底下，但心灵和意义则在。

了。我们要通过把经验还原为电磁而让经验不那么令人困惑吗？真的不应这样做，即使我们由此可把经验同化为某种更广泛的、隶属于严格科学的事物。但如果你发现你自己为经验是什么而感到困惑不解，那么你通过把它还原为某种本质上不可知的事物是不可能将认识向前推进的，因为你只是将一种（所谓的）神秘性还原为另一种神秘性。这可能是有其道理的，但千万不要自欺欺人地以为让那个世界摆脱了所有的神秘性。与许多哲学家的观点不同，我认为，把一切还原为物理学并不会让宇宙摆脱神秘性，因为这样做只是将所有的神秘性放到一个空筐子中去了，在这里，它们仍以自己的光辉形象表现自己。如果你相信科学和哲学的目的就是消灭一切领域的无知，进而相信一切对我们成了透明的，如果你发现心灵在一个充满神秘性的领域，那么你应做的最后的事情就是将一切还原为物理学。而物理学其实是最突出的神秘领域。根据我的观点，神秘性是与我们生活息息相关的东西，甚至存在于我们最成功的科学之中，因此伪称生活在一切都向我们开放的宇宙中，是没有任何意义的。借助向物理学的还原来实现理论的统一，可能是好事，或可能不是好事，但把它作为一种保证人类无所不知的工具加以探寻，真的是没有用的。㉖

---

㉖　如果你的目的是追求无所不知，那么唯心主义就是其进路，因为经验具有透明性。如果我们把全部世界还原为它的经验组成部分，那么我们就能用我们的各种知识能力去接近它，因为它是这样的实在类别，其本质是我们能彻底认识的。基于同样理由，工具主义是有吸引力的（就其最一贯的形式而言，它事实上是唯心主义的一种形式）。我认为一点也不偶然的是，在物理科学表明客观世界怎么不可接近的时代，唯心主义开始取得它的支配地位（转下页）

　　标准的否定唯物主义还原的论证是，物理事实的知识对心
理事实的知识从来都是不充分的（此即所谓的"知识论证"）。
如果心理事实是物理事实，那么由物理事实的知识就可定推出
心理事实的知识，但事实上没有这样的定推关系，因此心理事
实不是物理事实。知识论证就是这个样子。

　　本书的思考支持一种不同形式的知识论证，我认为它是极　160
为有力的。其内容是，如果心理事实是物理事实，那么我们就
不知道心理事实的内在本质，但我们知道心理事实的内在本
质，因此心理事实不是物理事实。理由显而易见，物理学的实
在，特别是力，当然也包括物质实体本身，就其内在特征而
言，是我们所不知道的。因此如果意识的事实完全同一于那些
事实，那么它们也有不为我所知的本质。但我们事实上知道意

---

（接上页）（牛顿是这一变化的枢纽）。我们对物理世界知道得越多，它就越显
得难以捉摸，以至物质成了陌生的、神秘的。这样一来，唯心主义似乎就成了
完美的解药，因为实在真的是人的经验，以不同方式有序地排列在一起。因此
再没有什么真实的事物能证明人的深层的无知——没有什么是人根本不可理解
的。以各种形式出现的唯心主义，如贝克莱式、黑格尔式、实证主义式、工具
主义式等，就成了对科学所暴露的物理世界的无知的一种抗议。科学根源于对
极度无知的恐惧。因此，科学出于一种认识上的绝望，越是认为世界超出了人
类的知识的范围，唯心主义就越有其吸引力。实证主义是其最近的一个迭代。
（唯物主义就其本身而言，设法让自己不受无知的影响，方法是采取物理学的
观点，这可让它避免客观的神秘性，但它最终却表现为关于物理学的唯心主义
解释，如表现为实证主义和操作主义。因此唯物主义转化成了唯心主义的一种
形式，完全站在唯心主义一边，这显然是为了确保一切自然的东西都不神秘。
但神秘的物理学是正确的立场，洛克、休谟、康德、赫兹、彭加勒、爱丁顿、
罗素和现代的结构主义者事实上都坚持了这一立场。如果是这样，那么把一切
都还原为物理学就不可能消除世界的神秘性。）

识状态的本质。因此唯物主义所说的还原是不可接受的。试看以太，它总被认为有神秘的本质，甚至在其支持者看来也是这样，如果经验可被等同于以太中的波纹，那么它们就具有那种假设的物理实在的神秘性。但经验的本质离我们的认知肯定不是那么遥远，因此以太不可能是经验的基础的、构成性的本质。还可这样向实际的还原论再靠近一点，如假设我们尝试把经验还原为神经元的电活动，如果是这样，我们就会遇到这样的驳难，因为电荷只是从倾向上加以设想的，同时有一种未知的本质，而经验则不是这样，例如它拒绝所谓的同一。因此"唯物主义"让我们对经验本质的无知比我们事实上的无知更加无知，就像我们对爱丁顿所说的可观察指针读数的"背景"那样无知。

但我们对心灵的认识上的状况不是这个样子，因为心灵不是"我不知道其是什么的东西"。如果身体是一种神秘，而心灵不是，那么心灵怎么能够等同于身体？在某种意义上，"唯物主义"违背了它的意图，忙着从认识论角度将普通的东西还原为独特的东西，将直接的东西还原为遥远的东西。这便让事情变得更加糟糕，因为我们并没有发现心灵像物质本身那样令人困惑。比如说，对我们而言，疼痛的感觉在概念上比量子理论所说的电子要清晰得多，因此疼痛不是由电子之类的事物构成的。如果它是这样构成的，那么我们至少必须解释，一个看起来为什么比另一个更加不透明。当关于疼痛的谈论比关于物理实在的谈论更加可理解时，疼痛之类的感觉怎么可能还原为物理实在呢？如果我们硬要用后一种词汇替换前一种词汇，那么我们就将从清晰走向模糊，从具体陷入抽象，从范畴性的东西

（the categorical）走向结构性的东西（the structural）。㉗

　　我必须简单明了地向我的一些读者交待（也许会令人不快） 161
的是，我拒绝关于物理理论的证实主义或操作主义或工具主义
观点，同时也不赞成关于心理概念的行为主义观点。如果我们
应该主张，物理理论除了仪表读数和与之有关的别的观察材料
之外，再没有任何指称内容，那么在物理学中就没有超出我们
已知范围的东西可言。相反，我认为，这些可观察的物质不过
是基础的（超越的）实在的指示器。我在这里不打算对此观点
做什么辩护。我还承认，我们到达心理状态的第一人称的通路
使我们能获得关于它们本质的独特的洞察。再强调一遍，这不
是所有哲学家都赞成的观点。我的论点根源于认可两种假定，
即物理学中的不可知实在论和心理学中的第一人称权威性，并
明白这两个假定将把我们引向何处。即是说，我们只能通过并
依据物质的可观察特征去认知物质，而这些特征离物质的客观

---

　　㉗　像罗素这样的哲学家视之为理所当然的事情是，（用他的术语说）知
觉对象不可能还原为事物的结构的 - 数学的特征，因为对他来说，再明显也不
过的是，知觉对象有不能为物理学的无血肉的抽象所把握的血肉丰满的内在本
质，这里的物理学当然是他所理解的物理学。物理学给予我们的是关于具体实
在的"因果构架"，而知觉对象是活生生的真实，因此它们不能为物理学假定
的骨骼结构所解释（即使知觉可还原为以那种构架为基础的心理材料）。本体
论上的"肥"不能还原为本体论上的"瘦"。相反，物理学的瘦需要得到知觉
对象所提供的肥的补充，至少对罗素来说是这样。因此，物质能获得某种真实
的、具体的基础。物理的东西一定是心理的，而不是相反。罗素有关于心理的
强硬的观点，有关于物理的图式化的观点，因此对他而言，不可能将前者还原
为后者。不管人们怎样看待这一观点，可以肯定的是，它对这种认识状况的评
估比各种常见的、缺乏批判精神的"物理主义"形式更深刻、更敏锐。而这些
物理主义是自罗素以来的岁月中我们经常碰到的理论。

真实本质相距甚远；但我们能直接认知心灵，用不着依据它的特征，诉诸什么中介。

如果我们只是从第三人称视角去认知心灵，那么我们关于它的知识就会像关于物质的知识一样是遥远的，如我们就会认为，心理状态不过是"存在于行为后的东西，不管它实际上究竟是什么"。从根本上说，这就是我们在研究物理学时对物质所认识到的东西，例如粒子、场、力不过是"这些测量之后存在的东西，不管它实际上究竟是什么"。正是因为缺乏关于其独特性的认识，因此各种形而上学构想便蜂拥而至，如有的断言，物质完全是心理材料，有的说是某种非人的意志，或介于心灵和被知觉物质之间的中立的东西（中立一元论），有的认为，物质仅由空间的变形或空间中的空隙所构成，或仅仅只是运动的倾向，或是超强的热变冷时碰巧发生的东西（大爆炸宇宙学），或是由虚空中的振荡所构成的（作为形而上学的弦理论），或是由纯音乐的变化着的音符构成的。

当从实在论角度解释物理理论时，这种理论的描述性内容就为描述那些客观实在打开了极多的选择空间，而这些实在的行为正好是这一理论要详述的。它告诉我们的是，"某物做了某事"，但它不能确定，某物究竟是什么，因为它只是凭借它在被测量的现象中识别到的数学关系才获得其内容的。但是，我坚持认为，这不是我们与心灵状态的认识关系，因为这些状态不是纯粹的假定，不是从远处所识别到的。不管怎么说，物理学中的实在论和心理学中的第一人称通道都是我这里想阐述的设想。尽管如此，我认为它们是强有力的设想，它们将让我过渡到关于物理学和心理学及其关系的、在我看来是明智的结论（尽管它们会让别的人觉得有点离谱）。就像在哲学中经常强调的那样，我们必须从整体上看问题。

如果爱丁顿和罗素的下述令人震惊的推测是正确的，那么情况就完全不同了。他们认为，由于有大脑，我们便有办法通达物质的内在本质。因此，电子和别的粒子的本质最终都有经验的特征。这又将会导致这样的结论，即我们确实知道物质的深层次的、内在的本质，至少知道它的各种位置中的一个位置上（大脑中）的本质。直截了当地说，这个本质就是心理的本质。这样一来，物质的神秘性就能这样予以化解，即看到纯意识就存在于仪表读数之后，即潜藏在"背景"之内。而且纯意识一直贯穿在最基本的物理实在之中（就像那些振动的弦正好就是音符的声音一样）。说得婉转点，我不相信这个激动人心的、有独创性的建议，因此对物质的终极本质究竟是什么，我宁愿选择不可知论的立场。[28] 根据爱丁顿—罗素的观点，最终

162

---

[28]　在《心灵的特征》(*The Character of Mind*)（牛津：牛津大学出版社，1996，第 33—36 页；第一版出版于 1986 年）一书中，我讨论过泛心论。我在这里要补充的是，物理学规律不可被认作心理学规律。如果物质由具有因果力的心理状态所构成，甚至部分如此，那么我们就有望看到物质的行为会例示心理学规律，但这样说似乎是错误的。为简单起见，可这样假设，心理状态具有信念和愿望（也许"原"［proto］信念和愿望）所具有的本质，如果是这样，粒子就会这样起作用，即它们仿佛有信念—愿望的心理机制。但它们显然不是这样。物理的宇宙没有心理机制。泛心论对这一点能做出的唯一一反应是，强调把具有心理状态与具有心理机制区分开来。在这个意义上可以说，那个系统例示了心理学规律或倾向。但这是极不合理的策略，如果这里所说的实在的倾向性没有什么结果，那么把心理状态归于粒子（以及细胞和器官）又有什么意义呢？我要说的是，"没有心理机制相伴随，就没有心理状态"。（转下页）

只有一门科学，即那种类型的心理学，因为所有的物理事实归根结底都是心理事实。如果是这样，那么物理学就成了关于宇宙的心理学。但如果像我一样发现这一观点没有什么吸引力，那么你将面对我正辩护的那种二分图式，即心理学研究的是我们对其本质有无可辩驳的洞察的事实，而物理学关心的是超出我们理解力的事实。

最后，哲学在这种宏大的图式中居于什么样的位置呢？一般认为，哲学不是科学，但几乎不能否认的是，它有其独特的主题，它与它的主题有什么样的认识关系呢？它像物理学一样吗，如远距离地分析它的主题，而对其内在本质保持沉默？或者说，它像心理学那样吗，即使它所获得的结果不特别让人留下深刻印象，但相当关心它的领域的本质？噢，这取决于我们对哲学所关心的东西的理解，如它的组织性概念是什么。对哲学来说，什么样的概念才拥有力对于物理学、目的对于生物学、心灵对于心理学那样的地位？哲学是关于什么的科学？

163 　　我认为，对这个元哲学问题，除了用概念作答，不会再有

---

（接上页）一个回答可能是，亚人（subpersonal）实在的心理状态对我们如此陌生，以至我们不能在这些实在的行为中认识到心理机制，即使有心理机制。这肯定是极为奇怪的，且不合理。另一回答大概是，那些实在没有表现出可认识的心理机制，因此心理状态和心理机制之间的关联没有被打破，例如电子在吸引质子时表现出接近质子的愿望，同时在排斥它们时表现出避开别的电子的意愿。我认为这个建议如此荒唐，以致用不着批驳。简单的事实是，只有全部有机体才会以表现心理机制的方式起作用，因此只有它们才能被相信有心理状态。

更好的回答。[29] 哲学关心的是概念，物理学关心的是力，生物学关心的是目的，心理学关心的是心灵。哲学能以一种独到的、不同于别的科学关心它们的专有实在的方式关注概念，即用的是先天而非后天的研究方式，但它关心那些事物会像别的学科在关心它们的所选实在时那样用严格的方式。哲学想知道概念的本质、规律、内在构造，即想知道它们是什么，怎样起作用，它们的专门的内容是什么（我这里说的是物理的概念与心理的、语言的、生物的概念之间的差异）。因此这里的问题是，概念与哲学思考者之间的认识关系是什么？它像物理学家与电子的关系吗？或像心理学家与思想或感觉的关系吗？哲学对概念拥有的是近知识还是远知识？

　　问题也许不像它看起来那样好回答。一方面，可合理地把概念看作是心理学实在，因为它们毕竟是思想的内容，因此我们应当熟悉这些存在方式。我们几乎不会从很远的地方，借助扭曲的镜头和精致的测量工具，去窥视它们。然而在探索它们的内在构成甚或它们的一般本质时，它们显然是顽固的，倔强不透明的。对于如何分析我们的概念，我们完全没有自动的反省性的知识。尽管如此，我认为再清楚不过的是，它们属于心理学一边，而非物理学一边，因为它们能够被分析，而且当它们被分析时，它们的内在结构能昭然若揭。这不是说，一旦完成了一个分析，我们对它的真实特征仍还处在茫然不知的状

─────────────

　　[29]　有必要再次强调说，并非每个人都赞成这种关于哲学主题和本质的说明。我在《通过分析的真》（*Truth by Analysis*）（纽约：牛津大学出版社，2011）一书中辩护了这一观点，可参阅。

态，就像我们在有了关于电磁的物理理论时我们进入的状态那样。一旦分析完成了，神秘的残渣余孽就会随之消失。而且完成这种分析是可能的，至少在原则上和在许多情况下是如此。[30]因此我断言，概念是对我们透明的那个种类的事物，不同于物理学的基本量，因为我们不仅能把握概念的遥远的特征，而且确实能了解它们的本质。关于概念的理论并不注定是数学的抽象，不注定是滑菱鲆以及恼人的不可捉摸的东西。因此哲学不仅是可能的，而且能对它的主题形成直接的知识，即对它关心

164　的东西——概念——形成真实的、可理解的见解。至少在这方面，它与它的心理学这个近亲享有这样的显著优点，即超越物理学，成了深入探讨世界真实本质的知识载体。哲学能告诉我们，某些事物（概念）在本质是怎样的，相比而言，物理学对于它关心的实在并不能告诉我们什么。物理学就像盲目的天才，而哲学则更像有见地的平民。两者都有自己相应的优点和缺点。[31]

---

[30]　有像"丈夫是已婚男子汉"这样的没有意义的事例，但也有有意义的事例，如休茨（B. Suits）对游戏概念的分析，可看他的杰出著作《蚱蜢：游戏、生活与乌托邦》（*The Grasshopper: Games, Life, and Utopia*，安大略省，大视野出版社，2005；第一版出版于 1978 年）。我的观点是，在这些情况下，我们事实上获得了关于我们概念的构成的真实的洞见，因为我们在我们的知识中并不局限于关于效果或纯结构的知识，例如我们能获得关于我们自己思想之构成的近知识。

[31]　对物理学家而言，"哲学的嫉妒"有什么根据吗？当我问这个不恰当的问题时，我并不是完全在开玩笑，因为我确实认为，哲学有对崇高的认识论地位的真实要求，尽管今天说这样的事情可能有点过时和令人惊讶（可参阅前面的注释[29]）。我认为，哲学知识有别的知识所不具有的优点，这特别表现在它追求彻底和确定的理解，尽管显然很难获得这样的知识。这就是从柏拉图以来的伟大的心灵为什么一直追求哲学知识而又乐此不疲的原因。（我这里所说的与承认我们几乎没法或完全没法得到哲学知识是一致的，因为我说的是理想。）

# 第9章　能量的本体论与心理能量<sup>*</sup>

　　能量这个概念在物理科学中并不总是像它今天这样发挥着主要作用。因为在空间中延展的微小物质实体的观念被看作是根本的，从古希腊原子论者开始就是这么看的。在牛顿的《原理》中，能量的概念甚至还没有出现（即使对力的论述很多）。但最近的物理学却把能量提高到了无以复加的地位，如视作基本的物理实在。现在一般认为，宇宙是由能量构成的，或不管怎么说渗透着能量，物质不过是能量的一种形式。随着场的观念的中心地位的不断确立（以及受人尊敬），自然便有这样的观点，即认为能量具体化于场中，进而分布在空间中，就像空间中各点的力的存在所证明的那样。

　　爱因斯坦的著名的方程式 $E = mc^2$ 宣告了能量的崇高地位。然而，极不清楚的是，能量究竟是什么，例如当我们把能量归

---

　　<sup>*</sup>　原文标题为 The Ontology of Energy，中译标题据本章内容有所增补。——译者

于一系统时，我们归属于其上的究竟是什么？能量的本体论地位是什么？它的客观本质是什么？它事实上是怎样关联于热、运动、电、质量和引力这样的事物的？当一物体具有一定量的能量时，它与不具有能量的事物有什么不同？先前的一些理论家，特别是同情唯心主义的理论家，认为能量是由像意志这样的某种东西构成的，或可能是由神的变种构成的，毫无疑问，其目的是急于找到有利于理解能量的某种熟悉的实在。但是撇开这类幻想不说，还出现了这样的问题，即能量事实上根源于什么，这是关于它的本体论地位的问题。如果我们的物理本体论应把能量囊括进来，那么被物理学囊括进来的东西究竟是什么？实在会有多强大的能量？物理学家常使用"系统 S 的能量"这样确定的描述，但是如果这个表述有指称的话，那么它指的究竟是什么？物理学教科书往往很快过渡到了对测量尺度和实验的讨论，但这里其实有形而上学问题没法回避，例如，能量有什么样的存在形式？

166　　　我建议通过考察不同物理系统在时间变化中所贯穿的能量守恒来探讨上述问题。根据权威理论，我们知道，能量是守恒的，这个守恒的量可以表现为不同的形式；因此我们可以问，那如此守恒的东西是什么？答案是，那就是能量所是的东西。电磁能可以转化为化学能（如借助光合作用），接着又进一步转化成运动能（就像动物所具有的运动那样），所有这一切都维持着原初的能量。能量不可能丢失，也不能重新获得（因此大爆炸实际上没有创造任何能量），因此能量是一个恒量。它可以以一种形式出现，接着表现为另一种形式，因此它不会衰减。例如能量（显然）是从一个事物或一个系统或一个空间点转移到另一个事物之上，而转移就是传到、传递。当能量这样做时，它就转移了，具体化在一种新的物理基质之上了。然而它仍是恒定的。比如说，磁场中的能量，可以被传递到巨大物体的运动中，然后再传递到其他的物体中。因此基础实在中的本体论的多样性与能量的内容中的根本的相同性是不矛盾的。随着时间的推移，某种不灭的东西从一个物理位置跳到了另一个物理位置之上。宇宙变化多端，同时又保持其同一性。①

　　我的问题是，怎样解释物理学的这些事实？——关于能量的本体论应该是什么样子？对此有两种基本的理论，即（1）守恒是测量的同一性，（2）守恒是事物本身的同一性。根据前者，我们所做的测量最终相同于（据说应是）转化的能量，这就是能量守恒的全部。如果我们用焦耳测量能量，那么能量就是一

――――――――――

　　① 　无论如何，这是表述能量的一种自然的方式，即使关于能量的本体论的紧缩主义者会觉得这样的阐述带有偏见。如果我们对能量的守恒引进"类型－个例"这样的区分，那么我们就能同时说，有如此这般能量的属性（类型）总是恒定的，而个别（个例）总是由在不同时间持续不变的能量包所构成的。能量的类型的守恒与能量在不同时间中转化时产生出来的能量的新的个例是一致的；但作为个例的能量的守恒坚持的是，当能量从一个系统过渡到另一系统时，能量的同一个个别的个例得到了保持。在后来的更强的版本中，更具体的个别以不同的能量形式表现出来，享有不朽的存在地位，这是因为没有什么能够毁灭它们，即它们十分像永恒的粒子。能量的个例的守恒把能量当作由持续存在的个别实体所构成的，但作为类型的能量的守恒说的则是，能量作为一般的特性是不变的（因此即使个例不能持续存在，但类型却可以）。因此"相同的能量"所表述的关系要么把类型当作它的关系项，要么把个例当作它的关系项，就像我们所说的，"系统 $S^1$ 与系统 $S^2$ 有相同的能量"。自然的结果是，我承认有两种守恒。

个系统中的被测量到的焦耳，即某个数量。然而，根据后一观点，在能量的整个转化过程中，保持其物理连续性的是一种基础性的实在或物质或材料或实体，这个事物是测量之恒常性的基础。因此能量不是一个数字，而是一个客观的物理实在，我们只是根据一种挑选出来的尺度，如焦耳等，把数字归之于这个实在，但这实在本身不是数字。

167

物理学关于能量的通常的定义不足以让我们在这两种理论中做出取舍，但这个定义仍是有用的出发点。能量最一般地被理解为引起变化的能力（capacity），但在物理学中，变化的观念常被具体化为"做功"（work），在这里，做功被认为包含着运动。这绝不是"能量"一词语义上所必需的东西，因为做功反映的是对运动的关注，而这种关注如我们所理解的恰恰是物理学的特点。[②] 不过，请允许我们仿效物理学，把能量仅仅定义为产生运动的能力。如果是这样，我们就能说，守恒意味着引起运动的能力是恒定的。这种能力可改变位置，但量上不会发生变化。因此问题就变成了这样的形式，当我们说产生运动的能力时，我们意指的是测量还是事物？其意思仅仅是说，这里的能力是被测量为在不同时间中保持其相同，还是说，那种能力来自于物理实在中的恒常性？

这个问题曾引起了能量理论产生之初的有哲学头脑的物理学家的争论。兰格（M. Lange）援引海维赛德（Heaviside）的话说：

---

② 我在本书第 3 和 4 章中已讨论了物理学和运动，可参阅。

第 9 章　能量的本体论与心理能量

　　能量的连续性原则是它的守恒原则的一种特殊形式。在关于守恒原则的日常理解中，守恒的是能量的积分量，而没有关于它的分布或它的运动的任何说明。这涉及时间上的连续存在，但不必然与空间上的存在有关。如果我们能确定地把能量置于空间之中，那么我们一定能问，能量怎样从一个地方移动到另一个地方？如果它只具有时间上的连续性，那么它可在一个地方消失，同时又在另一个地方出现。这对它的守恒是足够的。不过，这一观点本身是不受欢迎的。替代方案是同时肯定空间中的连续性，如这样来阐明守恒原则，即当能量从一个地方传到另一个地方时，它穿过了中间的空间。（第 137—138 页）[3]

洛齐（Lodge）在评论海维赛德关于能量的明显的实在论时说：

　　如我所述，这个思想是能量守恒原则的扩展。能量守恒能为保持不变的总量所满足；关于它，是没有什么特殊性的，因为一种形式可能会消失，只要另一种形式以其总量在别的地方同时出现了。根据新的方案，我们可对一些能量贴上标记，然后去追溯它的运动和形式变化，就像我们为一个事物打上记号，以便在别的条件下，在别的地方能认出它一样；能量的路径是可以讨论的，可以说，能量

_____

[3]　兰格:《物理学哲学导论》，页码附在正文后面。

**285**

的存在是连续的，这样说的确定性与关于某个丢失的行李箱的谈论是一样的，这个行李有这样的路径，如它在很远的车站找到了，尽管受损严重，且面目全非，但仍是那个行李箱。（第 138 页）

168　因此守恒不仅应被理解为测量结果的不变，而且应被理解为自相同的实在在不同时间的实际的连续性。与这种实在论形成对比的是，琼斯（Jeans）不耐烦地宣称："数学家由于把能量的这种流动理解为纯粹的数学抽象，因此让整个问题回归其现实性。"（第 148 页）我们可以天真地说能量的转化或流动或连续性，好像这是微妙实体穿过时空的运动，但事实上，在琼斯看来，我们所拥有的是一种不变的量值。海维赛德和兰格做的是具体化工作，而琼斯则是在简化（或驱逐）。前者认为，"能量"指的是连续存在的材料，而后者则借助与"平均的人"的类比来设想它。④

　　我们一定不能让物理学的常见的操作主义像它一般被阐释的那样主宰我们对问题的回答。我们不应这样假定，即既然物理学中的一切都应根据它们怎样被测量来加以界定，因此能量

―――――――――――

　　④　正是在这里，关于能量的紧缩主义或反实在论坚持认为，所有关于能量转化的谈论都是"有用的虚构"，而非对确凿事实的报告，因为在实在中，没有什么东西真的能转化。这与其他本体论问题有十分明显的相似性，如有关于数、实体、理论实在、道德价值、模态性、因果性、心理状态、空间（如此之多）等的虚构主义。对于平均的人，有许多问题要回答。奇怪的事情自然是，我们关于这些事物的话语根本就不像虚构，即不是小说家之类的人为我们的消遣和陶醉所发明的东西。

恰好是它的一个特例。这样做非法剥夺了该问题所具的特殊意趣。因为就能量而言，坚持操作性解释似乎有特定的理由，即能量与做事（doing）有直接联系，如能量就是使事物以某些方式起作用（act）的东西（完成"做功"）。因此问题是，能量的守恒是否根源于事物以相同方式保持其作用，即完成相同量的"做功"？宇宙中的作用（action）总量是那不变的东西，而作用不是材料或实体或实在。宇宙所包含的作用总量，即（现实或潜在的）运动总量，既不会增加，也不会减少。然而，这样说不等于说，任何基础性的实在持续存在于时空之中——这纯粹是关于发生在观察层次的事物的陈述。因此可以说，能量是独一无二的操作性的东西，因为它恰好根源于动力学事实，即运动的倾向。⑤ 大概可以说，这无异于主张测量概念优于形而上学概念。因此再次要问的是，一系统的能量是物理实在本身，还是对它所做事情的能力的测量？是存在着被测量的物理事物，还是只有测量存在？

我想这样来探讨这个问题，即把它与某种关于心理状态本　169

---

⑤　我这里利用的是操作主义的常见的模棱两可性，即它在这两个命题间的摇摆不定，一个命题是，物理量应根据测量（即严格的解读）来界定，另一个命题是，我们应关注事件、过程或作用，而不应关注对象、实体或实在（不严格的解读）。根据前一解读，有关的操作是由观察者完成的，好像是他或她在测量物理实在。根据后一解读，操作是由实在本身完成的，好像是实在做完了它的事情。这些是非常不同的观点，尽管通常可合在一起。两者是经过运动的现象联系在一起的，因为运动既是物质所做的事情，又是物理测量的优先的对象。关注运动就是关注有作用的且可测量的东西。比如说，关于电荷的操作主义就是由下述合取论断构成的，即电荷能由运动的活跃性完全表现出来，且最好是根据我们试图测量电荷时所完成的运动测量来加以定义。

质的标准观点加以比较。试考察存在的不同形式的能量，如化学能、电能、运动能、引力能、弹性能，等等。每个能量都携带着特定的能量含量（energy content），而这能量含量在能量从一个媒介转移到另一个媒介时仍保持其恒定性。比如说，电驱动的风扇的动能可等同于驱动它的电流中包含的能量（假设没有遗漏）。如果是这样，我们便可做三重区分，第一是媒介本身，即这里所说的特定的物理材料（我们的例子中所说的电的或运动的材料）；第二是包含在那个媒介中的能量，它在不同媒介中都守恒；第三是具有（或倾向于具有）某种效力的功能性或倾向性属性，在这里，可能是让风扇叶片转起来的东西。

如果是这样，问题便变成了这三个概念之间的关系问题，即它们中的任何一个与另一个一起指称相同的东西吗？在媒介、能量和引起运动的倾向中，有相同的东西吗？可把它们与大脑状态、心理状态、功能属性三者加以比较。其中，功能属性是产生某种身体运动的力。根据常见的说明，我们不能把心理状态等同于大脑状态，因为同一心理状态可以有许多不同的物理基础（此即"可多样实现性"）。这便促使有些理论家把心理状态等同于功能属性，当然别的人仍会坚持认为它们之间也存在着区别。这里清楚的是，那些属性是直接相互联系的，但不清楚的是，是否存在着任何同一性。

同样的辩证法也适用于描述能量这一事例，如可问，能量究竟是介质的一种特定状态，还是做出某些功的功能属性，抑或是不同于这些事物的东西？很明显，不会是第一个，因为同一种能量可包含在不同形式的物理系统之中，如有时可为电子系统具有，有时可为运动系统具有，因此能量也是"可多样实现的"。但功能属性不会以这种方式变化，因为它像能量一样，是不同系统之间共同的东西。功能属性纯粹是能做功的力，如可产生特定的运动状态，而且这种属性可为不同形式的物质基质所具有。这样一来，我们应成为关于能量的"功能主义者"吗？能量是做功的力或本性或倾向吗？可以肯定，这种功能属性在非功能的物理事件或状态如电流或一组运动中有其基础；但功能属性显然不同于这些事实，因此它似乎存在于具有适当普遍性的层次，进而成了能守恒的能量。介质尽管千变万化，但功能属性仍能像能量一样保持不变，而且功能属性与能量一道都享有与作用（action）概念的直接联系。

简言之，能量就是能行使作用的力（不是作用的专门机制），因此守恒定律说的是，这种力始终是恒定的。根据这一观点，这不是说能量有产生作用的力——像心理状态（显然）有产生行动那样的力那样——从本体论上说，能量不同于那种力，毋宁说，它只会塌缩成力。因此在介质和相关的功能属性中存在的恰恰是物理实现，也就是说，在它们之间不存在这样的均衡的实在，即能量本身。

毫无疑问，这是一种有诱惑力的观点，且与节俭之类的原则连在一起，但我认为，它从根本上说是错误的。其麻烦在于，拥有这里所说的功能属性对于一系统具有能量在逻辑上是不充分的。明白这一点的最简单的办法就是考察一个世界，在那里，现实世界中的物体的能动的力为它们与之相互作用的物体中的被动的力所替代。在这里，不是电有引起物体运动的能 170

动的力，而是物体在与电接触时有经历运动的被动的力，如电荷不会使运动发生，因为电荷只是起"接受"作用的对象中的运动得以发生的场所。在正常情况下，我们可以说，运动中的物体有运动能，进而借助碰撞把那个能传递到另一物体。好，让我们思考这样的世界，在那里，第一个物体中没有这样的能量，但第二个物体做出的反应让人觉得第一个有其能量，因为它有被动的力。在这样的世界，第一个物体有以适当方式与第二个物体发生反事实联系的功能属性，但没有任何能量从第一个物体传到第二个物体。第一个物体没有由于具有能量而被授予的那种能动的力；然而仍然真实的是，如果第一个物体与第二个发生碰撞，那么第二个物体的运动中就会有某种变化发生。例如试想碰撞的台球，在这里，目标球中的运动之所以发生，是因为那个球有这样的倾向，即只要主球接触它，它就会运动，但主球并没有给目标球释放任何能量。在这种情况下，主球有这样的功能属性，即与目标球的运动有如此这般的反事实联系。但在主球和目标球之间没有能量的转化，只有一种反事实的依赖关系。这个问题是这样一个熟悉的问题，即反事实概念并没有抓住范畴概念的实质，这里所谓范畴概念指的是具有能量和转换能量的概念。或者再这样说，我们难道不能设想有这样的神吗，它能确保发生适当的结果，且让所做的功守恒，而在负责做这事的事物中又没有任何能量（像偶因论所说的那样）？负责产生结果的事物是神的干预，不是这里所说的物体所具有的能量的属性或状态。物体没有能量的那个世界仍是这样的世界，在这里，定义功能属性的反事实出现了，但这是由于有监控作用的神从外面施加了作用力。[6]

可以回应说，功能属性比纯粹的反事实依赖性要强；它包 171
括做功的能力这一观念。一物体或系统能够有做功的能力而又
不具有内在的能量吗？噢，如果我们说的是它具有一种属性，
由于这个属性，它产生了如此这般的结果，以至那属性就是那
个能力，那么这真的不是一种功能观点——它相当于这样的观
点，即能量是能力以之为基础的东西，正是前者引起了后者。
能量就是给予物体以改变别的物体的能力的东西，但若没有其
范畴基础，那么那种能力就不会独自存在，因为能力不可能是
"空洞的"。具有能量的物体自然有某种做功的能力，但问题在
于，能力在没有任何范畴性事物支撑它时是否能够存在？

我们也可用别的方式来表述这一观点。假设宇宙中所做的
功是恒定的，即这种作用是守恒的。我们已发现，随着时间的
推移，那个宇宙能产生多少运动，是不会有增加或减少的。因
此问题便出现了，为什么是这样？什么东西可以在那个观察层
次解释这种恒定性？如果能量的守恒完全等于时间中所做的
功，那么我们真的没法用能量的守恒来解释这种恒定性，因为

---

⑥　我这里想到的显然是莱布尼茨的前定和谐论，根据这一理论，世界
上的物体或事件之间不会有严格意义上的因果关系发生，只有其表象，因为上
帝已这样把事物安排好了，它们会让世界产生有因果联系的假象。这些反事实
依然可能是真的，但它们的范畴基础不是世界中的因果关系，而是神的最初的
（或反复的）作用。同样，神也能以反事实方式安排事物，并让人产生有能量
转化的印象，尽管实际上没有这样的事情。如果是这样，那么拥有有关的反事
实对于能量转化的发生在逻辑上就是不充分的。事实是，反事实是由于事实上
的能量转化而出现的，不是由于持有反事实才有那种转化发生。这类问题是关
于（表面上的）范畴概念的各种形式的反事实分析所特有的。

这个事实与那个据说得到解释的事实是同一个事实。但如果我们认为能量是在时间中保持同一性的真正的实在，那么我们在解释宇宙为什么以不变的方式运行时就能说，这是因为作为基础性事物的能量总是相同的。产生作用的能力之所以是恒定的，是因为有被称作能量的持续存在的、独特的实在。从字面上说，存在着这样的能量材料，它是能改变位置的实在，能从一个系统转化到另一个系统中。这就是两个系统为什么可做相同的功的原因。应把这一观点称作关于能量的实在论观点，因为它让能量超越了我们关于它的证据。如果我们不能在逻辑或分析的基础上提供这样的解释，那么所做的功仍然保持不变就真的成了偶然的事情，因为宇宙的任何特征都无法解释它。但如果我们承认某种实在在时间中不变地存在，且不同于它的各种结果，那么我们就能预言，所做的功将是恒定的。既然能量是一种不灭的物理事实，因此宇宙便自然会这样起作用，即让所做的功保持恒定。在那个作用的层次为什么有这种被观察到的恒常性？这是因为在基础实在的层次，存在着某种可以持续的东西。因此能量是一切做功的原因；能量并不根源于所做的功。从逻辑上说，能量恰好像心理状态，例如是心理状态引起了行为；心理状态不是由行为构成的。心理状态真的有功能属性，但它们又不依赖于功能属性，因此不能还原于功能属性。同理，能量有功能属性，但不能同一于功能属性，因此它是不可还原的。

不过，在能量的情况下，我们附带还有这样的守恒定律，它告诉我们的是，有某种东西在物体间传递，以至不同的系统都成了同一能量的种种形式。这些系统总以相同方式起作用，就像根据它们做功的能力所测量的那样，这显然是因为它们有一种共同的物理属性，即它们所包含的能量。为什么一个特定的台球有与它所撞击的球相同的动能？这是因为有某种东西适当地从一个球传递到了另一个球之中。如果守恒定律可看作是这样的陈述，即两个球事实上碰巧（根据定律）有相同的动能，那么这就成了一种宇宙的巧合。但那个定律一般是用我所提倡的那种更具本体论承诺的方式加以表述的，即某种物理量从一个物体传递到了另一物体之中，从一个地方流到了另一个地方，在传输过程中没有什么丢失。一个物体中的能量之所以与另一物体中的能量有相同的量值，是因为它是存在于两个物体中的相同的能量，我们可以说，量的同一性根源于量的同一性。[7] 正像原子在从一个位置过渡到另一位置进而成为不同物质的组成部分时会保持持续不变一样，能量单位也会在运动于世界上的不同能量系统时保持它们原来所是的样子。不管怎么说，这就是我所主张的实在论观点。能量之所以在不同时间中被测量为相同的，是因为它是不同时间中的同一个事物，因此本体论恒常性是对测量的恒常性的解释。

　　这对一些人来说可能是一种有点奇怪的观点，因为它是对本属于纯粹数学模式的东西的没有根据的具体化。我们难道不能通过把能量等同于它在任何特定系统中所采取的形式而将本

172

———————

　　[7]　十分清楚的是，实在的严格的（量上的）同一性是量值的同一性的基础，即是说事物相同，其量值便相同。

体论的一些困惑赶走吗？动能难道不能是运动，电能难道不能是电荷吗？除了能量所"寄居"的物理媒介之外，我们为什么还需要有一种关于能量的额外的本体论？无论如何，我不认为这个还原论观点是可行的，因为特定的运动或原子的结构有它所拥有的能量，这纯属偶然。即使没有能量，我们也能设想运动的发生；即使没有释放任何充满能量的力，我们也能设想那个结构的存在。有动能与在运动不是一回事。事实是，那个运动或结构包含着一定量的能量，尽管它本身不是那个能量。能量对于某种速度的纯粹运动来说或对于某些化学物质的构成来说是某种额外的东西。它是本体论上可独立开来的东西。[⑧] 这就是能量为什么守恒而能量的各种形式不守恒的明显的原因。能量守恒定律说的不是，特定形式的能的量总保持其恒定性；它说的是，包含在特定媒质中的能量总保持其恒定性。就一般的能量守恒而言，特定的介质可能完全不存在。事实上，所有的能量最终可转化为同质的动能，而又不违背一般的能量守恒原则。能量是电场或物体运动或化学键之外的某种存在，即是说，它是这些事物所包含的同时又能加以传递的东西。物体据说储存着能量或积聚着能量，那被储存或被积聚的东西不能还

173

---

⑧　这就是物理学家为什么说相同的能量包含在不同系统中（我们这里指的是类型或个例）的原因，如能量对两个系统是共同的，但两个系统从物理上说并不相同。能量的可多样实现（即同一个能量可有不同的物理基础）排除了任何一对一的还原。这类似于下述命题，即疼痛既可以是人身上的 C- 纤维的激活，还可以是火星人身上的 X- 纤维的激活，甚至是金星人身上的 Z- 微管的振动，等等。根据关于同一性的基本逻辑，这里说的不是关于疼痛（类型）的令人满意的同一论。

原为储存的媒介。当能量释放时，那物体会失去它曾拥有的基本的东西，而这些东西接着又会进入别的物体。⑨

　　因此，我的结论是，能量是独立的同质事物，居住在热、光、质量等不同的物质形态之中。它确实是不同类型的物理系统所共有的真实属性或状态。因此，能量守恒定律报告的是这种实在的持续的存在，以及它的从一系统到另一系统的空间传递。它能发生喜剧性的转化，如现在以一种形式出现，接着又以另一种形式出现，但它穿梭于各种现象之中，同时又总能保持自己的一致。因此，关于能量的转化或流动的日常谈论应从表面上去看待，而不应以操作主义方式来加以淡化。这不是说，这种谈论方式有什么形而上学上的错误，只适合用关于所做的功或所做的测量的话语来取代之。能量是不灭的物理实在，能在物体或系统间转化，绝不会丧失（或增加）它的任何强度。

　　我迄今所说的只是物理的能量，但还存在着关于心理能量的概念。这种形式的能量是否能还原为物理形式的能量，如大脑中的电子潜能，是一个困难的问题，其解决依赖于对心

---

　　⑨　这里存在着随附性问题，如能量含量随附于（不涉及能量本身而加以描述的）系统的物理特征吗？上帝除了创造让能量寄居的物理系统之外，还需要做更多的工作来创造能量吗？对此，不知该说什么为好。我们会有这样的"僵尸能量世界"吗，在那里有相同的物质系统存在着，但不包含能量？我的感觉是，我们能有这样的世界，因为能量含量真的是运动或分子内键之类的普通物理属性之外的某种东西，但问题很难予以回答。可以肯定，能量含量是不同于基础系统的物理属性的属性。（有趣的是，即使能量在现代物理学中扮演着重要角色，但能量的本体论是多么的晦涩难解啊。）

身问题的回答。心理能量即使是不能还原的，以至于心理能量是自在存在的能量形式，但根据现在的观点，心灵和自然界的其余部分之间仍存在着深层次的共同性，因为所有的能量在本质上是连续的。能量的各种形式都具有相同的、连续的、基本的实在性。这样说既适用于自然界的其余部分，也适用于心理能量。

不妨假设，心理能量也守恒，并可转化，构成心理能量的材料也能构成别的能量形式，比如说构成动能（思维中运行的能量就能转化成手上的钢笔的运动）。物理能量能转化成心理能量，反之亦然，因此心理世界和物理世界都贯穿着共同的线索。比如说，情绪反应的能量与曾经刺激植物生长的能量就可以是同一种能量。如果是这样，在各种一元论中我们就有一种一元论形式，而且它甚至可与二元论的许多极端的形式和平共处，因为磁场和运动的物体毕竟是不同的事物，但它们共有相同的能量含量。思维中涉及的能量与推动周围对象所用的能量可能是同一个事物，因为所有形式的能量是可以相互转化的，但这与本身不是一种运动形式的思维是一致的。因此，在某种意义上可以说，意志的能量同一于在物理自然界中所发现的能量，即使意志本身一点也不像别的能量形式。尽管如此，不同领域存在的能量的统一性足以证明，心灵不像有些哲学家（我这里想到的是笛卡尔的观点和关于灵魂的宗教观点）所假定的那样，与自然界的别的部分是水火不相容的。因为心灵像自然界其余部分的有能量的力量一样，也有其引起事物变化的能力，例如驱动思维过程的东西同一于驱动别的事物的东西，即同一于宇宙能量。我们能坚持一种关于心理能量与物理能量的同一理论。⑩

　　我一直倡导的是，能量不仅仅是有用的数学虚构，而且真的是实在的客观而真实的特质。我还认为，能量有极高程度的一般本质，这本质能表现为各种能量形式。但我没有论及它们的内在本质是什么。毫不奇怪，由本书的总的倾向所决定，我倾向于关于能量的不可知论的实在论立场，因为在用"能量"一词时，我指的就是某种我不知道其是什么的东西，正像我们用"物质"一词所说的那样。我们知道，能量循环往复，并保持其恒常性，我们还知道它的各种表现形式的规律，但是我们不知道它根源于什么，因为对于它，我们没有任何肯定的、描述性的概念。既然能量对物理实在来说具有根本性，因此我们便没有关于这个世界的一个根本方面的知识。我们知道它的抽象的数学特征，以及它在经验理论中的作用，但我们的知识并没有进到它的基础本质之中。总之，我们所说的"能量"一词

　　⑩　特定思维或情感的能量因此可同一于有关中枢状态的能量，其中首要的是电能。思维或情感做"功"的能力根源于产生别的中枢状态或身体运动的中枢状态的能力。心理能量事实上严格同一于中枢能量。因此心灵的这个方面可还原于大脑的一个方面，因为字面上真实的是，电能是思维和情感能够引起结果的原因。能量从外部物理世界进到大脑中，进而进到心灵中，最后导致心理的"做功"。这一切与笛卡尔的二元论似乎是根本不同的，而且肯定也没有把心灵牢固地合并于心灵所属的大脑。然而，根据这一关于心理能量的观点，不能定推出心对脑的一般的还原，因为心理状态本身不能还原为大脑状态，但这与说它们的能量含量能够还原又不矛盾。意识本身即使不能还原为（通常的）大脑状态，但仍可说它有与大脑能量（就我们所知，主要是电能）同一的能量含量。在这里，我们意外地在旧式的同一论中发现了真理颗粒吗？

指的是一个理论上有用的谜。这样一来，这个术语便从属于物理学的别的理论述语。以能量概念为基础的物理学因此不再是本体论上清楚明白的东西，就像别的形式的概念化不清楚一样（例如基于物质概念的那些概念化形式）。

# 第 10 章 作为一种物质形式的意识 *

笛卡尔式的唯物主义是这样一种学说，它认为，物理世界的一切都离不开有广延的、质料性的、借助接触式因果关系相互作用的物体，并可由它们来加以解释。笛卡尔在看待物理世界时坚持了这一观点，但在心灵问题上，他拒绝这一观点。这种观点有时被称作"机械论"，或者被描述为主张自然界是"机器"的学说，但是这些术语有些过于笼统，无法抓住他想建立的学说的实质，因为似乎没有明显的理由说，一台机械或机器为何必须纯粹地通过接触式因果关系来起作用。难道没有一

---

\* 在这一章和下一章（即第 10—11 章），作者进一步论证了他一直倡导的下述思想，即认为，对心灵、意识、意义的认识，要克服危机，取得突破，必须进行激进的概念革命，实现认识方式的根本变革。因为已有的心灵认识不外依存于下述隐喻中的某一或某些隐喻：剧场隐喻、小人隐喻、机械论隐喻、水力学隐喻、电话机隐喻、计算机隐喻、生物学隐喻等。当然，作者承认，他也不知道这概念革命究竟该怎样正确实现，只能做这样的预言，即物理学是最好的基础和向导，因为物理学在克服心灵哲学的局限性和危机的基础上能找到将心灵、意识、意义理论化的办法。在此基础上，他提出和论证了意识是物质的一种样式的全新思想。——译者

种借助超距作用（action-at-a-distance）而运转的人造机器吗？——许多机器不是事实上在利用引力作用吗？

无论如何，我愿称作笛卡尔式的唯物主义已被证明是错误的。首先，存在着牛顿所诉诸的、通过真空神秘地起作用的"神秘"的地心引力。其次，我们还会为麦克斯韦的电磁理论而震惊，它把"非物质的"场假设为带电体之间吸引和排斥的媒介。伽利略试图用引力根源于向下的风这一观点来证明笛卡尔式的唯物主义，但最终又不得不承认，关于虚空中相互碰撞的原子的旧模型必须被替换。以太的观念是另一个试图让引力摆脱神秘性的失败尝试。因此，力场的时代就降临到我们头上了，力场在空间中展开，随着距离增加而减弱，无边界、无表面、可重叠、可穿透。关于物质事物的一种概念认为，它们是可感的（在两种意义上），是固体有界的实体，通过碰撞传播力量。这一概念为更广泛的、包含着遍及真空的无形力线的物理实在腾出了空间。这就是量子理论的各种奇异思想和悖论诞生之前的全部思想。如果我们把"物质"这一术语限制在以前所承认的实在范围之内，那么我们就必须承认，我们的本体论一定得包括物质以外的东西（甚至在我们形成心灵之前也是如此）。事实上，这个术语和"物理的"及其同源词一样，已被拓宽了用法，以致可涵盖理论和观测所需要的这样的新实在，例如，场过去被描述为"非物质的"，现在被描述为"物质的"。尽管有这样的用语调整，但事实仍然是，笛卡尔式的唯物主义被证伪了。我们不能再满足于笛卡尔所赞成的那种狭窄的实在范围和因果关系类型，如不能满足于有广延的物体和接触式因果关系。

证伪和拓展的过程只是随着后来的发现而不断往前推进
的。越来越多的物理实在的形式不可避免地被认识到了，如无
线电波和 X 射线，而且物质的纯粹的多功能性变得越来越明
显。由于有许许多多的能量种类被确认了，如动能、化学能、
重力能、电磁能、核能等，因此能量概念被充实到这种多样化
之中。与粒子类型一样，力也是多样化的。事实上，所有这些
实在是否可以明确地归类为"物质"已成了一个真正的问题，
因为这个术语难道不可能是模棱两可或充其量是家族相似的术
语吗？随着人们对这些不相干的类型的实在的认识，质／能的
统一性便开始动摇了。也许"物质"这个词已经失去了它的价
值，而且从一开始就不是很准确（它真的比"质料"或"实体"
等词更合适吗？）。无论如何，多样性，如异质性、形式的多样
性，已摆上了这个时代的议事日程。

我们不妨用列举的方法来说明体现了物理学特征的这种本
体论的多样性（而且"这"这个词的单义性也值得怀疑）。电子
和质子在质量上差别很大，并且具有不同的电荷，还占据着原
子的不同部分（分别为壳和核）。电子和质子是否可以说是由相
同的东西构成的，这是一个真正的问题，即使回答是肯定的，
但它们在它们的"形式"上也有很大的不同。我们有两种类型
的带电粒子，即正的和负的粒子，它们有不同的吸引性和排斥
性，此外还有完全没有电荷的粒子。正是物质的不同形式导致
了行为上的这样的差异，即不同电荷的物质一定反映了深层的
本体论的划分。据说大多数物质具有质量（惯性），但是人们经
常注意到中微子没有质量，也不清楚在可识别的意义上，能否说场

有质量（质量概念本身似乎自动地分解成了形形色色的亚种）。物质与场的区别，如果被认为是根本的，那么它表现的是"物理"概念的另一深层的分歧，事实上，关于场这一概念的反事实理解表明，它与"实体性"的物质大不相同。引力、电磁力、强力和弱力这四种基本力，尽管被尝试统一在一起，但从根本上说仍各不相同。总之，这一图景根本不同于关于运动物体所承载的单一接触力的笛卡尔式图景。

177　　光与物质的更迟钝的形式似乎总是泾渭分明的，而且并不总是如此被认定的。光的速度的恒定性是它区别于其他物理事物的标志，而且光的速度不能被超越这一事实使它完全区别于其他事物，例如既有那些能够（并且必定）以光速运行的事物，也有那些不能够这样运行的东西——这在本质上是一个基本的区分。粒子和波在本体论上截然不同，因为它们是构成自然界的不同形式。人们可以理解这一倾向，即否认在空间中传播的波应该被称为物质（不过这可能是令人反感的）。现在我们常听说暗物质，它具有神秘的排斥性，而且明显与乳类物质相差甚远。以太曾经被认为是一种非常薄而轻的物质形式，与厚重的化学元素完全不同——但仍是某种形式的物质。如果有以太这样的东西，那么它将是物质的一个完全不同的形式。我们在我们周围看到的是，多样性、差异性以及这样的张力感，它存在于关于普通物质实体的根深蒂固的观念之中。我们面临的是不可还原的变化多端性。

　　基于所有这些，就会一点也不奇怪地看到，在物理学中引入这些新的分类是有历史的阻力的。有些东西被认为是物质的范例——比如说与宏观物体相关的固体——接着断言其他所谓的实在似乎达不到它的严格的标准，因而就否认它们能得到"物质"的尊称。场就不符合这个标准，光也不符合，即使是基本粒子也几乎没有资格。随之发生了许多语义的扭曲和转折，还有一些激烈的争论和口头的约定。可以确定的是，我们需要创立一个新的通用术语，以便能涵盖这些新的临界性实在。如果是这样，那么我们最好是用新的术语来重新定义"物质"。正确的启示是，肯定不存在物质的范例，因为所谓的"物质"可以采取的形式多种多样，而且这些多样的形式是不可还原的。（或许更好的是，根据关于物理学的更近的阐释，能量可以采取多种形式）。因此自然的态度是走向其反面，并断言在这些不同的形式背后没有任何统一性，既然如此，我们就再不应该有对它们做出归类的幻想。甚至被称为"物理学"的统一科学的观念也应该放弃。但是我认为，由于一些原因，我们不能走得太远——我会在后面加以论述。我现在要强调的是，物质形式具有不可思议的多样性（试比较生命形式的多样性——但这是否意味着"生命"的概念应该被放弃？）。甚至那些不由别的东西构成的基本的物理实在，从本体论上说，也是相互有别的。笛卡尔式的一致性已被证明不适用于大自然了。笛卡尔式唯物主义不适用于物理学，更不用说适用于心灵。①

---

① 笛卡尔在他的物理哲学中过分简化了自然世界，例如他低估了自然世界的复杂性和多样性（以及奇异性）。他是（具有讽刺意味的是）一个关于"物质"的强求一致的还原主义者。在笛卡尔时代（及后来），有点相似的过分简化的还原主义困扰着人们对心灵的思维，它表现为这样的假设，（转下页）

178　　这些反思留下了这样一个值得思考的假设，即意识本身是另一种形式的物质。正像存在着电中性物质和带电物质一样，同样也存在着无感知的物质和有感知的物质——这只是物质的两种类型。电磁场是一种物质的实在，意识也是如此。或者

---

（接上页）即心理的每个事物都是一种"观念"，要么是感觉印象，要么是感觉印象的微弱摹本。每一个物理的东西都是空间中的一个有广延的物体，而一切心理的东西都是意识中的知觉，一种离散的、同质的心理内容。洛克、贝克莱和休谟倾向于把感觉的东西作为他们所说的心理的东西的基本类型，而笛卡尔则把所有东西都同化为"思想"。在这三个英国哲学家中，有一个驱动力，促使他们在心理王国去寻找这样的统一性，它类似于物理的东西被认为具有的统一性。物理事物中的统一性是有广延的物体，而心理王国中的统一性是有意识的观念或思想。但是，正如后来的发展所表明的那样，这种心理的一元论与类似的物理一元论一样都是悬而未决的。感觉和思想不一样；意志与知觉不一样；意图与愿望不同；情绪有自己的特点；映像不是知觉；不是所有心理的东西都是意识的内容；也许有些心理的事项甚至是没有意识的。所谓的"心理的东西"本身就是异质的、多面的，具有不为早期思想家所认识到的复杂性和多样性。非常相似的故事也适用于语言，如不是每个词都是某物的名称；并非所有句子都是陈述性的；言语行为是多种多样的；量词与单数词在语义上是不同的；不是所有的语境都是有外延的；并非每句话都是描述性的。在这里，多样性再次战胜了一致性，因为早期的思想家都过于简单化，低估了我们称之为"语言"的事物所具有的多么大的不同。因此，语言或思想或物质没有"单一本质"。我们所说的"心理的东西"是一个混合体，我们称之为"语言"的东西是一个杂牌军，我们所说的"物理的东西"是个大杂烩。在这三个方面，都发生了向多元化的转向，都有对范例的反叛，有对一刀切的背离倾向。我不敢说当代许多哲学家会立即接受关于心灵和语言的多样性观点，但可肯定，他们在面对"物理的东西"时仍会坚持笛卡尔的同论论（据说维特根斯坦曾希望以下面的话作为座右铭，即在莎士比亚的《李尔王》第一场第四幕中，肯特对奥斯瓦尔德说道："来吧，先生，我会教你们看到差异。"傻瓜在同一场景中回应了这一情感，问李尔王："我的孩子，你知道一个痛苦的傻瓜和一个可爱的傻瓜之间有什么不同吗？"李尔王简洁地回答说："不，小伙子，教教我。"在年轻的时候，我们似乎认为事物是一成不变的，只有长大变得成熟了，我们才能承认变化。）

说，意识与动能或电能一道是能量的一种形式。如果这个假说是真实的，那么意识终究是物质的——当然不是笛卡尔意义上的物质。我想阐述的基本构想是，物质／能量是宇宙的基本实在，它可能最终是统一的，但它可以广泛地采取不同的形式——意识只是其中之一。这是抽象的形而上学图景，它说的是，一个基础性的统一性（可能已经从我们目前的概念中驱逐出去了）与这个统一性的惊人的不同形式结合在一起了。物质／能量因此被认为具有无限的可塑性和多用途性，就像我们所拥有的物理学所见证的那样，其中一种表现形式就是意识。②意识是物质表现自己所用的众多样式中的一种样式，即是物质的存在的一种方式。可把世界的基本材料称作 X，并假设 X 是一致的（可知或不可知），这样一来，像其他的自然现象一样，意识是 X 的一种样式。用这种方式来表述，我们就可以避免"物质"一词沉重的历史内涵及其所具有的一切偏见和包袱，因为"X"只是表示构成一切自然事物的东西的名称。这里的关键在于，意识是这样的相同事物的一种形式，所有别的东西都是它的一种形式，如电子、质子、场、神经元、

179

---

② 我们可以认为，物质／能量是一种可确定的东西，意识就是它的许多被确定的形式中的一个。但我们也可以一直认可非统一性，这样一来，就没有被称作"物质／能量"的单一的自然类型。顺理成章的假设是，意识不是非物质的，就像过去被称作"物质"的其他自然形式不是"非物质"的一样。一种观点可能是，"物质／能量"是一种家族相似性的概念（就像"心灵"和"语言"一直被断言的那样），没有单一的本质。关于"物质／能量"的语义，除了我在文中赞成的那一种之外，还有几种选择可能适合那些与我观点不同的人。关键在于抵制笛卡尔所推崇的那种严格的二元论，因为它是以对"物质"的狭隘和过时的概念为基础的。

大象、星星都是它的形式，不论我们是否把这同一的事物称作"物质"。无论如何，这是一个基于对物理学进步的反思而提出的、供思考的假说，它也是一个挣脱了笛卡尔物质概念限制的假说。我们现在必须追问的是，是否有赞成或否定它的理由。

可提供三个（非绝对的）理由来支持这个假说。首先，很难想象，意识还能是别的什么。意识存在于物质 / 能量的世界中，而不是存在于这个世界之外（上帝和他的天使应该也是这样存在的），并且从根本上说，意识以因果的或以别的形式依赖于物质的（其他）诸形式。既然笛卡尔的二元论有令人生畏的问题，甚至不能清楚地被理解，因此似乎没有什么替代的办法可以假设心灵在某种意义上是物质的变形，因此问题恰恰在于，意识在什么意义上是物质的变形？在思考身心问题时，我们真正想知道的是，意识怎么可能是我们所知道的一定如此存在的东西。什么类型的唯物主义（如果我们必须使用这个词的话）是可辩护的？换句话说，意识必定是同一个世界的一个方面，（其他）物质形式，特别是大脑，也是这个世界的诸方面。有机体是物质的样式，具有一些独特的属性，意识是有机体的生物属性；因而假设意识也是一种物质形式便是再自然也不过的了。若硬要说它是一种"非物质"实体的一种形式，就公然违抗了这样一个显而易见的真理，即意识是具身的有机体世界的一部分，而不是一个分离的、与有规律的物质世界有着奇怪的因果关系的平行世界的一部分。诚然，意识除了是这样的材料的一种样式——别的一切东西也都是它的样式——之外，不可能是别的材料的样式。③

　　其次，物理学中的守恒定律排斥这样的观点，它认为会出现一种全新的、作为能量或物质的材料。所以，当意识存在的时候，世界上并没有产生新的物质，只不过是旧的材料采取了一种新的形式而已。笛卡尔的二元论违反了守恒定律，因为他在把心灵引入世界时，把额外的因果力量即额外的能量引进来了。他所说的非物质实体是能量乃至运动的一种独立的来源，因此守恒定律被笛卡尔粗暴地违背了。一个更佳的观点是，先前存在的物质在从星系到生物体的宇宙历史中采取了新的形式，而意识本身一定是早就存在着的东西的一种形式。但是，在世界的基础性实体中，不管这实体可能是什么，一定存在着根本的恒常性，因此意识一定是这种实体的一种变体，而不是一种新型的实体。

180

　　能量似乎是一种根本的守恒的物质，所以意识一定是这样的能量的一种形式，如电和质量也是这同一事物的形式。而且，能量能以各种形式转化为心理能量，就像食物中的化学能

———————

　　③　关于所谓的"非物质"实体的一个亟待解决的问题是，为什么它不仅仅是另一种"物质"实体，为什么是深层的二分法呢？原因在于，笛卡尔认为，根据定义，所有的物质实体都是由通过接触而相互作用的、有广延的物体构成的，由于他不能看到心灵是如何延展和接触的，因此便认为心灵不是物质的东西。但是，如果我们放弃他对物质的定义，就像我们无论如何必须要做的那样，那么有什么会阻碍我们说：心灵实体在本质上不过是物质实体——即那种无广延、不可接触的实体？要想将心灵定位在物质王国之外，我们必须建立关于物质的某种确定的概念，但这显然是我们没法得到的。为什么不是在物质的东西（或加上引号的"物质的"）之内的二元论（或多元论），而是关于物质的东西与非物质的东西的二元论？

（源于太阳能）转化为有效的意志行为和其他心理作用一样。给予心灵以力量的能量不过是以各种物理形式存在的能量；所以可以合理地假设，心灵本身就是这种能量的一种表现形式。当然，大脑的电磁能量一定与心智所表现出的能量即它发挥作用的能力有关。我们所观察到的世界是一个以守恒为准则的世界，在这个世界里，根本不会有新的东西出现。新奇的事物来自重组，而不是来自新的基本实在。同样，当意识逐渐消失时，就不会有什么基本的东西从存在中灭绝了；相反，它只是改变形式，回到其他种类的物质形式。这种连续性表明，意识只是以物质／能量的多种形式之一表现出来的物质／能量。物质／能量的形式可以产生出来，或可以被创造出来，但基础的东西会保持不变，就像粒子变成其他种类的粒子或电能转换成动能一样。④我们称之为意识的那种物质／能量也是如此。意

---

④ 海森堡说："实验同时表明，这些粒子可以从其他粒子中产生出来，或者直接从这些粒子的动能中产生出来，而且它们还能再分解成其他粒子。实际上，这些实验已经说明物质绝对有可变性。所有的基本粒子都能够在足够高的能量下转化为其他粒子，或者它们可以简单地由动能产生，然后被湮没为能量，例如成为辐射。因此，我们在这里对物质统一性找到了最后证据。所有的基本粒子都是由相同的实体组成的，我们可以称之为能量或普通物质；它们只是物质表现自己的不同形式。"参见《物理学与哲学》(第 133—134 页)。实际上，这段文字为我写作本章及标题提供了启示，例如，如果所有形式的物质都是同一基本物质的变体，而且是异质的，为什么不把意识本身也看作是这种实体的形式？海森堡认为，可转换性实验是赞成基本材料有统一性的有力证据，而意识正好是这种物质经历的另一个转变，正如能量守恒以及大爆炸物质中所有东西的起源所说明的。既然相同的材料在物理王国可以采取完全不同的形式，那么为什么不在这个成果清单中增加另一种形式呢？

识是一种普遍的物质／能量所采取的暂时形式，除此之外，物质／能量还会采取别的形式。⑤

第三个相关的理由是，大爆炸包含了从那时起足以产生宇 181
宙的所有物质材料。新粒子在最初的时刻出现了，新的力也出现了，但在最初的超高温等离子体中，所有的东西都是隐含的，接下来的一切都一定是最初的存在的一种形式。所有新奇的事物都与最初奇点的原始材料有关（正如宇宙大爆炸本身一定是先前存在的东西的守恒一样）。但如果是这样的话，那么意识也一定隐含在宇宙大爆炸之中，即它一定是在那个时刻用那里的物质／能量构成的一个作用，就像行星和生物体那样。有些新的东西是纯粹的重组（这可能只适用于生物体，因为生命冲力＊现在已经失去了吸引力），而有些则是原先存在于那里的东西的新形式（引力和电荷在很早的时候不就明显地出现了

---

⑤ 当然，我们有充分的理由认为，在遥远的将来，意识将在某个时刻完全消失，如果不是由于太阳的死亡，那么就是由于周期性的大爆炸而产生的宇宙巨大收缩。当意识消失的时候，宇宙不会失去它的任何讨厌的能量，因此意识不可能是能量的最初来源。正如恐龙是现在已经灭绝的一种物质形式，不会损失宇宙的总能量一样，所以意识即使有一天会消亡，宇宙也不会失去其汹涌澎湃的、旺盛的力量。包含在意识中的能量只会被宇宙重新吸收，仿佛无意识地随波逐流。形式来来往往，但普遍的实体永远存在。

＊ élan vital，法国哲学家柏格森的哲学概念。他认为，生命的演化靠的是"生命冲力"。当演化没遇到什么障碍时，物种就是连续的。可是，一旦生命冲力克服不了物质环境的障碍，变异就开始了，例如原本普通的鹿，就变异成"长颈"鹿。陆地动物遇到海洋因而被阻隔了，就是生命冲力遭到阻碍，于是有海洋动物出现；被天空阻断，又变异出飞禽，等等。简言之，不是环境唯一地决定生命演化，而是生命冲力自主地决定演化，环境只是演化的外部原因和产生变异的契机。——译者

吗？）。但是我们在宇宙中看到的任何东西都一定属于这两个范畴（重组和新形式）中的一个，所以意识一定要么是这一个，要么是另一个，而重组的观点是不可信的。因此，意识一定是在宇宙的最初时刻就存在的那种材料的新形式，是物质能够成为的东西的一种样式。不存在这样的幽灵般的、平行的大爆炸，在这里，非物质的材料被铸造出来，它具有作为形式之一的意识。如果是这样，意识在那个创造了宇宙的所有质料的事件中就一定有其根源。如果我们把宇宙从大爆炸开始以来的历史看作是物质分化的过程，那么意识就是物质进行分化所用的许多方式中的一种方式，当然，它在这种分化中显然有其特殊性。如果物质不是千变万化的，那么物质就什么也不是。[⑥]

我可以这样表述上述观点，既然有根据说物质／能量是万能的，其形式多种多样，为什么不认为意识是其众多成就之一？一旦物质这个概念摆脱了笛卡尔的限制，它似乎就能够涵盖各种各样的自然现象，乃至涵盖性质截然不同的、广泛的自

---

[⑥] 可以想象，大爆炸的质料可能难以支撑我们今天在宇宙中所看到的各种形式。它可能没有力量形成星系、有机体和有意识的头脑。它能做的无非是创造了一个巨大的无形之气的海洋。幸运的是，我们的物质拥有表现自己如此之强的适应性，如此之多的资源形式。对我们人类而言幸运的是，我们的实际物质有能力形成有意识的心智！还要引起注意的是，物质要发现它的全部潜能可能需要很长时间，例如有意识的有机体出现前大约经历了140亿年（除非它们在更早的时间在别处产生过）。再过140亿年的时间，谁能说物质还会完成别的什么创新？还有什么其他可能的全新形式会被发明？它们会像生命和意识一样令人印象深刻吗？我们能设想它们可能所是的样子吗？毕竟，物质／能量的创造生涯还相当年轻。这种材料显然是一个相当有潜力的宝藏，从它的记录来看，它可能还有关于未来的各种锦囊妙计。

然现象（例如，场和粒子以及各种生命形式）。既然关于物质的机械论被摒弃了，因此有什么理由否认意识就是物质的一种更为奇特的表现形式呢？也就是说，意识是世界的基本材料（由于历史的原因，我们继续称之为"物质"）表现自身的一种形式。或者可这样用条件句来表述，如果存在着一种"普遍的物质"，一个单一的统一的世界实体，那么它除了表现为电子、质子和场等形式之外，为什么不说意识也是它的一种样式呢？只有关于物质的笛卡尔式的狭隘的机械论才会建立在实体二元论的基础之上，但是这类观点很久以前就已经消失了，留给我们的是一种更快乐的一元论（与多元论相结合的）。事实上，留给我们的是向像亚里士多德那样的观点的回归，这观点认为，相同的基本材料可以采取多种形式，从岩石到植物到动物，再到有意识的主体。如果你喜欢的话，存在一种关于形式的多元论，它是可以与实体一元论结合在一起的。物理学教给我们的是，即使在无生命事物的世界里，即使在亚化学世界中，物质也是一个混杂的集合，并且始终有各种各样的形式。因此，有什么原则性的理由能否认意识是这些变体中的一个呢？[⑦]

182

---

　　[⑦] 试比较这些否定，如否定思想是心理的，因为它们没有感觉的质的特征，或者否定命令是句子，因为它们不是断言，或者否定细菌是有机体，因为它们不可见。这些都是所谓的"误植范例谬误"的实例：也许出于无聊的历史原因而任意选择一个范例，接着坚持某些东西不属于这个特定范畴，根据是，它们不符合这个范例。我的观点是，否认意识是物质的一种形式就是这种谬误的一个例子，其表现是断言，因为意识不同于这样的物体，它们借接触式因果作用而在空间中相互作用，所以它不是"物质的"（就像引力和电磁力曾经被认为不是"物理的"一样）。

我所描述的观点（我还没有想到能确切表述的名字）可能会使一些读者认为，这不过是他们已经熟悉的观点的一种变体。但是我认为，它和任何常见的观点毫无共同之处，现在我必须说明其原因。它不是泛心论的一种形式。事实上，从某些方面说，它恰恰是相反的形而上学立场。泛心论其实是主张，物质是意识的一种形式，因为意识的无可置疑的心理性质被延展到自然界的、通常被认为不是心理的领域（基本粒子，甚至是空间中）。相反，我辩护的观点是，比如说，电或基本粒子的无可争辩的物质本质延展到了通常不被认为是物质的区域，即心灵。这种看法可能会被恰到好处地贴上泛唯物主义的标签（但是，我们下面将明白，在"唯物主义"这个不可靠的术语的流行的意义上，上述观点是否应被称作一种"唯物主义"）。诚然，泛心论认为，物质和心灵并不是不相容的，它们被发现在所有相同的实在中都连接在一起，直到基本粒子。但是，我并不承认这样的观点，即心灵可以超越它的传统的界限。我也不是要说，心理所是的东西也有物质的方面；我要说的是，心理的方面是物质的方面，意识是以物质的多种表现形式中的一种表现出来的物质（就像电磁场是物质／能量的一种形式，或者像质子是物质的一种形式一样）。我所说的是，意识本身就是物质的，而不是借助与已被如此分类的其他事物的联系而成了物质的东西。[⑧]

---

⑧　从表面上看，我说的仅仅是，盖伦·斯特劳森在说经验是"物理"本身的时候所说的东西，而没有想到这些经验对于已经被认为是物理的东西（比如神经状态）的可还原性。可看他的《真实的唯物主义与（转下页）

　　如此表述可能会加剧这样（有趣）的猜疑，即认为我只是
在简单地用一些取材于奇特物理学的不相干的、模糊的想法来
推销旧式的心灵与大脑的同一论。因为毕竟，我只是说，意识
的状态是物质的状态，是质料的状态，因此我们在说意识状态
是物质可以采取的形式（神经元放电等）时不是重复了传统的
同一论吗？但是，这样说严重地误解了我当前的观点。因为我
并不是说，我们只要用心理术语和表示物理状态的术语就能形
成一个内容丰满的同一论断，如说"疼痛就是 C- 纤维的激
活"。我要说的是，有意识的状态本身已经就是物质的形式，而
没有必要形成这样的同一论断。比如说，经历一种疼痛就其本
身而言，就是物质的一种变形，而没有必要还原为任何一些以
前认为是物质的东西。其实，我并不认为，通常的那些同一陈
述是真实的，因为意识所是的那种物质形式与大脑所是的那种
物质形式（正如我们所设想的那样）并不相同。当物质 / 能量
组成为电子和质子时，它就采取了特定的形式，而这些东西是
大脑的终极构成要素；但是当物质形成为意识时，它并不会由此
而成为电子和质子。无论意识与其他形式的事物的关系如何，意

---

（接上页）其他论文》中的"真正的唯物主义"一文。但在表面之下，我们的
观点实际上是大不相同的。我的观点是以物质的多样性为基础的，而他则不
是。我觉得有必要把意识与其他形式的事物联系起来以支持我的观点，而他却
没有。我对"物理主义"和"唯物主义"这些术语比他更怀有戒心。他认为，
经验的东西具有一般物质（泛心论）的本质，而我不这样认为。但是，我们的
观点仍然有一定的共同性，特别是我们对旧的笛卡尔式唯物主义的扭曲影响的
态度是相同的。

识就其自身而言只是一种物质的形式。这至少是一家之言，而且十分清楚的是，它不是旧的同一论的变体。

如果你非要坚持说它是同一论，那么只能说它是一种新的同一论，因为它认为意识状态与某种类型的物质（有意识的类型）是同一的，但除了借助意识本身之外，再没别的办法说明它属于什么类型。⑨试比较，电磁场是物质／能量的一种类型，但是我们不能尝试用物理学中的其他术语来说明这是什么类型，就像不能说，电子是我们用别的术语来阐释它们时打算要说的那种物质类型（如果可能的话，可用质子这样的术语！）。所有这些事物都是这样的物质形式，即在确立它们的地位时，不需要任何翻译和还原。意识就是这样的物质（＝统一的世界实体），它以一种形式存在，然后又采取另一种形式，一直到大爆炸都是这样。试比较，星系是物质以气态存在之后所采取的一种形式。物质不是静止的，因为它不断地将自己重新塑造成新的化身。对物质而言，存在着一种躁动，即有对尝试的渴望。它可以将自己重塑为意识，而在这样做时又没有必要用还原到通常的大脑状态这样的方式。

184

---

⑨　例如，我们肯定这样的命题，即"痛苦的心理状态与物质状态是同一的"，且意思确实是这样。但是，如果被问到，与痛苦相同的物质状态是什么样的状态，那么我们唯一能够提供的答案就是，"处在痛苦中的物质状态"。因为我们认为，痛苦及其本身是一种物质状态，不论它是否可以用其他术语来指称。这实在不像经典的同一论。试比较，将电磁场归类为空间的物质状态。如果被问到物质的状态是什么时，那么我们只能回答说，"含有电磁场的物质状态"。这显然不能让顽固的机械论者满意，因为他想把电磁场还原为固体粒子的机械相互作用。但是我们为什么要设法满足这样的机械论者呢？他只是简单地使用了一个我们没有义务接受的、完全随意的物质概念。

　　所以，我一定是某种形式的二元论者！因为我认为意识是物质的一种形式，同时也承认有其他不同的形式，并且我还认为，在物质的这些形成鲜明对照的范畴之间存在着因果关系和其他联系。尽管我承认实体一元论，但也许可以说，我是一个"形式二元论者"。这样说并不为过，只是我实际上还是一个多元主义者。我不是关于基本实体的二元论或多元论者，因为我认为，所有的实在（很可能）都是由一种基本的材料构成的——从某种意义上讲，这材料是高度抽象和远离感官观察的。我们可以把这材料称为"物质"，但别忘了这个词及其同源词可以正确地用在这样一些短语中，如"主题"（subject-matter）、"这是怎么回事？"（what's the matter?）和"物证"（material witness）。也就是说，这类词没有固定的、与笛卡尔式的唯物主义连在一起的内涵。我是一个关于形式的多元主义者，因为我认为物质形式多种多样，而不仅仅是两种，而且物质比旧的笛卡尔式二元论所承认的更具适应性和多样性，如强调存在正电荷的粒子，负电荷的粒子和中性粒子（分别是质子、电子和中子）——这是关于物质基本形式的多元论。我所增添的是强调，除了其他无数东西能成为物质的形式之外，意识也是如此。这与传统的笛卡尔式二元论相去甚远，最好被看作是对这种形而上学图景的否定。总而言之，我不认为意识与大脑的状态（用神经术语说明的）是同一的，但是我根据意识的本性将意识看作是物质的。和亚里士多德一样，我是一个关于实体的一元论者，但就它的形式而言，我是个多元主义者——这是一个与标准笛卡尔式二元论非常不同的形而上学建构。⑩

　　这一观点也不是突现论的一种形式，因为我的观点认为，有意识的状态由于起源于已被认为是物质的状态，比如神经状态，而获得了"物质"的名称。也许，有意识的状态是这样突现出来的，但我的观点没有这样的要求。意识之所以是物质的形式，是因为一切都没有例外，而不是因为意识处在与已被归类为物质的某东西的突现关系之中。也许，物质的某些形式是从另外的形式中突现出来的（这里没有真正的还原），在这种情况下，物质的那种可称作"意识"的形式就是从物质的其他形式中突现出来的，但是我所辩护的理论中立于这个问题，因为它认为，意识本身已经是物质的一种形式。所以，如果事实证明根本不存在突现，那么照目前的观点看，意识仍然可看作是物质的一种形式。我能用来表述我所捍卫的理论的最好的标签是"单调的（boring）唯物主义"，但是这个标签仍可能是不令人满意的，原因至少有以下两个，第一，"唯物主义"这个词作为表述另一不同观点的词已经被用死了，而且不管怎么说只能极其

185

---

　　⑩　笛卡尔承认存在着两种基本实体，它们的本质分别是广延和思维。我更倾向于说一种实体，它只有一个本质，而且我还对心灵和自然界的其他事物的关系保持中立。我认为，把物质定义为有广延性，而把心灵定义为能思维是错误的，也是狭隘的。我认为，自然事物的形式是不确定的、多种多样的，每一种都有自己的本质，没有贯穿其中的根本二元论。据我理解，我的观点与斯宾诺莎的观点相似（但关于上帝这一点有不同）。关于"心理"和"身体"的整体二分法作为一种形而上学框架存在着深刻的缺陷（尽管这些词在特定的语境中仍然有用）。将实在分为"心理的""身体的""抽象的"这一传统观念在我看来是难以拯救的，应该完全予以废除。

谨慎地加以使用；[⑪]第二，我的观点实际上并不那么单调，因为它反映的是关于这个物质（对不起还要用这个词！）世界之本质的一些基本主张。我们可以得出这样的结论，即意识与其他更传统的物质事物（如电磁场和运动物体）是一致的——这真的很有意思，不是吗？这一观点也许可（有意义地）被命名为"直接的唯物主义"或"保守的唯物主义"，甚至是"无争议的唯物主义"。无论如何，不管我们如何为这个观点命名，它强调的都是，将意识描述为一种物质形式，是有其真理性和启发性的。[⑫]

刚才说过，我们可以通过加进适当的限制而把在此辩护的观点描述为一种"唯物主义"。但是我要特别强调的是，这样的一个标签可能潜在地包含着误解的可能性。从某种"弱"的意

---

⑪　在这些词的理解上，我和乔姆斯基的观点相同，参见他为 S. 格腾普兰编的《心灵哲学指南》所写的词条。不过，我仍然认为"物质"这个词在心灵哲学上可以起到有益的作用，但它还需要适当的规范和解释。

⑫　下面是一个泛泛的类比，旨在说明这样的语义情境，例如民主是暴政的一种方式，同样可以说，意识也是物质的一种形式。前一种说法乍看起来是一种悖论，这是因为我们的视线集中在了某些形式的暴政（君主制、贵族制、警察国家）之上。但如果是这样，便可说，在一个民主国家里，大多数人可以支配少数人，并剥夺他们的利益，因此是"多数人的暴政"。现在我们的观点发生了变化，其表现是从新的视角来看待民主，如认为民主的一个不为人所知的特征就是它与形式更为明显的暴政统一在一起。将（简单）民主与其他形式的暴政区分开来是有一点道理的，这不仅仅是一种语言上的规定。同样，把意识称为"物质形式"，使人想到了某些物质的范例，而意识与这种物质范例相去甚远。但是，接下来所做的某些思考旨在打破这些范例的垄断，进而把意识包括在"物质"的扩展的范围之内；因此这种区分似乎是相当合理的。（请读者注意，在阅读时一定不要超出我的类比想表达的意思。）

义上来说，这个标签在语言上是合理的，因为这个观点确实认为意识是一种物质形式，"物质"是表示世界基本材料（我之前称之为"X"）的名称。但是它和通常所谓的任何学说相去甚远，因为它并没有说，我们可以把意识还原为可用其他术语说明的东西，也没有说，我们所拥有的物理学术语为理解意识提供了充分的概念基础。而且，这种观点就精神实质而言与传统的唯物主义相反，因为它抵制这些学说所推崇的那种本体论层次，而坚持物质形式的不可还原的多样性，而不赞成它们之间的可相互转换性（即是说坚持的是物理学的不统一性）。有一观点认为，心灵可以还原为笛卡尔式唯物主义所承认的属性。这

186　种说法确实被认为是唯物主义的真正的"厚"（thick）版本，因为它为解释世界提供了统一的物质属性框架。但是，根据关于物理学的更宽泛的观点，在这里存在的是不可还原的异质性，因此没有办法将物质／能量的多样性压缩成一个单一的概念框架。我们要么把"物质"看作是一个家族相似的词语，同时把意识和电子都看作是它的混合延展的一部分；我们要么采取我倾向的形而上学的观点，认为存在着一种单一的世界实体，它远离观察，高度通用，可以采取无数的独特形式。无论在哪种情况下，我们都没有相似于传统唯物主义的观点，即没有那种建立在关于（非心理）自然界的笛卡尔式图景之上的观点。

的确，我赞成那些把这里所辩护的观点看作是一种心理主义或唯心主义的人的观点，因为它认为物质的一种形式至少包括意识，而其他物质形式则是意识本身依于其上的东西的一种变体。我所说的毕竟是，所谓的物质世界，至少其中的部分，有

不可还原的、有意识的特点。但那些标签无关紧要，因为这里强调的是，我们现在称作"物质"的东西与早期的机械论图景风马牛不相及——它们如此不同，以至否认意识也能出现在物质的疆域内不再被认为是合理的。物质的最初形式已经产生了我们称为意识的形式，即使没有增加新的实体类型。所以我们可以把意识看作这样的材料的最新的成果，这材料一直在那里，其起源至少可追溯到宇宙大爆炸。这是我的观点的根本核心。⑬

　　当然，意识与其他形式的物质，特别是大脑中的（以神经元活动为中介的）电活动是相互关联的。在相对较弱的意义上，这些关联甚至可以被描述为似规律的。也有这种可能，即意识

---

　　⑬　尽管我的"唯物主义"类型并不依赖于任何关于大脑状态的还原论，甚或不依赖关于大脑状态的突现论，但我采纳这一观点的动机很大程度上依赖于我的这样的分辨，即看到了心与其他物质事物的明确联系，如心灵内在于生物世界，与物理系统共享能量，大爆炸中一切自然事物的起源。所有这些联系在其中都被废弃的可能世界（如果这样的世界可能存在的话）对于我来说不是这样的世界，在其中，意识可被合理地描述为一种物质形式；在那个世界里，它可能是一种不同的自然类型的形式（如它可能是外质）。因此在某种意义上，由于意识与已经被归类为"物质"的东西有联系，所以我把意识看作是"物质"，这种物质是作为某种形式的范例而起作用的。由于这个词没有固定指称这样的东西，因此它似乎完全是空洞的。尽管如此，我的"唯物主义"类型与这样命名的传统学说相距甚远，因为这些学说把意识同一于已经被认为是"物质"的东西，或者至少把意识看作是从其中突现出来的东西。我猜测，"物质的"这个词的外延的最初的扩大是由引力、电磁场和能量引起的，这能量是基于相同类型的关联而交换的，例如因为与已经被如此看待的实在，特别是与在空间中移动的巨大物体有联系，因此这些事物就被称作"物质的"。我猜测，如果与其他"物质的"事物的联系是不存在的，那么任何人都愿意把电磁场说成是"物质的"。这种外延扩大不是来自于对有争议的实在的直接查验，而是来自于对与它相联系的没有争议的事物的关注。所以我认为，意识也应该是这样。

和其他质料形式之间存在着一种随附性关系。大脑中的电子事件和意识事件之间的因果关系是显而易见的。但是在其他领域，物质的形式之间的这些相互关系是很平常的。试看一个电磁场和在该区域内某个空间点上施加在物体上的力，这种力是由电磁场（在该位置的电磁能量，这能量具有振幅和方向）产生的，并且这里可能也有随附性关系（施加的力和方向对场的种种属性是随附的）。但是，不应据此把力和场混为一谈，因为不管场对一个物体是否施加了力，这个场都是存在的，而同样的力也可以由不同的动原（agency）来施加（比如纯粹的接触式因果关系）。随附性通常是一种非常弱的关系，不会导致任何形式的还原。事实上，它与具有共同原因的关系中的两个事项是相容的，因为它不过是必然的协变。因此，电神经活动和有意识的事件在逻辑上可能具有共同的原因，这也许发生在物质的某些更深的属性中。当一个带电粒子移动时，它会生成一个磁场，其属性是电荷和运动的函数。但是这不应让我们得出这样的结论：磁力不过是电力加上运动而已。同样地，意识可能与物质的其他形式协变，例如与大脑中的电力（以神经冲动的形式）协变，但是这不足以导致这样的结论，即意识仅仅是物质的别的形式。

我们有资格将意识本身说成是一种物质形式，依据的不是上述这样一些相互关系。我认为重要的一点是，能量可以从电转化为心理的东西，因此，心灵发挥作用的能力是由另一种先前存在的能量形式产生的，但是我们不应该仅仅因为这种转变就把那种心灵说成是物质的，就像动能转化为电能这样的事实，不是我们称电能为一种物质形式的理由。意识确实与物质 / 能量的其他形式是连续的，且与其他形式交织在一起，分享它们的能量含量，并与它们发生因果相互作用，这是假设意识和自然的其余方面后面存在着一种独立的实在的理由的重要组成部分。但是，这不是一个确定的事实，因而不是意识值得被贴上"物质形式"标签的原因。所以，如果我在这里的立场被恰当地称为"唯物主义"，那不是因为通常的那些理由。事实上，由于这个标签在当代氛围下容易产生误导，同时与关于物质的不可信的观点直接连在一起，因此我宁愿避免这个标签，尽管我愿承认这个标签在字面上是完全正确的。我想我们可以把这种观点称为"单一实在 – 主义的多重变体"（multiple variants of a single reality-ism），当然这可能有点怪诞。或者说，我甚至可以满足于"反唯物主义的唯物主义"这个称号，并为这个有点矛盾的说法而陶醉。⑭

　　我对什么是意识没有任何实质性的说明，只是把这个概念放到了非常直观的层面。我在本章辩护我的观点时吸纳了关于这个问题的不同看法。如果我们认为意识就在于有这样的状态，即有这些状态就有某种感觉起来所是的东西，那么这个观点就是，感觉起来之所是的状态就是物质的形式。如果意识被

188

---

　　⑭　人们确实想知道的是，迫切为一个复杂而微妙的观点找一个可能是简短而又吸引人的标签，这对哲学造成的伤害会有多大。错位的同化和徒劳的口号是其不可避免的结果。我请读者自己思考种种事例（如涌入我脑海的、伦理学中的"实在论"和"认知主义"，或者说"语言学转向"）。但没有这些标签又是很难成事的。

定义为可为内省通达的事物，那么就存在一种物质的形式，它是内省的对象。如果我们用意向性来定义意识，那么某些物质的形式就具有意向性。我自己赞成的观点是，意识就是一种认知（knowing）；因此根据这种观点，就存在着一种能认知的物质形式。这就是说，物质／能量有许多不同的成就，如正的或负的、中性的、质量的、引力的、似场的、粒子状的、波状的、黑暗的、可见的、有界的、无界的、密度大得离谱的、轻得不可思议的、超快的、缓慢的、易变的、总量不变的、可能不确定的、概率性的、非局部纠缠的、也许是多重世界的，在所有这些形式之中，有这样一种形式，它就表现在是主观的或可内省的或有意向的抑或是认识性的东西。⑮ 如果物质可以做

---

⑮　我希望到现在为止，这样的诱惑已经过时了，即因为物质不能是主观的、有意向的或认识性的，因此就去论证意识不属于物质的范畴。这种论证方式预设的是，没有任何事物可以作为物质（或其一种形式），除非它符合某些范例，然后宣称意识不符合那些范例。但是物质可以有无限多样的、潜在的形式，这些形式中存在着巨大的变化，选择某些形式作为别的形式的标准是武断的。从数学上来说，如果科学最早的可靠结论关注的都是意识而不是其他现象，那又会怎样？当我们在那时把意识的材料称为"物质的"时（我纯粹就正字法而言），又会怎样呢？这样一来，我们所谓的"物质"（即意识的材料）就会拥有所有成功科学的声望。其他学术部门都很落后，具有简单的、被证明是难以处理的机械论。尽管"物质"被认为涵盖一切，意识是它的一种形式，但因为它的值得尊敬的内涵，因此就将"物质"这个词推广到意识的事例之上，则是一种可以理解的不得已。噢，我们现在所说的"物质"（或"物理"）这个词就是这样使用的，由于那些根深蒂固的结论是关于不包括意识的那些现象的，因此把那个值得尊敬的结论推广到意识之上确实有点勉强。但是意识一定是物质的成就，因为如文中所述的（以及别的）理由，我们有必要超越这种勉强。说物理学是"客观的"，而意识的研究是"主观的"，这不是否定上述说法的好的理由。这里的答案是，物理学（对所有物质的一般研究）不是（转下页）

所有这些不同的事情，难道它就不能设法成为有意识的形式
吗？只要摆脱了传统的偏见，这难道不是世界的真实数据吗？
也许我应该说，既然物质可以做其他许多重要的事情，为什么 189
要否认意识是能起作用的物质呢？无论我们认为意识的本质是
什么，物质都可以具有这种本质，因为它可以拥有我们在自然
世界中看到的所有其他种类的本质。还有其他什么东西可以有
这个本质呢？

　　这是否解决了"意识难题"？这是否使"难题"变得温顺
可解？这是否消除了"神秘性"？都没有，原因有两个。第
一，我们还不知道大脑是如何产生意识的，因为我们还没有解
决突现的问题。我们现在知道，意识是物质可以采取的一种形
式，但是我们不知道这种形式如何由存在于大脑中的形式产生

---

（接上页）（完全）客观的，它包括意识，而意识是主观的（或者需要主观的理
解模式）。（我在这里参考的是托马斯·内格尔的《无出处的观点》(*The View
From Nowhere*)（纽约：牛津大学出版社，1986）。物理学是部分客观的，部分
主观的，如果它关注的是物质所容许的所有形式的话。物理学确实如我们现在
所认为的那样不包括意识，因此是完全客观的；但那是因为无聊的制度和历史
原因。有一段时间物理学不涉及力场，这并不意味着力场不是物质的一种形
式。有人可能会辩称，物理学是关于显而易见的事物的科学，而场不是显而易
见的，所以它们不是物理学的一部分。下述论证也是诡辩，即因为物质的所有
形式都是客观的，而意识是主观的，因此就断言意识不是物质的一种形式。如
果意识是物质的一种形式，那么物理学（关于物质的一般理论）就不是完全客
观的。（我不是说内格尔本人以我所反对的风格来论证，但我可以想象有人会
用他的观点来这样争辩。）从更广泛的观点来看，正确的说法是，物理学的一
部分不能还原为另一部分，但是这一点我们在考察意识之前就已经知道了。主
观物理学不能还原为客观物理学（就像电学物理学不能还原为引力物理学一
样）。把意识加到物理学中无疑增加了我们已有认识的物理学的不统一性。

出来——意识似乎是从这里产生出来的。神经元是意识的因果基础，与意识一样都是物质的形式，但我们不知道后者是如何产生前者的。第二，我们也不知道，在宇宙历史中，物质的前意识形式是如何产生出有意识的形式的（就像我们不知道一些粒子在大爆炸中是如何由其他粒子产生出来的，或化学元素在恒星内部是如何由原子聚变而形成的）。如果我们支持这一观点，即意识从原子中突现出来仅仅是纯粹的事实，是大自然的原始壮举，那么我们就可以说物质的一种形式产生了另一种完全不同的形式。这是逻辑上有其可能性的但肯定缺乏吸引力的观点。所以，赞同意识是物质的一种形式，差不多是让心身问题回到了它原来的地方。

我们所知道的东西不过是，笛卡尔式的唯物主义阻碍我们接受这样的观点，即意识本身就是一种物质，并且关于物质多样性的（也许可与基础的一元论相结合的）多元主义是更可取的。心身问题现在关心的问题是，物质的一种形式如何与其他形式适当地联系在一起，在这里，这就不再是一个被称作"唯物主义"的理论是否为真的问题了。这个问题并不比以前更容易，它只是有了更好的表述。但也许，对取消主义的压力已经有所减轻，因为这种压力依赖于对笛卡尔式的唯物主义的接受。在天文学和物理学的早期，伴随着新的发现所导致的本体论的扩张，出现了一种类似的取消主义，如有些人否认牛顿的地心引力的存在，根据是它包含神秘的超距作用；长时期内，人们用怀疑的眼光看待法拉第和麦克斯韦所说的电场，即使是现在，量子力学的处境也助长了反实在论的情绪。但是，如果我们发现自己不得不承认这些陌生的新实在，那么接受这样的观点——即应该承认几乎不是最近发现的意识，尽管它与笛卡尔式的物质图式相距很遥远——还会很难吗？毕竟，正如我们所看到的，在物理学中同样存在着很多真实的东西，它们显然不同于以前所想象的、悬浮于虚空中的、有界的、借助接触式因果关系起作用的粒子。称意识为"物质的事物"使它能够避免世界上那些狂妄的取消主义者的进攻。

　　坚持这里所辩护的观点并不能立刻使神秘性消失。上面说了这一说法的第一个理由，其第二个理由是，仅仅把某种事物称为一种物质的形式并不意味着它就没有神秘性，尽管这是简单和真实的事实。某些哲学家总是天真地认为，如果它是物质 190 的，它就不可能是神秘的，所以他们试图让人相信的是，只要将意识同化于物质，那么意识的神秘性就被化解了。但这是一个非常天真的物理学观点，事实上它充满了神秘感。我现在不能完全充分地讨论这个话题（可参阅本书的其他部分），但众所周知，经验物理学的大部分进展同时开辟了神秘性的新的领域。最著名的例子是牛顿的万有引力理论，尽管它为运动提供了一个奇妙的、新颖的一般性理论，但人们普遍觉得，引力的假设将一个神秘的东西引入了该理论的核心。法拉第－麦克斯韦的电力和磁力理论虽然名声稍逊，但也同样权威，之前也有讨论，在这里，我们同样碰到了神秘的超距作用，而且我们还碰到了这样的迷惑，即电荷是什么，它如何产生一个场，什么是一个场，以及它如何对受影响的物体施加作用。量子物理学充斥的显然都是神秘性，只是用了一些有用的、能消除烦恼的数学技巧而已。

物理学提出了许多深奥的本体论问题，而这些问题并没有为它自身的经验方法和数学方法所回答。因此，决定在物质俱乐部⑯中接纳意识这个成员是明智之举，但这样说并不等于宣布它已没有神秘性了。事实上，如果认为物理学本身充满了神秘，那么对俱乐部成员资格的认定只会使这一点更好被理解，即意识就是显而易见的神秘性。如果意识本身就是一种带有神秘色彩的物质的形式，那么你还会期望别的什么呢？也许，如果它是由非物质的上帝－质料所构成的，那么它可能更容易屈服于我们的理解能力，但如果它属于引力和电荷、不变光速和量子佯谬所组成的世界，那么意识拒绝吐露它的秘密就不足为奇了。⑰这些问题就是难问题。如果意识确实是物质的一种形

⑯　如你所知，意识已经是有良好信誉的心理协会的一员。但是我推测，物质俱乐部通常被认为是一个更有声望的机构。关于这方面的更多信息，请参阅第 8 章（显然，物质俱乐部是借骨骼而运转的，而心理协会则有有血肉的成员）。

⑰　至少在上帝的例子中，我们在某种程度上是根据我们的存在来设想他的存在，因为他是某种有意识的主体（当然有没有为人所注意到的种种问题）。所以我们对他的本性有一些移情的理解。但是就物质世界来说，我们正关注的是与我们的心理本质相关的一种实在的外在形式，其内在的存在只是缓慢而艰难地（部分地）向我们显露出来。一旦你深入研究两者的认识论（如果你喜欢的话，在这个陈述中可用"诸神"代替"上帝"），实际上，上帝对于我们来说比物质更容易理解。非物质实体由于是人类想象的产物，因此一定比物质实体更好理解，而物质实体的客观本质是有待我们去努力认识的。与所知道的真实对象相比，我们通常更了解我们的纯粹的意向对象，因为除了我们加进去的东西，再没有什么给予它们。虚构比事实更容易理解，因为虚构不过是一个约定问题。上帝是放大了的人的主体性，而且没有这样的物质性身体，（转下页）

式，那么我们会期望它属于自然神秘性的类别，而不属于认知透明性的一种样式。

　　对于我在本部分中的整个论证过程，有的人可能会批驳说：191
"你说意识是一种物质的形式，但你对物质的本质什么也没说。
具体来说，你对物质怎么可能采取这种形式或者其他形式未置
一词。因此，你没有做任何事情来使我们明白，物质如何能采
取意识的形式。事实上，我听到的是，你自己甚至并不认为，
我们有关于物质的任何肯定的描述性概念。这样一来，你怎么
能够自信地断定，物质除了其他形式之外在本质上还能够采取
意识的形式？物质的内在本质对我们不是依然隐藏着的吗？"
我非常赞同这个反对意见，它的确完全正确地表达了我的观点。
我当然没有断言，物质的本质是这样那样的，因此任何人都可
以据此明白，物质是能够以意识的形式存在的。我只是提出了
一些方法论上和情境上的理由来支持意识是物质的一种形式这
个假设。为了确切地知道那个假设是真实的，我们必须形成关
于物质的客观本质的清楚明确的观念，以至我们能够在那里看
到意识的子子孙孙——委婉地说，我认为我们与获得这样的认
识相距甚远。但是我也认为，我们对物质所知道的东西并不能
排除这个假设，并且有间接的理由支持它，所以我们当然可以
合理地接受这个假设。尽管如此，我们对物质缺乏洞察力无疑
会影响我们关于意识是否可能是物质的一种样式的认知，同时

───────────

（接上页）它的本质对我们如此神秘，所以我们比认识普通物质的本质更有机
会了解上帝的本性。由于同样的原因，幽灵比真人更容易理解，因为他们是虚
构的，因此在本体论上更微妙。

也许会让我们抵制这种想法。这似乎是这样一些令人沮丧的事例中的一个，在这些事例中，我们能明显知道某件事情是真的，却根本不了解事情怎么会是这样。⑱

---

⑱　正如我过去有条件指出的那样，当深层认知封闭性出现时，会出现这种情况。这样一来，即使我们不能理解什么使它成为可能，或什么能解释它，我们也能够知道事情为什么是这样。一个比较聪明的猿可能很清楚地知道，太阳每天早晨升起，或者香蕉有滋养作用，但是这并不意味着它能够学习或理解：是什么让事情如此这般，简单地说，它不知道轨道或消化有这种作用。甚至在原则上，关于事实的知识并不总能带给它关于事实解释的知识。在解释物质如何能够采取有意识的形式的时候，我们人类可能有同样的局限性。毕竟，我们也只是比较聪明的猿。参见我的《哲学中的问题：探究的极限》。

# 第 11 章　物质与意义

　　物理学长期以来独立行进，不同凡响，以典范科学著称于世，备受人们羡慕和尊敬。其他学科都仰慕物理学，并竭力以其为楷模。尤其是社会科学，强烈地渴望模仿物理学的方法和技术。物理学的显著成功对整个理智文化产生了巨大的影响。它是人类的理智力、人对自然的支配力以及人像神一样的地位的耀眼标志。当物理学家说话的时候，世界都会倾听。物理学最突出的是它的影响力。在这一章，我将探讨物理学对关于语言、意义的哲学研究的影响。这是物理学的理智上的杰出成就可以大显身手的地方。我们将在里面找到一些有趣的相似之处。我将把历史的追溯作为开场白。

　　物理学的历史表现为一个有趣的弧线。如果把它的开端追溯到古希腊的原子论的话，那么我们就可以看到物理学后来发展的一些关键特征。物质被认为是由相对均匀的不可分割的元素——原子构成的，而原子存在于"虚空"（空的空间）中，它们结合在一起便能产生可观察到的物体。原子本身是不可观察的，但是它们通过在空间中运动以形成新的构型进而产生出可观察的事物。例如，物质被认为是有结构的微粒，且有离散的构成成分，但它们表现出组合倾向，因此，原子能够以某种方法黏合在一起形成较大的整体。在古希腊的这个阶段，力的观念还没有完全呈现出来，因此这些粒子本身都被描述为无活力的、惰性的实在，其运动是由某些外在的自主作用所强加的。

193　　　古代原子论得到了 17 世纪的机械论者的继承。笛卡尔认为，物质是由有广延和运动特征的离散单元组成的，并通过接触性因果关系相互作用。这类观点的基础比古希腊的基础更加狭隘。根据这一观点，世界是一部精巧的机器，由可移动的部分所组成，而这些部分的本质是广延。力对于结合在一起的物质元素这一观念来说仍是次要的。牛顿的物理学本质上与之相同，只不过他把引力当作一种有超距作用的力引进来了，而这一观点受到了笛卡尔和他的机械论追随者的诅咒。牛顿补充了他的定量运动定律，从而把地球运动和天体运动统一起来了，但笛卡尔的基础力学被保留下来了，如运动中的质量，像粒子一样的物质，外在于物质的力都被继承了。物质是微观层面的点状物这一概念，通过关于可聚合成复合物的点粒子的假定被保留下来了，而这些粒子本身是简单的、不可分的。如果我们对事物的探索足够深，那么事物就会分解成它们的原子部分，在那里我们看到的是一个简单而不变的秩序。正是这些离散的个别原子的隐秘的排列使宇宙发条运转起来了。

　　　当物理学家转向光、磁和电时，这个模型便开始受到挑战。在这里，波的概念被证明是至关重要的，它与物质粒子的概念截然不同。波在空间中传播，不是固体，不排斥其他实在，本质上是活跃的，并且不能与其物理基质相区别，因为它是一个以振幅和频率为特征的能量集合。波在本质上是似力（force-like）或有能量的。麦克斯韦的电磁学理论引入了力场的概念，在力场中，波有其存在地位，因此力场是力在其中起作用的空间区域。对于场中的波来说，没有明显的离散边界，只有效力的逐渐下降（服从于平方反比定律）。波根本不像经典粒子，它们是模式（patterns）而不是部分。电磁波理论最初是沿着不同于物质成分理论的路径发展出来的，所以光和物质在本体论上是对立的。但是大自然的一切事物在结构上都是微粒这一观念已经受到了质疑，因而物理学现在不得不承认波和微粒这两类截然不同的实在。能量或力量不再是有力的、可敬的、坚硬的物质的可怜的表兄弟，现在，前者成了后者的平等的伙伴。物理世界的本质中现在一定得把活力（activity）算进去。

进一步提升能量和力的形象的重任落到了量子理论的头上（当然得到了相对论的一点帮助）。在量子理论诞生之前，曾有"动力主义者"的粉墨登场，如博斯科维奇。他坚持认为，这个力场的概念是基本的，而所谓的粒子只不过是微弱的斥力场。[①]动力学家拒绝了被力场包围的点状物质这样的观念；反过来，194

---

① 博斯科维奇（Roger Joseph Boscovich，1711—1787）是一位因物理学和天文学上的成就而闻名的克罗地亚博学者。正是他，让不可入性成了原子论中至关重要的因素。他认为粒子是以点为中心的力场，而不是离散的有界实体。据说他在电磁场的发明中影响了法拉第。从理论上说，他一般被认为是超越自己时代的人。

他们把粒子溶化到了场中，只用力的强度、引力以及斥力这样的概念来说明世界。认为基本构成成分有物质界限的观点受到了质疑，与它连在一起的全部原子论的本体论也是如此。对于动力主义者来说，大自然不是由块状的原子，而是由在空间中扩展的力场所构成的。因此，大自然被认为在本质上是充满活力的——动力无处不在，无时不有。力体现的是最基本的物理实在的特征，因此它不是一个随意的马后炮。这一总的形而上学的图景得到了量子理论的推波助澜，在这幅图景中，微观实在具有"波粒二象性"。比如说，电子有似波和似粒子的属性。而且关于能量的概念内在地被应用于随后的微观物理学所说的微粒子实在之上。[②] 爱因斯坦已经把质量和能量联系在一起了，这消除了把它们区分开来的尖锐的分界线，但是现在的量子理论认为，基本的"粒子"实际上是波状的能量包。不仅能量是自动的，不需要由物质媒介来传播；而且它最终是根本的。于是便有这样的图景，高能的、本质上活跃的节点能够相互作用，并渗透在空间中。它取代了这样的图景，如认为离散粒子本身是迟钝的，但可为外力移动。实际上，在这里物质变成了

---

② 这里是海森堡的一段言辞犀利、极有个性的话，"在这一点上，我们可以说，现代物理学在某种程度上与赫拉克利特的学说非常接近。如果我们用'能量'这个词来代替'火'这个词，那么我们可以从现代的角度来逐字地重复他的观点。实际上，能量是构成所有基本微粒、所有原子、所有事物的实体，而且能量是能运动的东西。能量是一种实体，因为它的总量不变，基本粒子实际上可以由这种实体组成，正如在许多基本粒子的产生实验中所看到的那样。能量可以变成运动，变成热量，变成光线，变成张力。能量可被称为世界上所有变化的根本原因。"可参见《物理学与哲学》。

能量。我们可以说，原子论所蕴含的静态几何观念，即认为物质是存在于空间关系中的离散有界部分的观点，已被一个动力学概念所取代，在这个概念中，及时的行动成了中心。[③] 物质的本质在于及时地做某事，而不在于在空间中有几何结构。这就是量子理论及其相关发展所开创的概念革命。（我并不是说，我自己赞同量子理论的所有这些被宣布的形而上学结论；我只是简单地描述了通常承认的结论是什么）。 195

　　总之，总的路径是这样的，即从空间组合中简单离散单元的固有的被动结构过渡到在时间中起作用的能动的原则。能动的能量这一思想取代了惰性物质的思想，因而能量成了本体论的基线、基本的质料。如果我们认为物质的概念是根据人类的经验建构出来的，那么这里就有一个从视觉经验的被动几何特征向意志行为的充满力量的特征的转化，实际上可以说是从大小与形状过渡到推和拉。结构让位于推动力。

---

　　[③]　海森堡说："古希腊哲学家们思考过静态的形式，并发现它们存在于常规固体之中。然而，从 16 世纪和 17 世纪起，现代科学就开始了对动力学问题的关注。自牛顿以来，物理学中的不变元素不是一种结构或几何形式，而是一种动力学的规律。"（第 37 页）在此之前，他提出了新的物理学的这样的本体论："波尔、克拉姆斯和斯莱特的概率波指的不仅是这样的东西（主观的、认识上的概率），而且是对某物的一种倾向。这是关于亚里士多德哲学中'潜能'这一旧概念的量化版本。它引入的是这样的东西，它存在于关于事件的观念和真实的事件之间，是一个正好在可能性和现实性之间的奇怪物理实在。"（第 15 页）因此，能量就是存在于潜在性中的动力学的、普遍的实体；或者更好的描述是，作为一个纯能动倾向的非实体。旧的微粒理论所说的静态几何固体因此被存在于"从物的"（de re）可能性中的动态的力所代替。物质并不是由空间上整齐排列的硬性珠子组成的，而是由难以驾驭的能量在时间上延展的震荡所构成的——即是推动，而不是形状。

　　我重新讲述这个大家熟知的故事，不是要为物理学哲学补充什么，或为之做出贡献，这里要探索的是这样的类似性，即在物理学中发生的概念革命——积极参与者所理解的概念革命——与20世纪所发生的关于意义本质的方案之变革的类似性。我将从普遍性的高度，高屋建瓴地谈论这种类似性。我的目的是想表明，两个故事有一些重要的（如果是模糊的）概念上的重叠。我的社会—历史假说是，研究意义的理论家由于对于物理学这一科学的典范中正发生的事情具有潜意识的敏感性（有时是有意识地），进而就导致了他们对意义的思考。我要强调的是，维特根斯坦在这里最具标杆意义，当然其他思想家也参与了这个故事的创作。

　　诺曼·马尔科姆（Norman Malcolm）评论说，维特根斯坦在《逻辑哲学论》中的理论把句子（或命题）看作是与机械装置类似的东西。我认为，这是一种有洞见的解释（维特根斯坦早年毕竟是被作为一名工程师培养的）。④句子是符号的组合，而符号的意义联系在一起成为一个复杂的整体，极像一台机器及其部件。句子模拟的是实在，就像一辆玩具车可以作为一辆真正汽车的模型一样。原则上，句子的含义可以分解成它的相互联系的组成部分，最终可分解成单个的名称，而这名称代表的是单个的对象。这些构成只能通过分析加以揭示，因为它们对肉眼和耳朵一般是深藏不露的，因此语义实在有其"微观"

---

　　④　参阅马尔科姆为《哲学百科全书》（*Encyclopedia of Philosophy*）（纽约：麦克米兰出版社，1967，第8卷）所写的关于维特根斯坦的词条。

的存在层次。既然名称的意义是它指称的对象，因此意义的组成部分也是世界的组成部分；维特根斯坦甚至说这些东西就是构成世界的实体。⑤ 简单的对象结合起来可产生更复杂的对象（以及"事实"），因此意义是由简单的（不可分割的）组成部分构成的。既然简单的不可分的对象根据定义就是原子，所以这种意义理论就是原子论理论。它认为，每个原子是离散的、在本体论上独立的实在，但是原子可以聚合在一起，形成我们所认识到的那些意义。一旦进行了合并操作，我们就得到了一个有意义的句子，因此句子要有意义，不需要再增加别的什么。

196

逻辑分析，如罗素的摹状词理论，可以揭示命题的隐藏的精微结构，进而使基本的语义成分突显出来。但即使我们手头没有这样的理论，我们也知道，由于意义必须依赖于简单的语义原子，因此基本的分析一定是存在的。事实上，在罗素所推进的维特根斯坦理论的版本中，有明确的与物理学中的原子论的类比，这就是"关于逻辑原子论的哲学"。罗素曾说过"原子命题""分子命题"和"逻辑粒子"，这里说的显然是基于简单因素的组合图像。至于这些简单的东西究竟是什么，维特根斯

---

⑤ 维特根斯坦在 2.021 节写道："对象构成了世界的实体。这是它们不能成为复合物的原因。"（《逻辑哲学论》(*Tractatus Logico-Philosophicus*)（伦敦：劳特里奇与开根·保罗出版社，1961）还要注意 4.04 节对赫兹（Hertz）的引证："在一个命题中，必定有许多的可区分的部分，就像在它所表征的情境中那样。两者必定具有相同的逻辑（数学）多样性。（试比较赫兹的《力学》对动力学模型的论述）" 6.361 节中有这样的话："有人可能会说，用赫兹的术语，只有那些受规律约束的连接才是可想象的。"维特根斯坦显然知道赫兹——他那个时代最杰出的物理学家之一，并利用了他的理论。

坦没有给出清楚阐明。它们是物理原子还是感觉视域中的点？但据假设，原子一定存在着，因此意义完全有其可能。根据这个概念，意义从根本上说是微粒，因此句子意义的机制在于整合。所有的原子命题在逻辑上都被认为是相互独立的，这极像物理原子，它们被认为可与这样的东西分离开来，它们是由这些原子构成的，而这些原子也可能与其他原子分离开来。语义实在是意义粒子在变化着的构型中的排列。⑥

因此，维特根斯坦试图在他的体系中缩小不可还原的各种实在的范围，同时把意义看作是基本上同质的东西，认为它是由可结合在一起的简单对象构成的。正如牛顿只关注运动中的质量一样，维特根斯坦仅仅只关心名称和肯定句，如认为每一个次级的句子都是一个名称，指称的是一个对象，而且唯一被认可的句子是肯定句（祈使句等只是伪装的肯定句）。就像物理原子论者把原子式单元保持在最低限度一样，维特根斯坦也是这样，如通过迭代和伪装的表象来完成产生多样性的工作。事实上，一旦你根据《逻辑哲学论》的逻辑地理学认真研究那些基础的东西，那么世界就会比看起来的简单得多。意义有一个由逻辑上聚合的原子组成的有序晶体结构。它是明确的、清晰的和机械式的。

在很多方面，《逻辑哲学论》有惊人的几何学特点。首先，命题的结构是几何结构，例如它们是事实的图像，实即图

---

⑥　这些粒子就像物理粒子一样被分成了不同的组，即名称、谓词和连词；以及电子、质子和中子。句子由这些粒子的组合构成，就像原子由粒子所组成一样；在这两种情况下，合成的机制都是必不可少的。

表，因此与事实具有同型的关系。从语言到实在可以画出投影线。诚然，它们是逻辑上的图像，而不是空间上的图像：但是流行的比喻肯定是几何的，因为句子就像是几何图形，当然是不那么严格的几何图形。图片形式的观念起源于几何学，而逻辑形式是这种图片的一种特殊情况。"逻辑空间"的概念也是几何的，例如，一个命题画出的是一个逻辑空间区域，命题就正好存在于这个区域，而且这个区域构成了命题的内容。命题是准－空间的东西，因为它在逻辑空间投下了影子。所以，用较简单的组件构建意义的想法也受到了几何学的启发（正如古希腊原子论确实所做的那样），因为在几何学体系中，我们是用简单的元素，甚至线条和点，来建构复杂的图形（这灵感也许是来自物理的原子概念）。《逻辑哲学论》甚至包含有旨在揭示命题内在本质的图表。真值表本身是具有几何形式的图表。几何学贯穿在该书的全部工作之中，并使它的基本的理论观点得以形成。⑦

　　与几何学保持联系有值得重视的历史渊源。《逻辑哲学论》像欧几里得的《几何原本》一样借助演绎和推论以公理化的方式呈现出来，绝不是偶然的。牛顿的《自然哲学的数学原理》明确地模仿了欧几里得的书，如用到了图表、演绎和定理，其目的是要为物理学做类似于欧几里得之于几何学所做的工作，因此它有明显的几何学倾向。罗素和怀特海的《数学原理》是

---

　　⑦　在 3.411 节中明确提到了一个类比："在几何学和逻辑学中都一样，一个空位就是一种可能性，因为某物就存在于它里面。"这几节讨论"逻辑空间"的一些段落就是围绕这一点而展开的。在 6.341—6.3432 节中，有相当多关于力学的讨论。维特根斯坦显然深谙物理学和几何学。

以牛顿的著作为蓝本的，其标题足以证明这一点，他们的目的就是要为数学做牛顿为物理学所做的那样的工作。维特根斯坦师从过罗素，自然对老师的那本"大作"非常熟悉。很显然，《逻辑哲学论》也模仿了那本书，因为它是按照公理化方法展开的，对于意义理论，它试图做罗素和怀特海为数学所做的类似的工作。因此，维特根斯坦的《逻辑哲学论》是由欧几里得的《几何原本》所促成的，当然，中间辗转经过了牛顿的《原理》以及罗素和怀特海后来的《数学原理》的作用。欧几里得所表达的智慧理想也是他的每一位后继者所追求的（成败参半）；隐含在欧几里得几何学中的那种原子论也有其历史作用，例如它认为各种几何学的样本结合在一起可以产生更复杂的几何学整体。这幅图景把世界描绘为原始的构成要素借系统的关联而混合在一起的整体。

因此，我试图引出的一般观点是，《逻辑哲学论》包含的是关于意义的"微粒"理论，这里的"微粒"的意义有点像物理学所说的微粒。或者，根据对马尔科姆评论所做的解读，这个理论是一种机械论，即一种关于这样的原子部分的理论，它们结合在一起就能产生有作用的整体。无论是物质还是意义，都是由一种或另一种凝聚在一起的原子的集合构成的东西。尤其值得注意的是《逻辑哲学论》所阐述的理论的抽象结构方面，它既是它归属于语言和意义的那种架构，也是我们用语言所做的有关的事情中所没有的东西，即是说，这结构可积极应用于人际交往之中。意义在本质上是元素的抽象结构，与人类的行为是分离的，例如与欧几里得、柏拉图和牛顿的行为是分离的。一个非常相似的概念渗透在弗雷格关于含义与指称的理论中。在这里，我们再次碰到了这样的组合图景，即原子构成成分（名称和"概念词"）的类型学，它认为含义是意义单元，而意义有具体而明确的界限。严格地说，任何关于人类实际的言语行为的观点（语用学）外在于这种抽象实在的结构。弗雷格对逻辑分析和误导性的表面现象也发表了自己的看法，认为其底层是含义的有序和精确单元的层次。他甚至认为，含义是无时间的、永恒不变的，这类似于原子论者对他们的物质存在的基本单元的看法。⑧ 早期维特根斯坦和弗雷格都认为，意义可根据原子论观点所提出的要求来加以构想，从根本上说，这是关于意义所是的那类事物的牛顿式的（因此也就是欧几里得式的）图景。鉴于牛顿的著作在写作的年代的巨大学术威望，这一点也不令人惊讶。人们怎么能有由这样一个不朽的成就所促成的理智观念？我们可以恰如其分地把我们这个时代称为"牛顿式语义学"的时代，宽泛地说，这种语义学类似于牛顿力学。⑨

198

---

⑧ 弗雷格也研究过这样的命题凝聚性问题，即含义如何结合成一个统一的思想。下述问题也受到了物理学的长期关注，即如果物体是由离散的粒子组成的，那么是什么使它们不会分崩离析呢？什么是物理内聚力的基础？人们花了很长时间才认识到电力是必要的黏合剂。弗雷格这里利用的是"不饱和"的概念，而它本身是从化学中借鉴来的。化学与物理学相辅相成，共同发挥着影响，因为只要做出清晰的内在分析就会看到，分子作为复杂的几何结构和可描绘的事物，是可以起结合和构建作用的。

⑨ 我注意到，弗雷格、罗素和维特根斯坦是以数学家的态度研究语言和意义的，就像牛顿以数学家的身份接近物理学和天文学一样。数学能导致有序和清晰的力量一定深深地影响着他们的思想。算术（以及几何）是由这样的元素构成的，它们能通过原始操作（例如加法）迭代产生新元素。原子论者的图景也出现在了数学中。

　　这个关于意义的概念如此强而有力，以致很难设想有任何别的替代方案，正如人们很难看到关于物质的旧的原子论图像有严重的缺陷一样。用能量代替物质，（简单地说）是以重新思考所花费的巨大理智劳动为代价的。[⑩]但是，什么能取代关于意义的微粒理论呢？对于力和能量来说，存在着什么样的类似物？取代旧语义学机械论的新语义学动力学究竟在哪里？对此，我们只需要看看维特根斯坦的《哲学研究》就行了。我注意到，《逻辑哲学论》对于我们用语句可做什么这一问题没有提出任何意见，维特根斯坦只是认为，语句不依赖于语言的任何实际应用就充满着意义（只要那机器能正确地加以组装就行了）。在旧的物理学中，物质被认为是自给自足的，先于它所做的任何事情甚至运动，因为如笛卡尔所述，物质的本质就是纯粹

199

────────────

　　⑩　海森堡的以下段落让人认识到，在新物理学中做一定程度的重新思考是必要的。他说："让我们来讨论这个问题，即什么是基本粒子？例如我们可以简单回答说'一个中子'，但我们不能对所说的这个词的含义给出准确描述。我们可以使用多张图片并将其描述为一个粒子，一个波形或一个波群。然而我们知道这些描述都不准确。可以肯定，中子没有颜色，没有气味，没有味道。在这方面，它类似于古希腊哲学中的原子。可是即使是其他的特质甚至也是从基本粒子中获得的，至少在某种程度上是这样。几何和运动学的概念，如空间中的形状或运动，不能一致地应用于其中。如果有人要对基本粒子做出准确的描述——这里要强调的是'准确'这个词，那么唯一可以看作描述的东西就是概率函数。但是，人们会发现，即使是存在这一性质（如果这可能被称为'性质'的话），也不属于所描述的事物。因为它只是存在的可能性或存在的倾向。因此，现代物理学的基本粒子比希腊人的原子要抽象得多，正是借助这一属性，它能更一致地被看作是解释物质行为的线索。"（《物理学和哲学》，第44页）这个世界已经从固定、清晰、缜密的世界转变为无定形、不清晰的、混乱的世界，然而新图式基于数据而做出了更成功的描述。先前设想的关于有缜密结构的观念已经让位于关于混沌和模糊活动力的有经验基础的观念。

的广延性，且具有被从外面加上去的动力，而这力不是内在的实在的组成部分。同样，只要语义组合遵守规律，一个句子就有其意义，这与我们可以做的任何事情没有一点关系。

但是根据《哲学研究》，意义就在于用法，即依赖于我们用语句所做的事情，我们说出这些话语时的目标，我们用它们所玩的游戏，以及由它们编织成的生活形式。换句话说，语句是从动力学上来设想的，即是根据它们在时间上绵延的人类行为中的作用来构想的。语句不是这样的静止结构，它们的意义在任何特定时刻都凝固不变；语句随着时间的推移而被使用，其意义取决于被使用的历史（习俗、实践）。[11]试看维特根斯坦所描述的这样一些意义生成器，如话语在它们的原语言游戏中让行动产生出来，并且话语本身就是行动；话语并不只是大块实在的准几何复制品的纯粹展示。[12]维特根斯坦还强调语言交流，

---

[11] 这里应特别注意《哲学研究》(*Philosophical Investigations*)（牛津：布莱克威尔出版社，1958）的第179—242节，其中强调了用法的主动性和时间本质，这不同于《逻辑哲学论》所强调的静态结构。例如，在第198节中，维特根斯坦说过："只有在存在着对路标的规则使用这样的习俗下，人才会根据路标行走。"阅读这些章节自然会让人感觉到在阅读新物理学的时候所感受到的东西，如旧的、安抚人的原子论世界观已经失去了意义，已被某种变化、转瞬即逝、难懂和令人恼怒的东西所取代了，因为这只是一个没有坚实基础的人类倾向（"生活形式"）网络。维特根斯坦和海森堡都试图说服我们，不要用我们认为极其有吸引力和自然的方式去思考问题，因为我们应该从习惯性的机械原子论中"解救出来"。（在受到概念革命冲击之前，海森堡自己一定有自己安逸的机械论的"逻辑哲学论时期"）。因此这两位作者的语气充满着虚张声势和道歉的情调（虽然如此巧妙）。

[12] 请参阅本书第二部分和《哲学研究》后面诸节。有趣的是，这是一种语言游戏，在这种游戏中，话语引起了石头的运动，就好像它们具有动能一样。

这是一种动态的交互作用（像有些人认为的，有点像超距作用）。他还将单词比作这样的工具，即我们的行动由以影响世界的手段。一个话语就像一个能量中心（发散的波），因此它能超越自身而起作用——它可"做功"。它发出一种力，而不像无生命的物质默然坐在那里（至少如物质在机械论传统中被设想的那样）。意义现在被认为是一种活动（activity），而不是一种实体——更像过程，而不像事物。它的构造性因素是时间，而不是空间（逻辑空间）。意义就像下一盘象棋，而不像棋盘和棋子本身那样（可以说，比赛开始前就是这样）。

可能有人会反对说，这里对用法的强调与先前的原子主义关于意义的概念之间并不存在真正的冲突，因为我们可以同时坚持这两种观点。我们只需像弗雷格果断地所做的那样，在含义与指称之间做出区分就行了。含义先前按原子论原则被设想为用法，但是后来，我们看到这种含义被赋予了某种（以言行事的）力，正是这种力让它得到了在交流中得以起作用的那种"影响力"（请注意这里是物理术语），如要么作为断言，要么作为命令或者疑问句起作用。因此，我们可把话语分成两部分，即"句子根基"（sentence radical）和那根基借以运用于交流中的力量；根基就是传统理论家所设想的原子结构。对我再清楚不过的是，这种划分反映的是这样一种类似的、将两种不同（且相反）物质实在区分开来的尝试，如一方面是基本物质的内核，它被认为是粒子的延伸，并且本质上是惰性的；另一方面，是由这内核以某种方式产生出来的与之有紧密联系的力量，特别是引力。换言之，我们承认物质和能量的二分法，同时给能量以

200

应有的权利，但我们不允许用能量吞噬传统的基本物质。同样，我们可以希望通过引入含义与力量的区分来表述意义的能动的（"语用的"）方面，同时又保护关于原子含义的不同范畴。这当然是一个可以理解的策略，就像物理学中的类似的策略一样。我们承认力的重要性，但是我们应限制它的本体论范围。

　　然而，这样的折中性的办法在物理学中却以失败而告终，至少根据已被认可的故事，物质最终变成了能量，或者两者是如此紧密地联系在一起，以至于没有希望将它们从本体论上隔离开来。物理学已放弃了物质／能量区分这一形而上学原则，而把物理实在理解为仅仅由能量场组成的东西。而且我认为，维特根斯坦在他后来对意义的论述中放弃了类似的区别，这是极有意义的，例如《哲学研究》在说明言语行为的产生时，就没有提到关于授予各种力的、不变的"句子根基"的概念；只强调一系列自成一类的话语。[⑬]后来的维特根斯坦并不关心构成性问题，也不关心语义单元的概念。他直接考虑的是整个话语及其动态的相互作用的性质。他的观点类似于我之前提到的那些彻底的动力主义者的观点，后者强调，力是无处不在的。存在的只是用法，而没有任何原子论语义结构的背景。因此，有些人不无道理地认为，这可看作是维特根斯坦在《哲学研究》中完成的语用学转向，而我则认为，只要在更广泛的背

---

　　⑬　见《哲学研究》第 23 节。他在这里肯定了话语类型的多样性，甚至没有停止思考这样的问题，即是否可能存在着贯穿于它们之中的语义常量（句子根基或弗雷格所说的思想或"命题内容"）。

景下加以看待，那么就会发现，它不仅在哲学，而且在物理学中引起了巨大的变革。诚然，哲学的实用主义本身可以被看作是物理学之内"从存在到做功"的转变的反映。也许，我们可以不那么直截了当地说，意义有一些似粒子的属性，至少表现出了粒子的外观，但是它的深层本质则类似于力，因为意义所表现出的任何原子属性都是从语言运用中衍生出来的，而不是从用法由以派生的根本的实在（借助以言行事的力量的增加）中派生出来的。作为一个深层次形而上学的问题，物质被认为是真正的能量，尽管它可以表现出粒子般的属性。同样，作为一个深层次的形而上学问题，意义实际上就是用法，尽管它也可以表现为微粒，这仅仅是因为单词可以结合在一起进而形成短语和句子。

201　　虽然我们说的很多是老掉牙的话，但由于有了新的搭配，因此我们关于物质的图景毕竟发生了很大的变化；同样，我们关于意义的图景也是如此，尽管我们重复的是这样的老生常谈，如句子是由单词构成的。我们不再有的是这样的沉重的基础本体论，它认为语义实在的具体单元（"对象""含义""观念"）相互依附，结合在一起，就像单词组成句子那样。不存在可装填能量或力这样的幽灵的机器（机械装置），而且这种幽灵实际上也不像他最初看起来的那样可怕（当然让人都明白这个道理可能需要做大量的哲学工作）。我们必须首先明白的是，我们不需要语义机器，尽管我们可能会认为我们需要它，就像物理学家需要花很长时间才能认识到，他们并不需要笛卡尔（甚至是牛顿）的机械论。[14]（我再次重申，我仍不赞成物理学或语义学的这类观点，这里只是在复述它，这就是实践者和观察者看待问题所用的方式。）

我认为，我们能够明白，这种辩证法在改变人们对模糊性的态度时本身是有作用的。弗雷格不容忍模糊性，认为它是不合逻辑的，早期的维特根斯坦也对之避而远之，因为概念必须有明确的界限，而且意义必须精确地加以表述。模糊性这个术语让人想到的是与物质结构问题类似的问题。对于一个原子论者来说，每个粒子都是一个具有确定边界的离散单元，因为粒子不会出现任何逐渐的消失——你可以存在于粒子内部或外部，但没有出现中间情况的可能。但是如果一个概念就像一个原子一样，那么它也会有一个明显的界限，如它的外延将会以全有或全无的方式得到界定（请注意逻辑意义上的"外延"和物质意义上的"外延"之间的类似性）。相比之下，波或力场则没有明确的界限，如它随着距离加大而逐渐消失，从理论上说

---

⑭　在这里，潜能这个概念变得至关重要，因为成为一个物理粒子或成为一种语词意义，就是有以某种方式起作用的潜能，而不是有一个特定的结构或构成性的实体。我认为海森堡在诉诸亚里士多德的"潜能"概念即把现实性作为可能性看待时（参阅《物理学和哲学》，第37、15页），是切中了要害的。我还认为，维特根斯坦在《哲学研究》中关于机器的极难懂的段落中也在努力解决潜能性的同一个基础问题，见第193—194节。对他来说，意义不是运用本身，而是运用的潜能。这是一个在形而上学上有问题的观点（在什么意义上，用法"包含"在意义或理解中？）。潜能是机械论的机器中的幽灵，是在现实和纯可能之间盘旋的圆滑的、难以捉摸的东西。纯粹的潜能怎么可能存在于实在的基础之中，是物理的还是语义的？难道我们不需要更多确定的、更有根据的、更好理解的东西吗？我们真的可以用幽灵来取代机器吗？

它可延伸到无限。能量不能像旧式的物质被设想的那样，能从空间上加以限定，如被认为有特定的大小和形状。电子在空间中开始于何处、结束于何处的问题现在成了未决的问题，即一个模糊的问题。在《哲学研究》中，维特根斯坦对模糊性采取了明显宽松的态度，认为就它自身而言，既是有价值的，也是不可或缺的。[15] 概念不再需要清晰的界限和明确的定义，而且模糊性对它们的完整性或真实性也没有什么影响。所以，与物理学中向模糊性、朦胧性的转向相应，语言哲学也有类似的转向。语义学上的模糊性是可以接受的，因为物理学上的模糊性是这样，例如，只要一个模糊的语词做了一些有用的事情，那么即使这个词不符合原子论者的偏见，对它也没有什么害处，电子等也是如此。如果上帝不是物理世界中的严格的欧几里得几何学家，那么我们也没有必要成为语言世界中的严格的几何学家。[16]

　　维特根斯坦并不是唯一一个朝着关于语言的更加动力学观点进军的人。奥斯汀也曾朝着类似的方向前进过，如他也强调言语行为和我们用语词所做的事情。奥斯汀确实写了一本题

---

[15]　请参阅《哲学研究》第 88 节及以下。

[16]　在物理学和语义学中，几何学再一次明显影响着对模糊性的旧的态度，既然欧几里得图形中不可能有边界的模糊，因此物质和意义怎么会容许这种模糊？对模糊边界的宽容需要摆脱欧几里得的先入之见，因此我们必须停止依据欧几里得形式来思考世界，这些形式具有鲜明的线条和明显的间断性。世界是由场和意义构成的，场互相渗透，可无限地延伸，而意义没有明确的边界或内在的统一性。它比我们想象的要混乱得多。（欧几里得的房间收拾得很整洁，你可替他这样说。）

为《如何以言行事》的书，他关于执行式话语的思想其实就是关于语言用法的观念，根据它，某种行为在语言运用时被做出了，即某种"功"已经被做了（如承诺、辞职或结婚）。他反对将意义看作实在的一面镜子这样的静态意义观，而试图展现语言的互动的动力学的方面。日常语言哲学据说实际上是在与理论物理学总体相同的方向上行进的。这是极具有讽刺意味的。格莱斯也认为，意义就是指导听者的意图（audience-directed intention），从而突出了意义影响听者的方式，如说意指某物就是试图对听者产生一种影响。意图本身就像推动行为的内在力量，它们存在于意义的本质的后面。[17]奎因基于他坚持的语义不确定性观点，提出了一个特别有启发意义的例子。毫无疑问，他的命题受到了先前的量子不确定性思想的启发。据说，关于电子的定位问题是没有事实根据的，同样，也没有关于语词意指什么（关于它们的语义定位）的事实根据。

　　这两种不确定性命题显然对立于常识和传统理论，但量子不确定性命题至少得到了成熟的科学的许可（根据推测）。如果物理实在最终被证明没有我们所假设的那种固定不变性，那么语义实在也可以这样。如果说在这两个领域，这是对传统原子论的当头一棒，那么就这样吧。奎因也想用自己的方式将意义

---

　　[17]　由于电子和质子在重新概念化的物理学中有不同的效果，因此它们是相互区别的，就像断言和命令因所产生的效果不同而相互不同一样。我们不应指望通过像显微镜那样的东西来看清这些事物的内在结构，来抓住它们的本质；而应看它们相互作用的力量，如它们的功效，它们的结果。可以说，它们就是它们效力的升华。

定位于用法之中，把它从结构化的基础领域剔除出去，即把它从含义的得到明确定义的具体单元（比如说少量语义实体）组成的弗雷格世界中剔除出去。⑱这些趋势都反映了物理学的类似趋势，尽管在题材上有一定的差距；只要考虑到 20 世纪物理学的理智上的卓越地位，那么这一点也不令人惊讶，更不用说人们渴望将哲学 / 语言学建立在一个如此引人瞩目的成功学科之上。物质世界已被融入一种流动的、动力学的、充满活力的系统——不再是有界物质的生硬堆积；与此同时，意义的王国也被认为是活跃的、互动的、难以固定下来的——远离这样的旧的图景，这图景说明的是，意义是密实的小语义单元从逻辑上组成的自在的整体。经验物理学已把想象力从笛卡尔 - 牛顿式的机械论中解放出来了，那些远离物理学的学科只要联合起来，也可得到这样的新的富有想象力的宇宙，这当然离不开这些学科对这个宇宙的密切关注。欧几里得和德谟克利特都有过自己鼎盛的时期，现在该轮到赫拉克利特了。

如果我想用最广泛的术语来把握这对孪生兄弟在历史上的关键的理智革命，那么我认为可这样概括，即拒绝"存在"和

---

⑱　奎因的行为主义是物理学中的操作主义的间接产物，后者强调，必须根据事物的可测量的结果来设想事物。当然，奎因是一位因熟悉物理学而著称的哲学家，虽然也许是被实证主义扭曲了的物理学。据我所知，他从来没有谈到结构主义的立场及其影响，我怀疑他曾经提到过的罗素的《物的分析》，他给人一种明显的感觉，就是在物理学中找到了一种摆脱混乱和不可知的避难所，而这与我所倡导的正好完全相反。奎因怎样看待海森堡对原子的绝望描述？这描述听起来很像奎因对意义的描述！也许，奎因从本质上说是一个笛卡尔式的唯物主义者。当然，物理学对他表现为一种未受无知和怀疑玷污的认识论理想。

"做事"之间的二分法（无论正确与否，我只是在描述）。我们一般认为，这两者之间存在着严格的区别，即一方面是，某物所是的东西或它由以构成的东西，另一方面是，它所做的事情或它起作用的方式。物质最先经历了与这种二分法的决裂，意义很快紧步其后尘。颗粒结构在这里不是关键问题；问题是，实在的基本成分就内在本性而言是被动的还是能动的。从本质上说，物质究竟是惰性的，需要一种外力才能变得活跃，还是本质上是能动的？意义是实在的被动的映象或反映，在成为它所是的东西时用不着人的干预，还是内在地包含着行为的东西？物质／意义的"存在"是否与物质／意义的"做功"有关？根据旧的观点，存在先于自主作用；根据新的观点，自主作用就是存在。维特根斯坦喜欢的歌德名言是，"一开始就是行动"，正是在这里，他找到了他后来的意义方案的精辟表述。但是这个口号也可以涵盖关于物理世界的、取代了机械论的方案，它强调的是，物质实在从根本上说是由动力学行为所组成的，而不是由惰性物质所构成的，因为它的本质就是能量。行为是两个领域的基本概念，而不是对象。赞成旧观念的泛心论者倾向于把物质与感觉等同起来，而感觉是被动的；但赞成后来的观念的泛心论者则倾向于把物质与意志等同起来，因为意志是主动的。也许，我们关于主动和被动的概念的确源于我们在心理生活中所做的这种比较，因为这种比较是我们把握那些高度一般性范畴的原始基础。当然，许多物理动力学的捍卫者 204
曾公开肯定这种与人类意志的类比，因为他们在这个学说中找到了为自然界的神圣意志的辩护。

　　无论如何，用新式的能量代替旧式的物质，其实在本质上就是用主动性替代被动性。在一些表述中，这相当于这样的论点，即物质（如果我们还要用这个术语的话）不是一种实体，大致地说，即不是坚固耐用的材料块。物质的世界现在被认为是一系列事件，而不是接续存在的事物。[19]同样，我们可以说20世纪的语言哲学也有这样的断言，即意义也不是一种实体（我们还记得，维特根斯坦在早期则明确地将意义同化为实体，认为作为名称之意义的对象是构成世界的实体）。在这种新世界观中，存在的是言语事件，而不是像实体一样的含义粒子。无论是物质还是意义，都不是建立在不变的实体样本即变化着的现象背后的永恒实在的基础之上的；相反，正如古代哲人所宣称的，一切都是流变的。物质和意义现在被定义为行动的倾向，即是说，是从动力学上加以界定的行为。行为就是一

---

　　[19]　这是罗素所钟爱的表述他认为隐藏在现代物理学中的形而上学观点的方式，见他的《物的分析》第27章。他强烈地反对关于实体或持续存在的事物的观点，认为这观点显然是荒谬的。我没有他的那种激情，因为我对这实体和事件都很满意。我不赞同这个世界只由事件所构成的观点。首先，没有持续存在的对象，就不会有运动这样的事情发生，因为运动是同一个对象在不同时间处在不同的位置（或同一个对象处在与其他对象的不同关系中）。在一个关于纯粹事件的本体论中，没有什么会运动。移动事件需要一个移动的实在，因为移动是一个物体向一个新的地方的转移，而不是不同的物体对不同地方的占据（在这样的世界中，没有任何东西运动）。奇怪的是，罗素似乎赞成有持续不变的命题，即认为同一个命题能在不同时间保持连续性，当然在不同的时间也许为不同的人所相信或表达。他无意于把命题还原为事件（试比较弗雷格关于思想的看法）。他实际上相信有命题实在，当然这不是物质性实在。就维特根斯坦而言，他并不像罗素那样厌恶持续不变的物理实体，但对时间上连续的意义这一概念不那么乐观，他认为这个概念是有问题的。

切。行动取代了构造。

语义学转向这个论题自然是伴随着 20 世纪对意义的反思历史而出现的，因为如果意义是我们所做的事情的一个功能，难道我们不能以不同的方式去做这件事情吗？在用法发生改变的地方，意义一定会跟着改变，并且根本就不存在让意义保持不变的语义学实体之类的牢固基础。对语义学原子论的拒斥因此对语言在时间中的恒常性产生了深远的影响。[20]在用法之外，不存在约束用法、让一种用法正确、别的用法错误的东西，也就是说，不存在坚不可摧的意义实在（如没有弗雷格在他的不变含义理论中所假设的东西）。一旦我们承认，除了行为再没有什么存在，一旦行为成了基础，那么整个理智的格局就会随之发生改变。如果是这样，意义在本质上就被认为是人类决策的产物，而不是独立于心灵的构造，不管是抽象的还是具体的。维特根斯坦认为，他对歌德格言的恪守具有革命性意义，尽管确实是这样，但事实上，由之表达的情感长期以来一直在整个物理学中发挥着自己的作用，当然只是在最近，这才应用于意义之上（也许是作为结果而出现的）。关于物理世界的反机械论是关于

205

--------

　　[20]　就时间中的恒常性而言，意义与物质之间有重要的不同，因为基本的物理量是守恒的，但是没有语义守恒这样的事情。能量可以转化为不同的形式，同时又保持其恒常性，但是意义在转换时，没有什么基本的东西保持不变。宇宙中不存在意义的固定不变的量！意义可以随着裁决者的使用而发生巨大的变化，里面没有根本性的不变性。如果我们的习俗变得混乱，如果使用变得足够随意，那么我们可能不用语词来意指任何东西。但是，能量不能被任何东西摧毁，因为宇宙无法摆脱它。而语义的变化不能以类似的方式得到语义恒常性的支持。

心灵与意义的反机械论的根源。或者更稳妥地说，一旦物理学中的机械论失去了它的吸引力，那么语义学中的类似的革命也会接踵而至，因为语义学机械论与物理学机械论一脉相承。但这意味着，意义在本质上是变化不定的，因为意义不是限制用法的强硬的实在，而是用法的结果，即用法的一种闪烁的影子。除了我们自己，除了借助我们的杂乱和多样的用法，即除了用我们的自由与创造力之外，再没有什么能让我们行进在正常的轨道上。全部的观念形态就是从这个（假定的）看法中产生出来的。

　　我现在想更一般地评论一下关于心灵的其他构想，这些构想可以合理地追溯到先前的物理学观点，如开始是功能主义以及作为它的鼻祖的行为主义。作为一种有自我意识的运动，操作主义可追溯到布里奇曼 20 世纪 20 年代将这个术语创造出来，但正如布里奇曼自己所说的那样，他只是简单地遵循在物理学中已经存在了一段时间的那个规范。[21] 其思想实质在于，强调应根据检测和测量相应实在中完成的操作来定义物理概念，例如，长度可根据用合适的测量标尺所做的测量来加以定义，电荷可根据产生的运动量（通过跨越的距离和经过的时间来测量）来加以定义。其结果是，根据行动来定义事物，就如同根据推动物体运动所用的力来定义质量一样。质量就是质量在做事。而质量所做的事情是能够加以测量的。因此顺理成章的是，质量就被定义为一种测量（通常以千克为单位）。

---

　　[21]　参阅 P. W. 布里奇曼的《现代物理学的逻辑》(*The Logic of Modern Physics*)（纽约：麦克米兰出版社，1960；最初出版于 1927 年）。

　　这些细节对于我们目前的目的来说并不重要，因为对于我们而言，重要的是，发端于 20 世纪初的行为主义是同一种方法论抉择的一种表现形式。比如说，有机体的"内驱力"可根据可测量的行为反应来加以定义。这样一来，动机就可从操作上理解为能产生某种行为结果的东西——从根本上说，这行为结果就是持续性。如果一只老鼠为了获得食物而忍受电击，那么可以说它有很强的获取食物的内驱力，在这里，电击和老鼠的行为持续性是可以测量到的（比如通过反应频率加以测量）。如果是这样，那么心理学家就可对不同老鼠之间的"内驱力"做出比较，（比如说）根据老鼠被剥夺食物的时间长度来加以比较。内驱力可从本质上加以考察，就像物理学家对待质量那样，如你可去发现它的一个征兆，并加以测量，然后宣布这就是原来那个事物所是的东西——这就是被测量的东西。因此，行为主义直接沿用的是物理学的操作主义的方法论，这再清楚 206
也不过了。有抱负的心理学家以所崇拜的物理学家为榜样，并对这样做的理智成果充满期待。[22]

　　功能主义作为行为主义的自然的后裔，也可被看作是操作主义的另一种发展，因为它也是根据心理状态所做的事情而不是根据内在所是的东西来解释心理状态的。正像质量是用（可

　　　[22]　可悲的是，这并没有带来什么别的结果，只有行为主义缓慢而痛苦地死去（这不是说，它的幽灵不再困扰我们）。有趣的是，心理能量如信念的程度、感觉的强度或内驱力的强度不能被直接测量，而只能通过它们的原因和结果——例如物理刺激的数量特征或行为反应的可测量方面——来测量。我们没有专门应用于心理状态本身的测量工具（只有借助神经关联物的中枢成像来测量）。

测量的）惯性力来定义的那样，心理状态也是根据它们"调节"的（可测量的）输入和输出来定义的。最后，归根结底就是根据它们引起运动的倾向来定义心理状态，因为行为只是一种运动形式。这正是物理学家在操作型定义中所做的事情。力和能量是从操作上根据诱导出来的运动来定义的，而不是由任何内在特征来定义的；同样，功能主义者也根据身体的被诱导出来的运动来设想心理状态。行为之所以成了心理学（以及心灵哲学）中至关重要的东西，是因为它是一种运动形式，而且物理学是从操作上根据运动来定义它的关键概念的。有机体的行为对心理学家所起的作用，相当于无生命体的运动对物理学家所起的作用，这一点也不令人惊讶，因为行为是运动的一个特例。行为主义的或功能主义的心理学实际上是一种关于运动的理论（或者说，如果它想有一点进展的话，那么它就应该是一种关于运动的理论），所以它根据运动来定义心理学概念。[23] 我认为物理学本身就是一种关于物理世界的功能主义，即关于黑箱的输入－输出的科学，当然也隐含着可想象到的本体论和认识论鸿沟，但我现在的观点是，心理学中的功能主义是我们在物理学

---

㉓　请注意这与以詹姆斯和冯特的方式借助内省来定义心理状态有什么不同。在他们那里，运动完全没有什么作用。假设思想的本质比如说就是运动，这难道不奇怪吗？运动与思想有什么关系？思维确实可以引起运动，但是即使我们没有运动，有时也能思维，思维也几乎不存在于运动中。思维确实是一种行动，但是心理行动不是一种身体运动（它们可能是脑部运动的类型，因为大脑四处发送脉冲）。为什么有人会认为这样的想法是合理的呢，即思维就是身体所完成的从一个地方到另一个地方的运动？然而，这是行为主义者竭力维护的观点。

中发现的相同趋势的一个例示（不论对错）。它回避了它的
主观材料的内在特征，只关注它能操作处理的那些事物，最
终结果是，将这些事物还原为身体上的可测量的运动。对这
种运动的终极因的本质，它是没予具体说明的，且往往不予
承认。

　　语义学整体论的学说也有一个物理的灵感，这表现在力场
概念之上。如果我们基于原子论模型来思考我们的概念图式，
那么我们就会把每个（原始）概念看作独立于其他概念的一个
自足单元。这就是认知的粒子图景。但是，如果我们想到的是
空间中的场，其中的每个点或地方都依赖于其他区域，那么你
就没法删除其中的一部分，而让其他部分保持不变。这个场作
为一个整体，像一个网络一样起作用，其内没有哪一点能单独
起作用。波是一种介质的波动，而且波动存在于大量的介质中；
它们不像介质中的离散微粒（水中的波浪不像个别的水分子）。
如果我们用这样的图式来看意义和心灵，那么我们最终会得出
这样一个观点，即概念以某种方式分布在某种介质之上（我这
里还是在描述，而不是认可）。它们是弥散的，不是局域性的，
是模式，不是微粒。实际上，整体论的思想常借助与被称作原
子论的东西的对比来加以解释，而且与力场的类比也是信手拈
来。它不是将心灵看作是由单个的概念原子结合而成的混合
体，而是将其看作是一个场，在这里，不同力的波交织在一起
并相互渗透。通过这种方式，场的概念便有授予一种看似古怪
的观念以尊严的作用，因为场的概念是一个有良好物理地位的
概念。既然不是每个物理实在都有可区分开来的子单元，因此

207

我们的概念图式为什么应有这种单元呢？[24]

可能有人会质疑说，我一直在关注的物理学和语义学之间的类比仅仅是这个样子，即它们纯粹是应用于意义和心灵的隐喻，而实际上并不是真正的理论。这样说毫无疑问是真实的，至少在某种程度上是如此。因为微粒语义实在的概念看起来特别像隐喻。但它能表明的是什么呢？它并未表明，这种隐喻对意义和心灵的探讨没有指导作用。它也没有表明，不存在更抽象的、能涵盖物质和意义的本体论范畴的集合（比如说，存在和做功）。真实且经常被人述及的东西是，隐喻在对意义和心灵进行理论化的过程中有特别强大的作用，不管它们从根本上说是否是合适的。也许，关于原子论、组合、实体、能量、力和场的隐喻可能都是不充分的，只是在黑暗中摸索而已，但这并不意味着它们没有促成辩证法。在没有任何更直接可用的范式的情况下，物理学范式一直在影响人们理解（或误解）那些更难对付的领域的方式，这一点也不奇怪。在说明主题 A 时，你若想不出任何好的办法，那么只要你想象主题 A 极像主题 B，有时也有令人欣慰的效果。问题是，如果将隐喻弃而不用，那么就不清楚我们将面临什么样的后果。我们似乎找不到谈论心灵

---

[24]　要郑重声明的是，虽然我非常喜欢场概念，但我并不是概念整体论的狂热追随者。在空间中延展的力场的概念，是人类思想的重大革新之一，真实而又难于理解，尤其是因为它违背了经验主义的教条。相反，概念整体论规范地得到了证实主义的推波助澜，而后者是经验主义的一个版本。所以这些真的是对立的倾向。

和意义的任何非隐喻方式，至少在基本理论方面是这样。㉕我
们有的是，戏剧隐喻、小人隐喻、机械论隐喻、水力隐喻、电　208
话机隐喻、电脑隐喻、生物学隐喻，等等，它们充斥在心理学
理论化的漫长而多变的历史之中。无论如何，我这里论证的
是，关于心灵和意义之本质的思考历史与关于物理世界之本质
的思考历史有着惊人的相似之处。不难理解的是，物理学之被
人仰慕的特点造就了它的被模仿的地位。㉖

----

㉕　我们可以用白话流利地谈论它们，因为我们有一个内涵丰满的"民
间"词汇来表示心灵和意义，但是当我们试图将其系统化并形成理论时，可疑
的隐喻就会堆积如山。我们的文字表述停留在表面，但一旦我们冒险超越表
面，我们又会失去我们的落脚处。我们最终会说，心灵之类的东西是一种计算
机器，或者大脑是由许多小人组成的共同体，我们最终也会认为，我们有一种
得体的理论。

㉖　既然我在本文中把自己限制在历史的描述中，因此让我最后简单地介
绍一下我对自己所描述的发展的态度。我认为，已有关于心灵和意义的思考方
式都不令人满意，不论是旧的机械论阶段还是新的动力学阶段。在我看来，这
两种思维方式与其他地方发展起来的范式，尤其是物理学中的范式，过于接
近。我们需要一个全新的思维方式，它既不是机械论－原子论的，也不是动力
学－行为主义的，但是它可能是什么，我现在还不清楚。我认为，尚没有这样
的担保，它能让我们提出足够充分的想法。然而，一个似乎安全的预言是，接
下来的物理学在克服自身内部的危机时不管会产生什么样的结果，但在对心灵
和意义进行理论化时，总会找到这样或那样的解决办法，其中也许会有扭曲和
乏力的问题，但十分值得期待。

# 形而上学原理

# 第二部分前言

下面的文本是以一种非传统的风格写成的。这种风格符合我想到有关想法所用的形式。保持这样的形式，而不是刻意让写作顺从通常的阐述方式，似乎是明智的。这里的风格肯定不是我常用的这样的风格——我一般喜欢学究式地堆砌清晰的论证。因此我把这次的写作看作是一种本质上的尝试。

否认维特根斯坦对我的（形式上而非内容上的）影响是毫无意义的。任何人只要认可他的警句式的形式，并沉浸在他的作品之中，就都会为他的模式所俘虏。就现在的情况而言，我试验的结果是他的《逻辑哲学论》和《哲学研究》两种风格的混合。不过，我努力把拙劣模仿的风险降低到最低限度，尽管这位大师的声音悄悄出现在了许多地方。由这种形式所带来的自命不凡的问题对我来说是没法化解的，而且我必须事先对我可能引起的任何难堪做出道歉。

这个标题有点半开玩笑（即使不能说是厚脸皮的）。我不认为它与别的以同样名称出现的作品有同等的地位。但我想不到更好的标题，因此只好姑且如此表述。也可加上"规律与实在"这样的副标题，因为这足以准确地表达这里的主要议题。

我建议读者先快速地通读一遍，然后当大致理解了它的总的模式时，再慢慢地（更具批判性地）阅读。希望读者充分发挥自己的思维力，把我的文本当作一系列的路标。我主要不是想得到读者的赞同，而是想请读者一道来参与思考和自我探究。

212　　　总的来说，我认为我们哲学家过去常囿于一种写作风格，这风格作为表述哲学思想的手段是极有局限性的，如通常的期刊论文或博士论文就是如此（没有什么预设，充斥的是繁重的脚注，缺乏隐喻）。把这种沉闷的风格与20世纪（以及早先）的那些杰出哲学家喜欢采用的各种散文风格加以对比是有启发意义的。这些哲学家俯拾即是，如维特根斯坦、詹姆斯、皮尔斯、罗素、赖尔、奥斯汀、奎因、胡塞尔、萨特，等等。我怀疑当代的哲学期刊会发表用这种风格写成的文章（可能是有理由的），但我相信它确实以完全适合思想的方式表达了思想。无论如何，我在这里呼吁风格的多样性和包容性。

# 形而上学原理

1. 对象（objects）是由材料（"质料""能量""外质"［ectoplasm］）所构成的。而材料让对象有其实体（substance）。这实体是基质吗？我们可以说是这样，即使它不一定是不可知的。（老生常谈在这里很快就变成了谬论。）世界包含什么类型的材料不是先天确定了的，即使它包含某种材料有其先天性。同一种材料可表现为不同的形式。对象不能还原为构成它的材料。对象和材料属于不同的"范畴"。

2. 自然规律是基本的。它们构成了对象的形式。对象是规律的汇聚点。对象的本质是由制约对象的规律所授予的。这本质是一个"如果…那么"世界。具体的对象是它的材料和规律的产物。因果关系是由对象表现出来的规律。规律是不可见的，但它们的表现形式是可见的。没有对象就没有材料，没有材料就没有对象。规律在概念上先于材料和对象。

3. 并非所有的事态（states of affairs）都是由规律和材料构成的。它们可称作"先天的"。

4. 规律不是对象或事件（event）的（恒常）连接，甚至不是必然的连接；规律成就了对象（和事件）。即使心灵的材料相同于有形事物的材料，但心灵的规律一定是不同的（相同的基质、不同的本质）。心灵和物质不能有共有的部分，因为部分都是对象。部分不是材料，因为即使是最小的部分（基本对象）都是由材料构成的（如人们总可以问，"它由什么所构成？"）。因此对象的部分也是对象。

5. 伦理现象可定义为我们希望那些规律应成为的东西，以及当它们不是预期的那样时我们就会感到失望的东西。生命的意义是伦理性的，不是自然的（因为这意义不能从那些规律中抽取出来）。不过，美是由自然规律所决定的（且不止有自然的美）。说世界既邪恶又美丽，没有陷入矛盾（除非说的是灵魂）。政治根源于这样的事实，即社会的规则（rule）没有受到自然规律的管控。这些规则是习惯问题，而非自然规律。习惯必须是合理的，而自然规律不是这样。我们可以选择政治秩序，但不能选择自然秩序。政治家们有兴致将两类秩序合并起来，即使这很难做到。

6. 伦理的真理不是关于超自然对象的真理。如果它指的是不遵循任何规律的对象，那么就没有这样的对象。神学的命题不合逻辑地声称要关心超自然的对象。神不可能是一个合格的对象，除非他按规律构成。但如果是这样，神就由他的规律所定义和限定，就像我为我的规律所定义和限定一样，或像一块铜板为它的规律所限定一样。我是按我的"灵魂"的规律构成的。（我的身体的规律不是我。）相比于神所没有的身体而言，他完全是按他的"灵魂"的规律构成的吗？另一方面，逻辑学和算术的真理不依赖于任何自然规律；它们能在所有自然（和超自然）规律灭绝后存在。这不适用于神这样的对象。伦理学不会为规律的终结所摧毁。但是当对象和规律消失时，美也会随之消失。

7. 即使我们对对象是否存在一无所知，但我们知道，如果它们存在，那么它们一定会遵循规律。我可能会对这些对象产生幻觉，但它们无论如何一定会遵循规律。不真实的世界也一定是由规律所控制的。对象不可能不受规律制约，即使它们不存在（只作为"意向对象"）。因为规律对我们关于对象的观念是必不可少的。

8. 神学命题试图把握超越自然对象的对象。不管宇宙包含什么自然对象，但这种超越是必须予以肯定的。之所以不可能存在完全超自然的世界，是因为关于超自然事物的观念依赖于比较（因此比如说它不像关于善的概念）。甚至地球上的非物质精神也不是完全超自然的。真正的神的实体像通常所理解的那样，不可能是世界的实体，包括不是构成我的灵魂的那种实体，不管那实体是什么。从描述上说，关于神的实体的观念是空的，因为它是这样的东西，即它不是任何别的形式的实体。对象的质料的确可以是"非物质的"，但这仍不足以造出神。神真的可以认为是自然的一种"极限事例"，即一种渐进线（asymptote）。*

---

* 渐近线是一种功能极大的矢量图形描述语言，能为技术绘图提供以自然协调为基础的框架。——译者

9. 经验所是的东西是规律和材料的结合，不能是其中的一个。规律不依赖于对象，但对象依赖于规律。休谟的经验论妨碍了他的前进。要想不成为一个经验论者，就需付出努力。规律和经验论绝不会和睦相处。规律是"实在"，尽管它们不能被看到或被接触。实在若不能丢失它的任何材料，那么就可被看作是抽象的（比如说是数）。抽象世界不应该是由任何材料构成的，否则就能有意义地设想抛弃它的一些部分。空间也不是一种材料，其理由相同。然而，心灵就像大脑一样能被切除一些部分。规律不是由任何东西构成的，因为它没有实体。

215　10. 自然规律不同于柏拉图所说的形式（form）。然而，自然规律是事物的最"具体的"东西。规律贯穿于全宇宙。它们是经验实在的组成部分。规律不是真实性（reality）的基础，或者不超越于真实性，或者不与之保持一致；规律就是（具体的）真实性（这里的"是"是"构成"意义的"是"）。对象的真实性从本质上说是一般或普遍的（尽管不能在琐碎的意义上说，对象的本质由它的属性所决定）。个别不能与普遍（规律）相分离。规律正像柏拉图所说的形式，既在世界之内又在世界之外，即是说，是内在的超越性。令人惊讶的是，这个对象由如此遥远的、本质上如此不同的事物所使然。

11. 从本质上说，真实性也有时间性，因为规律是在时间中发挥作用的。无时间的自然对象的观念是没有意义的。空间和时间是规律得以在其内表现自己的剧场。空间和时间的规律确实是它们的占据者的规律。

12. 规律永不停歇地起作用，因为它们的能量永不枯竭。一个规律就像一个不动的推动者。当规律让某物发生时，规律不会减少什么，即它的力不会消耗掉。所有的规律都是永动机。规律的资源是无限的。不可能出现精疲力竭的规律这样的事情。因此在一种意义上，因果性的基础是无限的。规律的"反事实"特征不过是它的永不衰竭性。规律恰像无底洞，即是说像时空一样无限。

13. 规律没有任何神奇之处，尽管它们似乎令人生畏。我们不是规律那样的事物，尽管规律创造了我们。人的自主作用不同于规律的自主作用。规律是不朽的。说规律存在于一段时间是错误的。不能把规律与规律在时间中的表现形式混为一谈（当然，没有时间，规律就是虚无）。规律不会在力量不足的情况下起作用。不存在懒惰或精疲力竭的规律。规律在起作用时，绝不会不完美。

14. 上帝能创造规律吗？只有当他已为规律所控制时，这些规律进而才能成为真正的创造者。尽管上帝被当作"第一因"，但是，只有限定他的规律，才是他的行动的真正的原因基础。因此规律才是第一因，即是所有因果性的根源。"法则学"说的是，对象对于规律，就像数学对于逻辑一样（大致如此）。数学对象源自于逻辑根源，就像自然对象源自于它的法则学根源一样。（这是一种还原论吗？）

15. 因果作用存在于实在的内核之中；因果作用不是附加的东西。规律的普遍性和自主作用就是规律的本质，而且是借助因果作用加之于世界的。最大的错误是认为，规律是由特殊的对象所引导的，就像一个事物受着另一在前的事物的引导一样。规律更像缝衣服所用的线，没有线，就没有衣服。甚至连上帝都无法逃避作为他的本质的规律（没有规律，他就没法存在）。因为不受他之外事物的支配正好是他的本质的组成部分，甚至正是规律让他拥有自己的本质。但规律本身没有这种依赖性。规律比上帝更像上帝。

16. 没有规律就没有因果作用。规律决定了对象如何起作用，如何相互作用，它们何时开始存在，因此决定了对象的因果力。存在着对象、规律、因果作用和属性，但它们不是四个事物（"王国"）。

216　　17. 规律中没有心理的东西——这是显而易见的。心理学规律像任何规律一样是有效力的。规律的所谓例外不是规律被打破了，或暂停起作用，而是它们为别的规律所压倒。规律的作用可以被阻挡，但不会被取消。规律的运行不是不能被宇宙感觉到的。规律不会像灯那样被关掉，甚或被拒绝。改变最初的条件仅仅是为规律发挥它们的不变的作用做好准备。有一些规律比另一些规律更有力或更强大吗？不。统计规律像决定论规律一样"严格"。制约天体的规律像制约地球的规律一样"尽责"。

18. 离开了规律的个别事物是空洞的；而离开了个别事物的规律则是瘫痪的。没有得到例示的规律如同离体的意志，是没有力量的。在这个意义上，规律不能先于个别。规律离开了个别能存在吗？不管答案是什么，重要的观点一定是，规律构成了个别。没有规律来"支撑"个别（糟糕的隐喻），个别就没有任何作用力。说个别是原因，好像它能凭自己而自动起作用，会让人误入歧途（但不是虚假的）。所有的因果陈述在本质上都是真正普遍的。原因就是共相（规律不是属性，也许是属性的关系）。说引力规律引起了物体像它们现有的那样运动，不是虚假的。物体是运动的结果，而非原因（在第一因意义上的原因）。

19. 如果你认为自然规律类似于法律规则，那么你对规律就是不公平的。没有人制定自然规律（宇宙甚至也不制定规律）。自然规律不能被废止或打破。除非法律规则被人接受，否则不会引起任何事物，而自然规律的力量是不受它们是否被接受的影响的。因此我们用同一个词来表示自然规律和法律规则就是很奇怪的。

20. 没有规律，就不会有具体的事物存在；规律是"存在的基础"。我们的感官不适于把握规律的内在本体论本质，即使我们清楚知道它们的存在。实在的基础不可能直接显现于我们，即使它们的特征一定会显现于我们。即使我们没法知觉规律，但我们知觉到的一切却是规律的结果。规律的存在不是一种"推测"。如果认为"发现"指的是一种形式的知觉的话，那么科学也不能"发现"规律；它只是在努力陈述规律。所有这一切都意味着，规律不是可感的个别。谁会认为不是这样？规律也不是强加于世界的；规律是为世界所强加的。对规律没有选择的余地（此即"约定主义"）。

21. 运动规律为我们提供了范例，这是因为运动容易为眼睛所分辨吗？别的形式的规律会让别的类型的生物视作范例吗？在运动中，人们看到的是规律所起的作用，比如说，看到的是它们的劳动成果。没有运动规律，对象就不会以匀速沿直线运动；它们也不会转弯或减速。我这里是说规律是能动的，个别是被动的吗？不，因为个别是规律的媒介，即规律的"具体化"。正是由于个别有其规律，我们才能从因果上说个别是能动的。你能将世界上所有的个别变成不同的个别，而且又不违反同一的（因果）规律，但反过来却不行。

217　　22. 在某种意义上，这完全是一个恰到好处地设置侧重点的问题，但如果是这样，哲学也莫不如此。哲学的进步常常得益于侧重点的一点小小的改变。这就是斜体字 * 在哲学作品中为什么如此受重视（以及非哲学家为什么不能明白他们的要点）的原因。

　　23. 我愿意直截了当地说：规律必然先于一切甚至先于上帝而存在，当然这样说不完全正确（尽管夸张有时好像能起到让人清醒的作用）。在上帝的议事日程中，世界的规律好像是他第一个予以考虑的选项，一旦规律得到了确定，别的便迎刃而解了。制约上帝的规律对他来说是一个难堪，就像他穿着低等级的服饰一样。他希望抛弃它们。但没有规律，他又什么也不是，即只是一个空洞的我，一个无摩擦的点，一个无特征的容器，总之，一个形而上学的虚空。上帝的规律一定适用于别的诸神，他们与上帝有共同的本质，因此诸神被置于他们的规律之下。超自然的观念从科学上说并不可疑，它从形而上学说才

　　　* 　作者麦金在本书中大量地使用"斜体字"以突出他的侧重点。译者在译成中文时按统一的规范要求将它们改成了字词下加着重号的表述方式。特此说明。——译者

是不合逻辑的。任何对象都由受规律制约的材料所构成。因此哪里有超自然现象（就其不服从任何规律或准规律而言）的空间呢？试想这样一个宇宙，在这里，每个对象都是超自然的。超自然可比作什么？如果把奇迹定义为自然规律的例外，那么没有什么对象只分有奇迹（规律其实是最接近我们所拥有的奇迹的东西）。

24. 规律由虚无（nothing）产生，但规律又能产生一切。规律并没有将秩序强加于世界，就好像世界在规律出现前是一个无序的地方。你真的信赖自然规律吗？这不像你信赖一个值得信赖的朋友所说的话。规律是有形成作用的（formative），不只是可信赖的或有用的预言。太阳明天可能不会出来，因为它可能为强大的外星人吹出了天空。但这不是自然规律的废除。废除自然规律就是让太阳一开始就不出现。很显然，规律不会像政党控制国家那样控制宇宙，然而"控制"一词的这个双重用法让人产生了关于独立性的幻觉。重新创造我们谈论规律的全部词汇可能是最好的出路。

25. "规律 + 材料 = 对象"，这并不是糟糕的表述方法。"规律显现在对象和事件中"，是的，但这不是说规律以此方式就获得了现实性。"对象例示规律"，这样说确实是真的，但不同于对象例示谓词（人们在这里想把内在例示和外在例示区分开来）。"对象让规律贯穿于其中"，这是比喻的说法，更好。例示到底有多大的比喻成分？（试比较，"对象'尊重'规律"。）如果真的不存在规律，那么就只有原材料存在，而这是不可能的。原材料就像一种无特征、无结构的所与——这是一种矛盾说法。材料一定以对象的形式出现，就像思想一定以意向性的形式出现一样（粗略的类比）。无规律的材料就像詹姆斯所说的"盛开的、嗡嗡作响的混淆"———一种语言技巧。材料、对象和规律结成为一种无缝的组件——像意识和意向性一样。不存在对现存的实在的塑造（请记住，所有类比都有其局限性）。物理的原子绝对是无定形的；它们是对象的组成部分，但不是它们的材料。上帝的创造有三个主要的行为，即材料、对象和规律，但它们又真的只是一种单一的行动。概念上的区分不是本体论上的区分。

218　　26. 自然规律一定是简单的吗？奇怪的问题是，根据什么标准？（我们的理论自然可根据简单性加以排列）。每天能有这样的五秒钟吗，在这段时间，自然规律中断了？规律不能消失，哪怕一纳秒的消失也不可能。（一规律的例外不过是另一个规律。）并非每一个世界都受相同的规律控制，但规律一旦安装好了，它就不会改变。规律可能一会儿停止表现自己，但这不是说，它不存在。但规律的复活看起来像什么？如果我毁灭了世界上的所有金属，那么就不再会有制约金属的规律得到实际的例示，但这不是说，金属的规律本身被毁灭了。我觉得我自己很想说，规律像数字一样永恒，但它们深深地融入世界之中，因此这样说又不太恰当。

　　27. 有这样的观点，即规律"因个别而异"，好像它们仅仅是主要故事的一个附加物。以为我们能"投射"（project）我们没有看到的东西，那是错误的。可问问对象，我们是否将规律投射到它们之上！在大多数情况下，规律主要是被假定的，而非被发现的，试想你关于坐下来之后果的知识。意识到规律是动物的本能。规律不应"被智能化"。数学不是规律概念的组成部分。并非所有规律都是"科学的"。规律是重复出现的原则。重复是规律的本质。无聊是规律的职业病。理论和规律不是相互联系的概念。规律甚至不能被预设，就像我不会预设我有一个身体（或一个心灵）一样。

28. 规律像我所设想的那样是"神秘的"吗？一点也不神秘，因为它们是平常的实在的一部分。什么是表述我的规律观的最好的标签？是"实在论"、"客观主义"、"生产主义"（productivism）、"中心主义"、"基础主义"和"内在超越主义"吗？这些标签都不那么好；然而标签在哲学中至关重要（太重要了）。

29. 存在着看不到的实在，它们主宰（即构成）一切。这为什么如此令人困惑？物质对象的概念比人们想象的要有趣得多——当然更加"奇怪"。（这对"唯物主义"有什么影响？）恐惧某些概念是哲学的特点，我们有必要征服这种恐惧。规律是任何世界的绝对基石，是世界的塑造性的构造板块。如果我长着"本体论的眼睛"，那么我们看到的第一个东西就会是规律（我可把它们描绘成长着闪亮眼睛的一英里高的恐龙）。

30. 规律不是个别中的纯粹的规则性（regularity），因为任何被观察到的规则性都能成为不规则的。不过，确实是规律让规则性表现出来的。规则性是规律的标志。我们能看到规则性，但不能看到规律。没有重复性的世界根本就不是世界。每一秒钟都有几十亿的事物在被重复。新颖性与规律不是不相容的，但新颖性也是可重复的。

31. 有因果作用的地方就有重复的可能性。因果关系离不开规律，但这不是因为规律来自于因果作用；毋宁说，规律就是因果作用。我们能说，规律是唯一真实的原因，这样说充其量只会被指责为温和的夸张。这不是说，a 引起 b，且 a 和 b 从属于一个规律；而是说，a 引起 b 就在于它们隶属于一个规律。因果关系的组成成分就是规律本身。只有在派生的意义才能说个别是原因，即作为因果效力的传递装置。因果作用是规律在事件中的反映。一事件产生另一事件的能力完全依赖于制约这些事件的规律。很显然，这不是说，我们总知道这里所说的规律。如果真正的原因就是规律，那么一点也不奇怪的是，个别原因总能得到规律的"支持"；这里没有什么是偶然的。原因的似规律的特征不是外加给原因的东西。规律就是宇宙的"能动的构成成分"，并交织在个别之中。（这里的整个主题为"偏爱个别的偏见"扭曲了。）

32. 任何个别事物在原则上是可被毁灭，但规律不能被毁灭。规律的第一规律就是规律的持续存在。在引力规律中甚至不会有最轻微的改变，甚至当宇宙发生了巨大变化时也莫不如此。不变性是一切变化的源泉（柏拉图）。原因不会变化，初始的状态会变化。（崇拜自然规律很荒唐，即使自然规律很可怕。）规律有结果，但没有原因。想阻止自然规律起作用，是徒劳的。规律一旦存在，就不再需要别的东西来维持它的永恒的运转。因为它是自维持的。

33. "解释就是把特定的事例置于规律之下"，即是说，解释要说明的是，什么规律产生了那个特殊事例。当我们不能解释某物时，我们就不知道什么规律引起了它。并不是我们用来描述事物所用的每种方式都能分清制约那些事物的规律（戴维森）。规律并非总是显而易见的或符合常识的；对象有何本质，也不总是显而易见的。但更难知道的是，对自然规律的完全无知意味着什么。语言不能自动关联于规律，思维并不总是在寻求规律。（清楚明白的真理就是这个样子。）

34. 可以说，事件透露了规律的信息。我们不可能看清事件的全部原因背景。一个事件就是规律在那里盲目起作用的一个场所。我按动开关这一事件实际上不会让灯亮起来，因为除非有让按开关引起灯亮的规律，否则结果就不会出现。没有规律的事件是没有因果力的。在这里，我们一定不能太盲从日常语言。触碰那个门的是我还是我的手？我们可以说，两者都是，但我的手是更基本的事物。规律就是驱动个别的东西，如给予个别以因果电荷。

35. 当上帝思考自然规律时，他会有什么样的感觉？他也许经验的是整体的感觉，即有连贯性的感觉（上帝肯定是自然一元论者）。他好奇的是他自己的创造力（当然忘记了是规律创造了他）。我曾看到一巨大圆木支撑着屋顶，这就是规律看上去所是的样子。（它给予我的是不安全的安全感。）规律不像音乐中重复的主题，因为音乐太任性了。在这里，我们似乎没法超越隐喻太远，当然有一些隐喻可能比另一些更好。格言是表述规律的如此引人注目但又如此朦胧的特点的最好方式吗？格言毕竟有点像规律，因为都是浓缩的，但又涵盖极广。规律中存在着威严，或者说是一行伟大的诗。规律对人类的意义是很难见诸语言的，这就是它几乎不出现在哲学讨论中的原因。物理学家经常以敬畏的口吻谈论宇宙的规律（进而庆贺他们发现了这些规律）。我经常会回到规律的无限力量即它们的全能之上。我将它们"具体化"了吗？我试图给予规律以本体论的地位。如果规律就是人，那么我们就会留下深刻的印象，但当我们知道它们不是人时，我们就没有什么印象吗？其实，给我们最深印象的东西是，它们的不费力气的产生性。如果事件是规律的子女，那么规律就会无止境地扩大这个家庭。有趣的是，我们有将规律拟人化的倾向（"万物有灵论"）。它们如此执拗、固执，如此性格刚毅，如此专注。规律中有某种"独裁主义"的东西。

36. 规律是"语言性的"吗？显然不是，因为在语言出现之前，规律就已经存在（它们也不是"命题性的"）。当然，表述它们要靠语言——显然如此。规律不是存在于世界上的别的实在之外的实在，它们形成了这些实在（就像属性所是的那样）。规律的"本体论类型"十分独特，这就是它们为什么总是被强迫向一个或另一个方向发展的原因。事实不是，规律在字面上"包含"它们的表现形式，即使一系列事件包含这些事件。确切地说，规律是它的表现形式的根基。相同的规律常常有看起来极为不同的表现（例如，引力）。规律能将分离的事件统一起来。规律也能伪装起来。不知道运动的规律是人类的羞耻。所有规律都像运动规律一样具有强制性。心理学规律在很大程度上能把不运动的东西（心灵）与运动的东西（身体）关联起来，因此这让它们显得异乎寻常。心理的因果作用涉及将不运动转化为运动，如将思想转化为行为。这完全不同于台球的因果作用。

37. 上帝对自己所创造的规律之力量赞不绝口，这合乎情理吗？不，因为那种力量内在于规律。没有什么能给规律以力量。一规律的力量是该规律所固有的。为了理解规律的本质，我们需要有多少个规律实例！用不着太多，因为太多反而会分散注意力。规律的概念同等地贯穿于每个规律之中（不是"家族相似"）。发现规律的形而上学本质的最好方法是什么？那就是从每个角度对它们做出考察。与多数哲学一样，有这样的时刻，你似乎会让事物固定在你的眼前，也有这样的时刻，该事物不会静止不动。人们要么认为规律的本质是清楚的，要么相反，但它似乎是忽明忽暗的。很难不认为规律极其庞大——很难不把它设想为本体论的大象。但很显然，规律没有大小。"局部规律"一说听起来像是一个矛盾。引力规律在这里而不在丹麦吗？试想一个规律逐渐消失，接着为另一规律所取代。我常常回想规律的形象，好像是储存着巨大潜力的线圈，好像是包含如此巨大被压抑能量的原子（规律像普遍的铀）。但这样说是不对的（即使它感觉是对的）。我想将我关于规律的观点具体化，这当然有其缺点。当我严格时，我会直接说，每个事物之所以发生，是因为有规律，但这略去了这个概念的太多内容。我们能以无聊的方式说真正真实的东西，但这又离不开夸张，进而便有扭曲发生。我正设法引起读者（和我自己）的共鸣，即使读者不喜欢被引起共鸣。我的读者的一部分可能希望我停下来，有的又可能想让我继续。这里肯定有某种令人不安的东西，好像幽灵正在寻找一个立足点。规律就像是用最好的黄金做成的神奇的金锭，纯粹无杂质，充满潜能，拥有巨大的力量。也可简单把它描述为一种原则，发生的事物就是根据它而发生的。"自然及其规律躲在黑夜里；上帝说，让牛顿出来，于是一切都光明通透。"牛顿好像是一个获得了巨大成功的探矿者。规律的发现让宇宙比我们想象的更清晰。规律似乎像伟大的发明。它们不会让我们失望（"哦，多么愚蠢的规律！"）。无心的智能，无生命的创造力。人们肯定能想到外星人，规律的存在对于他们而言是信仰上帝的主要理由。（我这里说的是我们信仰规律的现象学机制。）

38. 上帝将规律加到无规律的混沌世界这一想法似乎令人叹服。规律似乎太超前了，以至于不被看作是理所当然的。"存在的为什么只是某物而不是虚无？""存在的为什么只是规律而非混沌？"只可惜对象的混沌是不可能的，甚至是完全不可能的。对象是唯一能存在的事物。混沌一定是表象。人们不会承认无规律的宇宙，不会通过把规律强加于这宇宙而让它转变成受规律控制的宇宙。宇宙不会犯"无法无天的行为"这样的罪过。"宇宙黏合剂"在许多方面都是一个好的设想，只是这黏合剂只在砖之间起作用，而没法使它们成为它们所是的东西。我们把规律称作自然规律，但在某些情况下，它们似乎是相当不自然的。我们需要将规律自然化吗？这是糟糕的计划。规律从形而上学上看确实是非同凡响的，其中有某种难以置信的方面。但请注意，事物的非同凡响是相对于其他事物而言的，如生命相

221

较于非生命生物是非同凡响的。但试想一个只有有生命事物的世界……，然后我们把非生命事物加进去。从规律自己的观点看，规律并不是非同凡响的。请想想罗素的本体论动物园，但外来物种不会那样看自己。

39. 某物没有味道或气味这一事实能成为怀疑它的真实性的理由吗？每当某物不可见或不可触时，我们就会认为它是可疑的。规律仿佛是笼罩在个别事物之上的一团迷雾。有趣的是，我们往往也这样来看待心灵。规律和心灵都是人们质疑的对象，从未完全摆脱各种责难；然而它们却是完全可信赖（！）的公民，尽管也许有点"古怪"。固体性为什么被当作是值得尊敬的唯一标志？我们必须首先承认形而上学的奇异性，然后才能坚持规律的根本的平常性。

40. 试看"逻辑上的'必须'（must）的强硬性"，它真的比法则学上的"必须"还强硬吗？当你回家时，你的房子可能不在那里，但自然规律却在那里。"规律造就了世界"，这是一个有潜在错误的比喻。"规律是实在的精髓"，确实如此，只是规律从字面上说不住在对象里面。在梦中，我们有时游离于规律之外。我们想摆脱规律，这有什么疑问吗？引力对我们不屑一顾。我们对规律的态度是复杂的。规律对我们是无情的、专制的，这是最初的主—奴关系。认可规律的真实性是成熟（无能为力）的标志。在哲学中，我们有的时候需要的其实只是提示；但其余的时候，我们则能自作主张。

41. 即使是最微不足道的事件也是一条重要规律的表现。规律像空间和时间一样无穷无尽。试考察所有那些各不相同的星

222 系以及在它们中的所有原子，其中总存在着不多的相同的规律。（这个数量比能颠倒吗？）规律能使这个拥挤的世界在数量上变少。

42. 规律的本质是……。人们以为对这个空可以有一个完满的完成，但人们得到的东西加起来似乎不能达到这种完满。这是一种舌尖现象。规律并不是有限的，但它是严格地无限的吗？它无止境地重复着。规律没有自然的终结，没有既定的寿命。它们是"自我更新的"。它们做得越多，它们能做的就越多。我发现自己正从窗户往外看，好像抓住了在起作用的规律。我在每个运动中看到了规律的钢铁般的控制力。可以把世界看作是规律之链。它们渗透在一切之中。它们是麻木的机器。它们既让人欣慰，又给人以压力。我不愿这么说，但它们让我想到了弗洛伊德所说的无意识，它隐秘着，所有的力都在这里，是难以捉摸和无处不在的奇特的东西的混合，即世界的"伊德"（id［本我］）。很容易把它们变成小精灵的意志，但它们绝对不是。我不得不让我面对自然界的无意识（这是这里的巨大的"好像"）。哲学诗是一种被忽视了的体裁。

43. 科幻作品关心的主要是人与规律的关系。在未来的某个时候，我们也许能战胜规律；从而让主—奴关系发生倒转。这是一个幻想。对规律可做这样的精神分析，如它们是乳房还是阴茎？规律是养育还是驱动？规律的人类学是无聊的论题（太一般了）。我们没有认识到自然界怎样遵循规律。所有物种都在进化，以适应同一套规律（因此别的物种的本质与我们的本质一致到了这个程度）。规律就在我们的骨子里。这就是它们的人类意义为何如此难以揭示的原因吗？这种知识太深奥了。

44. 一个世界所包含的规律的最小的数量是什么？这是令人困惑的问题。要确立世界的对象的本质，一切都是必要的。对象不可能比控制对象的规律简单（且也不能更复杂）。一些规律比另一些规律更简单吗？要回答这个问题，我们必须有关于简单性的标准。当很少的规律适用于一对象（或多或少）时，该对象就比别的对象简单。规律像对象一样不是语言或概念现象。

45. 奥斯卡·王尔德（Oscar Wilde）<sup>*</sup>对规律的说明是："她的头发因悲伤而变成了金黄。"规律的伟大魅力在于它们的绝对的无法无天。工人阶级服从自然规律；中产阶级服从国家规律；贵族服从神的规律。这就是贵族为什么如此残暴地行事的原因。格言的主要特点是它们置谬误于完全的不顾。格言会引起拒绝，会为它大声疾呼，因此不同于论证。

46. 一旦接受了关于规律的正确概念，成为物理主义者有多大的意义呢？规律是物理实在吗？一旦你承认了形式的真实性，再坚持认为柏拉图所说的所有形式都是物理的，还有什么意义呢？"每个规律都是物理规律"，但这些规律本身是物理的吗？

47. 事件可能差不多是合法的，但受规律控制不能是差不多的。事件是否能包含在规律之中，这可能是不确定的吗？不。我们应当说自然规律绝不含糊，但法律规则可含糊吗？这听起

---

* 英国作家、艺术家（1854—1900），唯美主义代表人物。——译者

来不错。

48. 我们的概念能让我们明白难以用语言说出的事情。当我们没有找到合适词语时，我们也可有很清楚的认知。规律中有不可言喻的东西吗？这是一个困难的问题。人们总想进到语言不可企及的地方。在一个讨论中，多次述及它（且是有效地述及）是可能的。正确的观点可能需要不厌其烦地述说（在不同语境下，如果不总是用不同的语词）。我想描述规律的这样的面目，即它们没有为人注意到的构成。规律一定不同于它们显现给我们的样子，当然与我们对它们本质的真实感觉有联系。

49. 自然规律像逻辑规律一样是纯粹的（是"崇高"的）。规律以"奇怪的方式"（试比较维特根斯坦关于规律的论述）包含了它们的事例吗？"规律就是世界的逻辑脚手架"，不是这样，但这个隐喻是自然的。规律关联的是个别与属性，而非个别与命题。"恒常的连结"，即是对规律不是什么的绝妙描述。"规律支持反事实"，不完全如此，因为规律是反事实所报告的东西。这不是说，规律先出现，然后有反事实。规律将自己的影响推广到实际发生的事物之外，但这不是在现实边界上的退化。规律在现实的和反事实的事例中是一致的。

50. 形而上学为什么适合于用这样的写作风格来表述？形而上学是"非形式的公理化的"东西。在它里面，断言总是多于论证。而且，它不可避免地是元哲学的（元形而上学）。

51. 休谟发现了这个主题，但后来他也在上面留下了深刻的印记。我们发现要彻底理解他是很难的。休谟对规律和因果关系做了人类中心主义的描述。他鼓励我们关注事物看上去像什么。但规律并不会把它们的本质暴露给感觉。"因果关系是一个该死的事物发生在另一可恶的事物之后",在这里,"在……之后"对事情显然只是做了不充分的陈述,而"该死的"才是真正有错误的地方。休谟关于事物的描述确实有其诱人之处;人们要想不为它所左右,就应努力奋斗。他的规律观太令我们欢喜。这个正确的观点确实有某种黯淡的东西(即使令人振奋)。这不是说,接受它(也许是顺从它)得有某种英雄气概。规律不可能按人类的尺度裁剪。它们的存在完全不是被感知。

52. 人们对自己的概念必须像对自己脆弱的手指那样保持敏感性。说来也奇怪,深入了解人自己的概念可能会让人毛骨悚然。哲学不能为自己缺乏概念上的洞察力提供任何借口,这就是它为什么是这样一个严苛的话题的原因。我应该知道其答案!说"规律"意指什么究竟会有多难?在讨论哲学的本质时,妄自尊大是难以避免的。

53. 无神论者就是相信规律完全存在于可感世界背后的人。而有神论者以为规律离不开外部的验证。之所以存在着这样的信念,是因为人选择了那些规律。人们会祈祷某些事物不发生,但人们不会祈祷规律永远不起作用。他们也不会祈祷逻辑规律失效。

54. 若不生活在一个所与的世界里,人就不会认知这个世界的规律,这就是规律为什么离不开后天认识的原因。但并非所有关于世界的知识都需要生活在世界中,例如,关于规律的一般属性的认知就是如此。它们是先天地被知道的。这一区别似乎不值得大惊小怪。

224　　　55. 再看"道德规律"。这个概念从何而来？它模仿的是自然规律的概念，还是相反？这两种说法都是哲学上饶有兴味的。自然规律中显然没有规范性的东西，例如它们不会告诉我们，世界应该做什么。关于自然规律的陈述不是一种劝告。

　　56. 以为规律存在但不会引起任何事物变化的观点是一种副现象论（epiphenomenalism）。这是关于自然规律的副现象论，还有什么比关于自然规律的副现象论更加执迷不悟的呢？引力规律———一个懒惰的齿轮！没有规律的事件也是如此，它们的因果效力是零。在关于规律和心灵的副现象论中，哪一个更没有道理？我们确实有将那种力量降到一定大小的愿望。卡通动漫常常轻蔑规律，充满着对规律之力量的嘲笑、否定。我们与规律的心理学关系与关于规律的哲学思维不是没有关系的。（可比较我们与物质的心理学关系，例如，贝克莱在情感上肯定很排斥物质实在那个观念。）我们也许还需要哲学的另一分支，即"情感形而上学"。

　　57. 可能存在着法则学的"僵尸世界"（zombie world）吗，它除了没有规律之外，就包含的个别事物而言与我们的世界没有任何区别？可能存在一种颠倒世界（inverted world）吗，它在个别事物方面一致于我们的世界，只是不遵循各种的规律？（这里有许多修辞性问题。）还有，规律"随附于"个别吗？现在，我们正朝错误方向行进。我们太执迷于一事物是否依赖于另一事物（"协变"），而不关心两个事物怎样内在地发生关联。每个事物毕竟随附于自己。但如果某物构成了它自己随附于其上的那个东西，那又怎样？在这一点上，我没说什么新的内容，我并没有越雷池半步。如果是这样，又该怎样看待这个问题呢，即能有这样的世界 W 吗，在那里，同一于我们世界中的自然规律的那些规律，在 W 中偏偏成了道德规律？例如，上帝命令一切遵循引力规律，并附带了适当的奖赏和惩罚；但包括人在内的事物并不自然地遵循这个规律。十分奇怪的是，这似乎是没有矛盾的。也可能是这样，即有这样的世界，在那里，我们的道德规律是作为自然规律而出现的，比如说，不许偷盗是作为心理学规律而出现的。我们愿意生活在这样的世界吗，在这里，信守诺言是自然秩序的一部分？试想一下，因不遵守引力规律而产生的负罪感会是个什么样子（很难设想）。（在这里，我应在哲学思维中插入有游戏意义的东西。哲学是一项严肃的事业吗？自然是这样，但人们确实想让它看起来比它实际所是的更有尊严、更加刻板。哲学的幽默并不外在于这个主题。）

58. 你如果对形而上学没有兴趣，那么你对规律也不会有兴趣。"形而上学"一词是表示一组问题的符号，例如，规律的本质问题。规律的哲学问题是哲学问题中最具哲学性质的问题。它会触动哲学的一切神经。它在概念领域引起了一种刺痛的感觉，如时而痛苦，时而快乐。规律在什么地方一致于事物的图式？哲学的典型问题是，"我事实上想的是什么？"想的不外是我们的概念的羞涩、沉默，只要发狂地一瞥就清楚了。奇迹在于，人们竟然能形成更清晰的观点。令人惊讶的是，形而上学是可能的。我常常觉得我必须冒险尝试（别的人的感觉可能不同）。我在这里语无伦次吗？一点也不！这种意识流是哲学吗？

225　噢，它试图是坦诚的、流畅的。哲学思维的自然历史不是没有兴味的。

　　59. 特定个别事物的原因事实上是相当一般的。粗略地说，共性引起个别。这不是说，原因不是具体的或"局域性的"——规律不能超出它们的示例所在的地方。规律表现在它不在的地方。不要问引力规律在哪里。局域性事件的原因本身不是局域的。人们可以描述说，规律对它的结果施加了作用，或者说将这些结果产生出来了。个别事件是因果作用的渠道，而非因果作用本身的机制。事件的所谓的原因力其实是事件所表现的规律本身。电线对电信号是必不可少的，但只有信号才有那种力；正因为如此，个别事物对规律发挥其作用也是必不可少的，但只有规律才有（就是）力量。正是引力规律让笔从我的手上掉下来。说我的指头的松开产生了那真正的原因作用，是错误的（这不是说事件不能在派生或第二性的意义上被说成是原因）。规律有广泛的涵盖范围，但它与最小的个别息息相关。事件的原因作用比我们想象的有更广泛的范围。人们可能禁不住会认为，非常大的事物会引起非常小的事物，但这样说太粗糙了。在第一性的意义上，原因的结果本身不是原因。可以说，事件漂浮在规律的海洋上。原因与结果之间存在着根本的不对称性，如规律可引起事件，但事件不能引起规律，或者确切地说，规律总会引起什么东西。事件可看作是入口，规律就是通过它起作用的（进而作为必要条件起作用）。这不是说，事件礼貌地带着规律，与之一道旅行，好像事件才真的是负责宇宙旅程的主人一样。（我这里用的是维特根斯坦的观点，因为我不想否认一般人所相信的东西。）

60. 规律与心灵之间有一种类似性，这特别表现在哲学家们的这样一种倾向之上，即倾向于把规律和心灵分解成它们的表现形式（例如"休谟主义"和行为主义就是这样）。我认为是独立存在的东西，而还原主义则认为它是构成性的——对规律和心灵，只是看到了它们的各种表现样式。毫无疑问，人们总是站在一个问题的角度去看待另一问题，如一边是行为主义，另一边是休谟主义。同样无疑的是，我是从心灵问题的角度去看待规律问题的，因此我对立于还原的分解。关于规律和因果作用的规则（regularity）理论是一种关于规律的行为主义（有或没有反事实）。我要说的是，事件表现规律，就像行为表现心灵一样——粗略地说。但我们务必小心，不要将此类比推得太远，例如事件就不能欺骗性地关联于规律。（这是"从远处"说明事物的倾向，而我们需要采取的是事物本身的观点。）

61. 问题在于，如果事件在本质上是不可知觉的，那么我们还要坚持说规律可还原为它们的例示吗？这种坚持的意义不是没有了吗？我们肯定不会让规律变得不那么难以知觉。如果用实际上不可能的方法说，规律可见、事件不可见，那又会怎样呢？我们仍要坚持把规律还原为事件吗？我们难道不是想把事件还原为规律吗？如果行为是不可观察的，那么行为主义会吸引哲学家和科学家吗？值得怀疑。行为必然是可观察的吗？规则理论似乎是建立在形而上学的偶然性基础之上的（就像行为主义那样）。

226

62. 可以说，你真的能在你的骨子里感觉到规律的效力，例如，当你的雪橇下坡并开始失去控制时，你就会这样。磁体为隐藏着的规律提供了一个绝好例子。有时规律会突然冒出表面。自然规律由思维经济原则决定这一观点不仅是荒谬的，而且也是（对规律）有害的。嘲笑是哲学家的特点，而且还表现了超出他们的某些事情。时间之父、引力叔叔，有必要如此加以形象化。还可把自然规律描绘成古代绅士组成的一个令人敬畏的委员会。只是规律的地位还可大大提升。我们盼望将这庞然大物浓缩成可控的东西。我们感觉到了规律对我们的羞辱吗？把规律变小可能让人感觉更好。我敢肯定，某些人喜欢认为别的人也不过是能行动的有机体。我们没有关于规律的第一人称视角，因此用不着做出本体论的矫正。倾向（disposition）概念被证明是一个有用的但藏而不露的概念（规律作为倾向有某些结果，心理状态作为倾向能引起行为）。哲学在很大程度上是在逃避和压抑。

63. 因果作用中似乎总有某种神秘的东西——可这样理解。结果是所与的，因果力是推论出来的。因果作用不会强制知觉器官（如休谟教导我们的）。规则性与规律有联系吗？身体与心灵有联系吗？在两种情况下，回答都是肯定的。我愿意说，规律驱动世界，就像心灵驱动身体一样。但这样说又让那种关系太过外在化。一种表述的不精确性对该表述并不总是不利的。要说有什么能被看作是真正的真理，并不总是那么容易的。类比在哲学中出奇地有用，当然也可能是大量误解的根源。我们试图让我们的概念相互指向对方，以有利于相互的认知。概念不愿单打独斗地暴露概念的秘密（这样说与"整体论"无关）。一个概念可能是另一概念的关键。我已为心灵概念和规律概念安排了一次会晤，它们一拍即合。

64. 如果我们不相信规律，而相信个别事物，那么因果作用不就消失了，且为纯粹的连续性取代了吗？"但是当我们说到原因时，我们指的是个别事件"，是的，当我们说到时间时，我们指的同样是事件——这没有表明时间就是事件。对象毕竟也能被说成是原因，但这肯定是一种派生的用法。问题不是，事件（或事实）是否真的可被描述为原因；问题在于，我们对此给出的是什么说明。因果作用何时到达它的终点？我要说的是，规律最有发言权。

65. 我能轻易地想象一位哲学家，他对规律的真实性如此情有独钟，以至于他会否认事件和对象的真实性。哲学家们表现出了排斥某些事物而赞成另一些事物的（可疑的）德性。如果主张对象和事件纯属规律的表象，即规律是本体，个别是现象，那又如何呢？哲学中还有许多更疯狂的观点。（如泛规律主义，完全正确。）我们不能说唯一的实在，只能说基本的实在。对象和事件是"法则学的首饰"（nomological dangler）吗？规律是宇宙的骨架和神经系统，同时又具有对象和事件这样的皮肉。 227

66. 哲学中有许多一厢情愿的思想。哲学观点和政治观点是近亲。在哲学中，人很容易丧失勇气，或者说很容易发展成神经麻木。我承认，我关于规律的观点让我神经紧张（有时觉得麻木），正像数学柏拉图主义那样。勉强的同意是哲学心灵状态的一个标志（并伴有特别枯燥的兴奋）。

67. 在个别事物与一般规律之间不存在任何事物，即不存在居中间地位（或"大小"）的实在。实在要么突出地是个别，要么威严地是一般（或两者的混合）。还有什么是有意义的吗？自然必然属于这两个极端，不存在本体论的妥协，如不存在半个别、半一般的事物。人们之所以被迫认为形而上学问题是无意义的，是因为这类问题如此明显地是有意义的，而且难以回答。我有时想象哲学问题在那里默默地自鸣得意的画面。如果哲学正好是由关于规律的问题构成的，那么这问题仍会是一个重大的主题，因为该问题带给哲学的东西太多了。该问题对哲学是什么做了总结和概括。我可以这样表述这一点，规律问题就其突出的东西而言，就是哲学。但什么是规律？

68. 我是在对规律做细致入微的说明吗？不，我追求的是简明直接甚至有点粗糙的说明。有人也许会要求我证明我所设想的规律的存在——好像我是像相信幽灵或鬼怪那样设想规律。情况不是这样。你是要求我将赤裸裸的规律展现在你面前还是照一张关于它的照片？存在的证据显然会随着主题的变化而变化。这是在痴迷于规律是必然还是偶然这样的问题。真正的问题是，规律是否是产生性的。实证主义在这里自然有许多问题要回答，因为它的愿望是让科学有哲学上的声望。（根据你的标准）那是不可能的。科学预设了不可观察的东西的有效性，甚至当它完全在关心可观察事物时也是如此。错误的说法是，真正的原因是引力的力，而不是引力的规律，因为只有那种力量才有作用，它之所以有作用，是因为它有法则学属性，即是说有制约它的规律。如果引力不遵循反比平方定律，那么它就不会引起它事实上已引起的东西。应注意的是，试图把对事件的解释与事件的原因区别开来，好像规律属于前者而不属于后者，这样说该是多么的武断啊。能对力的结果做出解释的东西就是制约力的规律。严格地说，力像事件一样不是事物的终极原因。须记住，原因就是使事物像已发生的那样发生，即是产生事态的东西。在宽泛的意义上甚至可以说，对象就是原因，就像地点、时间和数量能成为原因一样（我们往往非常混乱地使用"因为"一词）。"由什么所引起"这一问题只有随着做出规律陈述才会走向终结。

69. 值得记住的是，对象之所以仍保持稳定，是因为它们内在地包含着规律。稳定性不是事物不受规律制约的表现方式。不存在规律不在其中发生作用的时间和地点。休谟主义有这样的倾向，即把规律看作是个别事物的"副作用"，即一种冒泡。228（可与关于心灵、大脑的某种观点加以比较。）规律常被看作是个别事物的"突现属性"。我将它颠倒过来说，个别事物的存在应归功于规律。规律是自然界的活组织。可以无矛盾地说，规律绝不会产生实际的规则，因为这规律总会被其他规律所推翻。如果宇宙中存在这么多的随机的风，以至星球从来没有沿着它们"应该"沿着的椭圆轨道运转，那么又会怎样？规律的特定的表现形式就是现实的规则，但仅此而已。

70. 规律使事物的发生具有必然性，但这样的必然性不同于别的形式的必然性，如数学必然性。你不可能得到一个规律，然后将它的必然性从中清除掉。必然性不是某种被附加去的东西。对于规律，我们只有一个恰到好处的词，那就是"规律"，而且它有许多别的意义（如法律的、道德的）。为什么有这样的语言贫困？这是因为我们关于规律的思维是如此原始吗？（试比较我们的模态词汇的贫乏性，如我们要不断增加我们统一称作"必然"的事物的类型。）

71. 物理学有最好的规律。为什么？这是物理学家的自然神秘主义——难道是因为他们最接近宇宙的最基本原则吗？物理学家怎样看宇宙？个别事物好像是更一般秩序的征兆。物理学家在用两双眼睛看世界。个别事物在物理学中是无关紧要的，规律值得关注。规律就是理由（这个词在这里的运用是没有错误的），因为一旦你知道了事物的理由时，理由便从事物中显露出来。规律在理智中占据着显著的位置。这也许导致了物理学家的职业盲视，而这盲视是需要他们克服的。（醉心于宇宙，此宇宙实即打引号的"宇宙"。）

72. "规律是由它们的事例来确证的"，但过了某一点之后，肯定的事例不会增加对规律的确证度。引力定律每天在增加其可能性吗？不。事例将规律暴露给我们；它们不会按确证的等级聚集在一起。我们倾向于认为，规律是一条线，其中有的部分被隐藏起来了，这线的未来方向必须根据它显露出来的部分来加以预言。因此借事例的无终点的确证这一观点似乎是妥当的。如果例子足够好，那么原则就可以通过这个例子显现出来，尽管这只是一个例子。一条规律是一条"不变的系列"（《牛津英语词典》），不，它是这个系列的原则。规律引起（或产生）不变的系列。规律隐藏在规则"之后"吗？规则通告规律。规律是恒常的，而它们的表现形式不是这样。每当原因出现时，你便知道它将重复自己。在此意义上，原因是没有创造性的。

73. 我们经常说及自然的规律，但自然不是被定义为从属于规律的东西吗？这对规律究竟是什么这一问题，并未向我们给出任何独立的说明。"规律概念是不可定义的"，这确实是真的，但几乎不明了，因为如此多的概念都是不可定义的。规律是"原始事物"（primitives）吗？是，只要这个描述不被误解（它们不是没有结构的）。规律不是从别的任何事物中"建构"出来的，至少不是从它们的所有表现形式中建构出来的。有启发性的哲学说明应采取什么形式这一问题从来没有得到真正的解答。"澄清概念"是无用的隐喻。对概念的充分说明应能使概念显出活力，即表现出必要性和有生命力。有些概念让我们感到很强大，理应如此。

74. 空间、时间与规律：是这个世界——任何世界——的基本构成成分。没有时间，规律就不能呼吸。说规律无时间性是错误的，因为时间是规律的自然媒介。规律与时间内在地关联在一起，就像对象与空间那样。事件在时间中发生，而且事件是规律的看得见的具体化。既然对象由规律所构成，因此对象便也会与时间联系在一起。对象存在于时间中绝非偶然（空间也是这样）。规律借助事件关联于时间。一个事件就是规律对时间的占据。因此对象、事件、规律和时间就是一个整体。材料根据规律形成为某物，这在本质上是有时间性的。对象经过规律的时间运作而从材料中突现出来（这不是关于历史的陈述）。事件因此是对象的前提条件，因为没有事件，也就没有对象。

229

393

若没有事件作中介，规律就不能创造对象（仅有可能性）。没有对象，也不会有事件存在。材料、对象、事件和规律是有同时性的范畴。材料、对象、事件和规律组成的关系促成了具体的实在。每一个都是其他的因素的一个方面。这个关系没有自然的名称，但它是世界的枢纽。它形成了"自然的统一性"。人们几乎可以说，对象、事件和规律形成了"三位一体"。从规律到对象的道路一定要经过事件，但是若没有规律能对之起作用的对象，就不可能通向事件。对象和事件是"一体"的。这不是说它们联姻了，因为那样说等于承认了一种在先的分裂。我们的多数谈论与这个关系有关，但重要的是，并非全部谈论都有关（例如伦理学和逻辑学就是如此）。要说出不属于这个关系的事物，是不存在什么困难的。我们可以为它安立一个名称，以便承认它的统一性，这就是"SOLE 关系"（材料 – 对象 – 规律 – 事件）。*具体实在的基础是"SOLE"。没有更深一层的形而上学范畴来把"SOLE"的要素统一起来，因为这些要素在本体论上是基本的。也没有这样的进一步的实在，这些要素仅是它的诸方面。可从语言上加以分离开来的东西可能不能是本体论上可分离开来的。材料、对象、规律和事件这些概念没有形成一个"家庭"，它们之间联系得太紧密了。更重要的是，它们构成了单个的有机体。它们不是实在的"建筑积木"，因为建筑积木可以独立存在。它们更像看待同一实在的诸视角，每一个都

---

　　*　即材料 – 对象 – 规律 – 事件关系，因为这四个词 stuff-objects-laws-events 的第一个字母大写合在一起即为 SOLE。——译者

包含着对其他方面的一瞥。当你用这些概念中的一个接近实在时，你一定会同时把别的概念也带在一起，即使它们不是透明地联系在一起的。

75. 对象与规律的联系并不比属性与规律的联系弱，因为使对象成为它所是的那类对象的东西是它所具有的属性。属性与规律的联系一旦被指出来了，那么这联系就成了显而易见的。既然不存在无属性的个别事物，因此任何个别事物都不可能不遵循任何规律。"纯粹的个别"不仅仅是夸张做作式的胡说，它还是对实在的这个构成式构架的蓄意的否定。

76. "SOLE"的诸构成要素之间的相互作用是具有根本性的东西，因为它们结合在一起从形而上学上说具有基础性。

77. 人们常常谈论居住在所有生命中的"生命精气"（vital spirit）。但这个观点对于一般的对象不正好也有吸引力吗？规律是宇宙的"生命精气"。一旦人们掌握了规律的尺度，生命与无生命的界限（形而上学上的）几乎就不那么明显了。生命与无生命事物自然会遵循不同的规律。同样，一旦人们明白了自然界的一切都有自己的"生气"（animation），那么生命精气这一观念的吸引力就荡然无存了。规律是无形的原因，是力量的取之不尽用之不竭的源泉（即自然界的"生机"［entelechies］）。规律的有些属性是属于神的属性；然而没有什么比这更加"自然"。以为它们是"精神性的"，是完全错误的。没有什么比这样说更加愚蠢。规律没有关于自己的觉知。

78. 规律与它的表现形式的关系不同于别的一切关系。很难为这种关系找到适当的表述方式。规律不在于它有种种表现形式，而且它也不是它们的"基础"。想理解这种关系就如同想挤进两个结合在一起的概念之间一样难。

79. 困窘是哲学家的典型状况。

80. 我们必须试着述说我们极想默默地忽略的事情。

# 索　引

（页码为原书页码，即本书边码）

# 译 后 记

由于我一直喜欢麦金自由自在的思想风格和大量出人意料的创造性思想，因此包括《实在的基本结构》这本书在内的他的许多论著都成了我为硕士生、博士生开设翻译课和研讨课所选的阅读文本。这也是促成本书全部译成中文予以出版的一个机缘。为了全面理解麦金的思想，在以前的课程中，我几乎将本书的大部分内容翻译出来了，至于没有译出的部分，我也有详细的读书笔记。应说明的是，为锻炼学生的翻译和阅读外文文献的能力，我让博士生徐梦蓓翻译了第 10 章和第 11 章两章。她英语基础较好，态度虚心、认真，对自己的初译根据我提的意见作了多次细致修改。另外，她还翻译了索引部分。在将它们合并进整本书时，我两次逐字逐句对之做了校改和润色工作。这两章以外的部分都由我译出。尽管全书经过了反复推敲和修改，但肯定还有许多错漏，敬请读者批评指正。

高新民

2019 年 5 月 1 日

**图书在版编目（CIP）数据**

实在的基本结构：论形而上学 /（英）柯林·麦金著；
高新民，徐梦蓓译 . — 北京：商务印书馆，2024
（心灵与认知文库 . 原典系列）
ISBN 978 - 7 - 100 - 23100 - 8

Ⅰ.①实…　Ⅱ.①柯…②高…③徐…　Ⅲ.①形而
上学—研究　Ⅳ.① B081.1

中国国家版本馆 CIP 数据核字（2023）第 188180 号

心灵与认知文库·原典系列

**实在的基本结构**
**论形而上学**
〔英〕柯林·麦金　著
高新民　徐梦蓓　译

商 务 印 书 馆 出 版
（北京王府井大街36号　邮政编码100710）
商 务 印 书 馆 发 行
北京中科印刷有限公司印刷
ISBN 978 - 7 - 100 - 23100 - 8

2024 年 1 月第 1 版　　　开本 880×1230　1/32
2024 年 1 月北京第 1 次印刷　印张 14　插页 1

定价：89.00 元